Walter Bien/Norbert F. Schneider (Hrsg.)
Kind ja, Ehe nein?

Deutsches Jugendinstitut
Familien-Survey
Band 7

Walter Bien/Norbert F. Schneider (Hrsg.)

Kind ja, Ehe nein?

Status und Wandel der Lebensverhältnisse von nichtehelichen Kindern und Kindern in nichtehelichen Lebensgemeinschaften

Springer Fachmedien Wiesbaden GmbH 1998

Die vorliegende Publikation - herausgegeben vom Deutschen Jugendinstitut - wurde aus Mitteln des Bundesministeriums für Familie, Senioren, Frauen und Jugend gefördert.

Das Deutsche Jugendinstitut e.V. (DJI) ist ein zentrales sozialwissenschaftliches Forschungsinstitut auf Bundesebene mit den Abteilungen: Jugend und Jugendhilfe, Sozialberichterstattung, Jugend und Politik, Mädchen- und Frauenforschung, Familie und Familienpolitik sowie Kinder und Kinderbetreuung.
Es führt sowohl eigene Forschungsvorhaben als auch Auftragsforschungsprojekte durch. Die Finanzierung erfolgt überwiegend aus Mitteln des Bundesministeriums für Familie, Senioren, Frauen und Jugend und im Rahmen von Projektförderung aus Mitteln des Bundesministeriums für Bildung und Wissenschaft, Forschung und Technologie.
Weitere Zuwendungen erhält das DJI von den Bundesländern und Institutionen der Wissenschaftsförderung.

Ursprünglich erschienen bei Leske + Budrich, Opladen 1998

ISBN 978-3-8100-2043-7 ISBN 978-3-663-10470-4 (eBook)
DOI 10.1007/978-3-663-10470-4

Inhalt

Abbildungsverzeichnis

Tabellenverzeichnis

1. Nichteheliche Elternschaft - Formen, Entwicklung, rechtliche Situation

Norbert F. Schneider, Walter Bien

Inhalt

1.1 Nichteheliche Kinder und Kinder in nichtehelichen Lebensgemeinschaften in Vergangenheit und Gegenwart. Zur sozialen Konstruktion und empirischen Wirklichkeit nichtehelicher Elternschaft

Die in diesem Jahrhundert mehrfach erfolgten Veränderungen der gesetzlichen Grundlagen familialen Zusammenlebens stehen in engem Zusammenhang mit dem Wandel der Modi der Gestaltung des Familienlebens. Dennoch sind beide Entwicklungen nicht immer parallel und gleichgerichtet verlaufen. Manchmal haben neue gesetzliche Regelungen den Alltag und die sozialen Beziehungsverhältnisse der Menschen beeinflußt, manchmal haben veränderte Einstellungen und Verhaltensweisen die Anpassung des Rechtssystems erfordert. Solche Reaktionen im Recht können rasch (Beispiel Scheidungsrecht in den 1970er Jahren) oder mit erheblichen zeitlichen Verzögerungen und gegen den Widerstand einzelner gesellschaftlicher Teilgruppen erfolgen. Letzteres gilt in besonderer Weise für die rechtliche Gleichstellung ehelicher und nichtehelicher Kinder.

Die weitgehende rechtliche Gleichstellung ehelicher und nichtehelicher Kinder, die nach der Reform des Kindschaftsrechts zum 1. Juli 1998 geltendes Recht wird, war seit langem überfällig. Um einen entsprechenden Beschluß des Deutschen Bundestages herbeizuführen, wie er am 25. September 1997 erfolgt ist, bedurfte es jahrzehntelanger zäher Verhandlungen. Auch wenn auf der Grundlage von Art. 6 Abs. 5 GG gegen zum Teil harten Widerstand unterschiedlicher Interessengruppen ein großer Teil von Benachteiligungen und Diskriminierungen nichtehelicher Kinder im deutschen Familienrecht zwischen 1969, dem Jahr der letzten umfassenden Veränderung der Rechtslage nichtehelicher Kinder in der Bundesrepublik[1], und 1996 abgebaut worden ist, wozu das Bundesverfassungsgericht mehrfach energisch beitragen mußte, bestanden Benachteiligungen nichtehelicher Kinder fort. Dies galt insbesondere für die Beziehung zwischen nichtehelichem Kind und seinem leiblichen Vater. Zwar wurde 1970 die bis dahin gültige Regelung, daß der Vater eines nichtehelichen Kindes mit diesem nicht verwandt ist, aufgehoben, aber das volle Sorgerecht konnte der Vater in aller Regel noch immer

[1] Im Recht der DDR waren nichteheliche Kinder ehelichen schon 1968 weitestgehend gleichgestellt.

nicht erlangen, nicht einmal nach dem Tod der Mutter.[2] Der Vater wurde rechtlich zwar in die Pflicht genommen, für den Unterhalt des Kindes zu sorgen, über ein allgemein formuliertes Umgangsrecht hinaus, das den Umgang nur dann gestattet, wenn er dem Wohl des Kindes dient, wurden ihm jedoch keine Rechte zuerkannt. Dieser Zustand war mißlich, und er wurde es im Zuge des Wandels des Geschlechterverhältnisses und des Wandels von Lebensformen und Lebensführung immer mehr. Als schutzbedürftig erscheinen nach unserer Auffassung heute nicht nur eine Ehe mit Kindern, sondern, ungeachtet ihres Familienstandes und ihrer Lebensform, Frauen und Männer, die in der Verantwortung stehen ihre Kinder zu erziehen.

Die Diskriminierung nichtehelicher Kinder war in der Vergangenheit Folge der patriarchal strukturierten Gesellschaft. Befreit von allen Verpflichtungen unerwünschter Folgen nicht- oder außerehelicher sexueller Beziehungen sollte der Spaß der Männer ungetrübt bleiben, während die Frauen, konfrontiert mit der zugeschriebenen sittlichen Verantwortung für das Geschehene, mit ihren Kindern zum Gegenstand sozialer Ächtung wurden und sich zumeist am Rande der Gesellschaft wiederfanden. Dies traf in besonderer Weise für ledige Mütter zu, aber auch für verwitwete und für verheiratete Frauen kam die Geburt eines nichtehelichen Kindes oft einem schweren Schicksalsschlag gleich. Alleinerziehende Mütter nichtehelicher Kinder gehörten bis ins 20. Jahrhundert zu den "Ärmsten der Armen" (August Bebel 1896, zitiert nach Limbach 1991, 31). Meist nicht viel besser erging es den aufgrund von Heiratsverboten nicht verheiratet zusammenlebenden Paaren und ihren Kindern. Diese Lebensform, die nichteheliche Lebensgemeinschaft mit Kind, wie wir sie heute nennen, war je nach Zeit und Region zum Teil ebenfalls merklichen Sanktionen ausgesetzt, die nicht nur die aktuellen Lebensbedingungen dieser Familien erheblich beeinträchtigen konnten, sondern auch die Zukunftschancen der Kinder von vornherein beträchtlich einschränkten. So waren nichteheliche Kinder, als Bankerte oder Bastarde, bis ins 20. Jahrhundert hinein gesellschaftlich gleichsam Menschen zweiter Klasse und sozial gravierend benachteiligt. Unter anderem waren sie jahrhundertelang von kirchlichen Ämtern, qualifizierten weltlichen Berufen und aus den Zünften ausgeschlossen.

Die Bedeutung des Status "nichtehelich" hat sich für Mütter, Väter und Kinder in den letzten Jahren verändert. Benachteiligungen und Diskriminie-

---

[2] Dies gilt aller Voraussicht nach noch bis zum 30. 6. 1998.

rungen, die allein auf dem Status "nichtehelich" gründeten, sind weitgehend verschwunden. Nichtverheiratet zusammenlebende Paare mit Kindern sind eine in Westdeutschland zwar noch immer relativ wenig verbreitete, aber sozial nahezu voll akzeptierte Lebensform. Die fortbestehenden rechtlichen Benachteiligungen gründen, mit Ausnahme der Vater-Kind-Beziehung, im Wesentlichen nicht auf der Nichtehelichkeit der Elternschaft, sondern, unter Hinweis auf Art. 6 GG, auf der fehlenden Ehelichkeit der Paarbeziehung. Ledige alleinerziehende Mütter bleiben heute ebenfalls weitgehend unbehelligt von sozialen Diskriminierungen. Die nichteheliche Elternschaft hat gerade für Mütter den Charakter eines sozialen Verfehlungstatbestands verloren. Soziale Schuldzuweisungen finden in der Regel nicht mehr statt. Insofern hat sich die Situation lediger Mütter im Vergleich zu früheren Zeiten grundlegend verbessert, auch wenn sie sich weiterhin nicht selten in schwierigen materiellen Verhältnissen befinden.

Die Situation der Väter nichtehelicher Kinder, die sich in verantwortungsvoller Weise um ihr Kind kümmern möchten, aber aufgrund fehlender rechtlicher Grundlagen keinen Umgang mit ihrem Kind erhalten, ist nach wie vor problematisch. Andererseits ist es ebenfalls alles andere als ideal, daß sich Väter, die kein Interesse an ihrem Kind haben, relativ einfach ihrer ohnehin geringen Verpflichtungen entziehen können. Wie sich das neue Kindschaftsrecht auf die Gestaltung der Beziehungen zwischen nichtverheirateten Eltern und ihren Kindern auswirken wird, ist im Einzelnen nicht genau absehbar. Sicherlich ist damit eine Stärkung der Position nichtverheirateter Väter verbunden. Dies gilt insbesondere im Zuge der Möglichkeit zur gemeinsamen Sorge und im Rahmen des verbesserten Umgangsrechts bzw. der Einführung des Kontaktrechts des Kindes zum Vater. Das Recht des Kindes auf beide Eltern kann nun wohl nicht mehr dazu führen, daß Elternteile gegen ihren Willen und gegen den Willen des Kindes von der Erziehung ihrer Kinder ausgeschlossen bleiben, wenn es der sorgeberechtigte Elternteil so will. Entscheidende Verbesserungen aus der kommenden neuen Rechtssituation für die Beziehungen bzw. den Status nichtehelicher Eltern und ihrer Kinder sind darüber hinaus auch aus dem Wegfall der vielfach als entwürdigend empfundenen Amtspflegschaft und aus der Gleichstellung nichtehelicher Kinder mit ehelichen im Erbrecht zu erwarten.

Die Kinder, die außerhalb einer Ehe geboren werden und aufwachsen, haben heute keine von vornherein geringeren Startchancen als eheliche Kinder. Nicht bekannt ist, ob nichteheliche Kinder aufgrund bestimmter Lebensumstände, z.B. ungünstige materielle Situation oder fehlende Beziehung zu einem Elternteil, gewisse Nachteile im Sozialisationsprozeß gegenüber ehelichen Kindern erfahren. Sicherlich trifft dies nicht zu für Kinder, die zusammen mit ihren nichtverheirateten Eltern aufwachsen. Die Zahl dieser Kinder in Deutschland ist verhältnismäßig gering (vgl. hierzu Kap. 1.3). Die Ursachen für diese Entwicklung sind vielschichtig. Von besonderer Bedeutung ist sicherlich die nach wie vor enge Verknüpfung von Elternschaft und Ehe in den alten Bundesländern, die nicht zuletzt durch die spürbaren rechtlichen Benachteiligungen nichtverheirateter Eltern mitbedingt ist (vgl. Schneewind/Vaskovics et al. 1992; Vaskovics/Rupp 1995). Mit dem neuen Sorgerecht werden diese Benachteiligungen grundlegend abgebaut, wobei in der Folge mit einer gewissen Entkoppelung von Elternschaft und Ehe und mit einem moderaten Anstieg der Zahl nichtehelicher Lebensgemeinschaften mit Kindern vor allem in den alten Bundesländern gerechnet werden kann.

In den neuen Bundesländern ist die Verbreitung nichtehelicher Elternschaft ungleich höher als in den alten Bundesländern. Die Ursachen hierfür sind in zwei Zusammenhängen zu suchen (vgl. Schneider 1994): Der Anteil außerhalb der Ehe geborener Kinder war schon zu DDR-Zeiten mit etwa 30% vergleichsweise hoch. Ausschlaggebend dafür waren u.a. die besonders umfangreichen sozialpolitischen Unterstützungen für alleinerziehende Mütter, die bei nichtverheirateten Paaren vielfach zu einem Aufschub der Heirat geführt haben, um die Leistungen entsprechend auszuschöpfen. Die entstandene Entkoppelung von Ehe und Elternschaft hat sich nach 1990 in den neuen Bundesländern noch vergrößert. Ein wesentlicher Grund dafür ist die Ehe und Scheidung betreffende veränderte Rechtssituation. Die Ehe wird in den neuen Bundesländern oft als Rechtsinstitut mit hohem Verpflichtungscharakter und mit nicht geringen ökonomischen Risiken empfunden, so daß die Geburt eines Kindes nicht unmittelbar als Anlaß für eine Eheschließung gesehen wird. Weit häufiger als im Westen leben die Eltern daher unverheiratet mit ihrem Kind (ihren Kindern) zusammen.

Kinder, die in nichtehelichen Lebensgemeinschaften aufwachsen, können eheliche oder nichteheliche Kinder sein. Wenn eheliche Kinder in einer nichtehelichen Lebensgemeinschaft leben, bedeutet dies, daß sie sich nach dem Tod eines Elternteils oder nach der Scheidung ihrer Eltern in einer "nichtehelichen Stieffamilie" befinden. Nichteheliche Kinder können in einer nichtehelichen Lebensgemeinschaft mit ihren beiden leiblichen Eltern zusammenleben oder ebenfalls in einer "nichtehelichen Stieffamilie" aufwachsen. Derzeit leben, nach Schätzungen auf der Basis des Mikrozensus 1995, etwa 700.000 Kinder ohne Altersbegrenzung in einer nichtehelichen (Stief-) Familie. 50% dieser Kinder leben bei ihrer ledigen Mutter, 42% bei ihrer geschiedenen Mutter, in den übrigen Fällen sind die Mütter verwitwet (vgl. Schneider/Rosenkranz/Limmer 1997, 75). Insgesamt wachsen also deutlich mehr Kinder in nichtehelichen Stieffamilien auf als in nichtehelichen Lebensgemeinschaften mit ihren leiblichen Eltern.

Die Lebensbedingungen von Kindern in nichtehelichen Lebensgemeinschaften haben sich heute in vielerlei Hinsicht den Lebensbedingungen von Kindern in Ehen angeglichen. Dies gilt besonders für die allgemeinen Lebenschancen dieser Kinder. Hinsichtlich der materiellen Bedingungen dürften nach unserer Auffassung, einschlägige Studien liegen zu dieser Frage nicht vor, wohl auch nur wenige Unterschiede bestehen. Dies ist durchaus als bedeutsamer Wandel zu betrachten. Kinder in nichtehelichen Lebensgemeinschaften waren zu allen Zeiten besser gestellt als Kinder bei Alleinerziehenden, aber die sozialen Diskriminierungen, sieht man einmal von einer kurzen Periode in den 50er Jahren mit den relativ großzügig legitimierten "Onkelehen" ab, waren stets spürbar vorhanden und haben auch in Zeiten verbreiteter Heiratsverbote, die bis weit über die Mitte des vorigen Jahrhunderts bestanden, diese Lebensformen betroffen. Über die Zahl nichtehelicher Lebensgemeinschaften mit Kindern im 19. Jahrhundert liegen keine genaueren Zahlen vor, aber es ist davon auszugehen, daß gerade die Zahl nichtehelicher Lebensgemeinschaften mit ledigen Partnern nicht gering gewesen war. Im Unterschied dazu dürften nichteheliche Stieffamilien nach einer Ehe stets eine Ausnahme gewesen sein.

Die aktuelle rechtliche Situation nichtehelicher Kinder ist nicht nur in Deutschland, sondern auch in vielen anderen europäischen Ländern im Wandel begriffen. Somit hat die folgende Übersicht über elterliche Rechte und Pflichten nichtverheirateter Eltern in den Ländern der Europäischen Union auch den Charakter einer Momentaufnahme. Sie erlaubt aber auch Einsichten in den prinzipiellen Umgang mit dieser Thematik und ihren unterschiedlichen Handhabungen in Europa.

Die europäische Beobachtungsstelle für Familienpolitik hat für 1995 einen Vergleich über rechtliche und politische Reaktionen auf eheähnliche Gemeinschaften durchgeführt (Ditch et al. 1996).

Tabelle 1.1: Elterliche Rechte und Pflichten unverheirateter Paare

Land	Unterhaltspflicht gegenüber dem Kind	Übernahme elterlicher Verantwortung von Vätern?	Gemeinsames Sorgerecht nach Trennung möglich	Bemerkungen
Belgien	ja	muß vom Vater beantragt werden - unterliegt der Zustimmung der Mutter bzw. des Kindes	ja, wenn elterliche Verantwortung übernommen werden soll	Besuchsrecht kann beantragt werden, selbst wenn keine elterliche Verantwortung übernommen wurde
Dänemark	ja	ja	ja (1995)	
Deutschland	ja (weniger als bei Ehepaaren)	keine rechtliche Grundlage	Gemeinsames Sorgerecht ab 1997 möglich	Besuchsrecht unterliegt der Zustimmung der Mutter
Griechenland	ja	Vater muß das Kind rechtlich anerkennen	keine automatischen Rechte - Gerichtsbeschluß	rechtliche Situation unklar, kein Präzedenzfall bzgl. Sorge- und Besuchsrechten
Spanien	ja	ja, wenn das Kind anerkannt ist	Gerichtsbeschluß - gewöhnlich erhält die Mutter das Sorgerecht	keine Rechtsvorschriften keine Besuchsrechte, wenn keine Vaterschaft festgestellt wurde
Frankreich	ja	ja, wenn das Kind anerkannt wurde und die Eltern zusammenleben	ja - außerdem gleiche Besuchsrechte, selbst wenn das Kind nicht anerkannt wurde	Kind kann nach Trennung anerkannt werden
Irland	ja	Übereinkunft/ Gerichtsbeschluß	Gerichtsentscheidung	Wohlergehen des Kindes vorrangig
Italien	ja	ja, wenn das Kind anerkannt wurde	Übereinkunft/ Gerichtsentscheidung	aktuelle Debatte über die Notwendigkeit einer Ausdehnung der Bestimmungen
Luxemburg	ja	Eltern geben eine Erklärung ab	ja	
Niederlande	ja	ja, wenn das Kind anerkannt ist	ja, unterliegt der Zustimmung der Mutter	im allgemeinen wie bei Ehepaaren
Österreich	ja	wenn kein anderer Gerichtsbeschluß vorliegt, hat nur die Mutter elterliche Verantwortung	Mutter hat gewöhnlich alleiniges Sorgerecht	gemeinsame Elternrechte für getrennte Paare nicht möglich
Portugal	ja	Übereinkunft	Wenn elterliche Verantwortung übernommen wurde, alleiniges oder gemeinsames Sorgerecht möglich (1995)	Besuchsrecht per Gerichtsbeschluß, wenn keine elterliche Beziehung aufgebaut wurde
Finnland	ja	muß vom Vater beantragt werden	wenn elterliche Verantwortung übernommen wurde (1984)	keine Besuchsrechte, wenn Vaterschaft nicht festgestellt wurde
Schweden	ja	muß vom Vater beantragt werden, unterliegt der Zustimmung der Mutter	unterliegt der Zustimmung der Mutter	Besuchsrecht per Gerichtsbeschluß
Großbritannien	ja	Übereinkunft / Gerichtsbeschluß	Mutter, sofern keine elterliche Verantwortung von Vater übernommen wurde	keine Besuchsrechte/ Gerichtsbeschluß

Quelle: Europäische Beobachtungsstelle für Familienpolitik (Ditch et al., 1996)

Neben der Behandlung kinderloser Gefährten im Steuer- und Leistungssystem, der Auflösung der gemeinsamen Wohnung und Rechtsbehelfe in bezug auf häusliche Gewalt ist hier insbesondere die folgende Aufstellung elterlicher Rechte und Pflichten unverheirateter Paare interessant.

Die Autoren fassen ihre Ausführungen wie folgt zusammen: Es gibt in den Mitgliedsstaaten der EU keine einheitliche Strategie, die darauf hinausläuft, eheähnliche Lebensgemeinschaften den Ehen gleichzustellen. Es gibt allerdings Anzeichen einer Ausdehnung der elterlichen Verantwortung auf nichteheliche Elternschaften, wobei die Unterschiede zwischen den EU-Staaten noch relativ groß sind.

Die vergleichende Beschreibung des "status quo" ist mit dem Problem konfrontiert, daß gleichartige Sachverhalte mit unterschiedlichen Begriffen bezeichnet sind und umgekehrt gleiche Begriffe unterschiedliches bedeuten können.

Eine Diskussion über nichteheliche Familienformen ist daher vielfach durch Unsicherheit, Unschärfe und Mißverständnisse in der Begrifflichkeit geprägt. Dies gilt auch für die Situation in Deutschland. Um vergleichende Aussagen über unterschiedliche Datengrundlagen hinweg zu machen, muß man die z.T. auch hier bestehenden unterschiedlichen Hintergründe und Begrifflichkeiten aufgreifen und deutlich machen. Bei Verwendung unterschiedlicher Studien wird man, aus der gegebenen definitorischen wie auch aus der empirischen Situation heraus zu keiner einheitlichen Grundlage gelangen. Um diese unbefriedigende Situation etwas zu verbessern, werden wir am Ende dieses Beitrags, unter Berücksichtigung der uns zur Verfügung stehenden Datensätze und darin verwendeten Definitionen, zu allgemeinen Aussagen zu kommen versuchen, um die Begriffsvielfalt etwas zu klären und zu einer einheitlicheren, allerdings immer noch großen Begriffsvielfalt zu gelangen.

1.2 Zielsetzung und Aufbau des Bandes

Aktuelle Untersuchungsergebnisse zeigen (z.B. Nauck 1993; Nauck/Bertram 1995; Bertram/Kreher 1996), daß ca. drei von vier Kindern als eheliche Kinder geboren werden und bis zur Volljährigkeit bei ihren leiblichen Eltern aufwachsen. In diesem Band stehen die anderen Kinder im Mittelpunkt, die nicht nach diesen Bedingungen aufwachsen: Kinder, die nichtehelich geboren werden und diesen Status auch langfristig behalten und ehelich geborene Kinder, die die Trennung ihrer Eltern erfahren.

Über die Lebenslagen und Lebensverläufe nichtehelich geborener Kinder und ihrer Familien sowie über Kinder in nichtehelichen Lebensgemeinschaften ist insgesamt wenig bekannt. Dies hat das Bundesministerium der Justiz (BMJ) und das Bundesministerium für Familie, Senioren, Frauen und Jugend (BMFSFJ) bewogen, zwei voneinander unabhängige Studien in Auftrag zu geben. Die erste, vom BMJ unter dem Titel "Lebenslage nichtehelicher Kinder" finanzierte Studie wurde unter Leitung von Laszlo A. Vaskovics an der Sozialwissenschaftlichen Forschungsstelle der Universität Bamberg durchgeführt und hatte u.a. zum Ziel, die Lebensverläufe von nichtehelichen Kindern bis zu deren 12. Lebensjahr zu untersuchen. Das zweite, vom BMFSFJ in Auftrag gegebene Projekt, wurde unter dem Titel "Lebenslage von Kindern in nichtehelichen Lebensgemeinschaften" am Deutschen Jugendinstitut durchgeführt und hatte die primäre Zielsetzung, die Lebenslage und die Lebensläufe von Kindern zu untersuchen, die zum Zeitpunkt der Untersuchung mit einem Elternteil oder mit beiden Eltern in einer nichtehelichen Lebensgemeinschaft lebten.

Ziel dieses Readers ist es, ausgewählte Ergebnisse zur Lebenslage nichtehelicher Kinder und über Kinder in nichtehelichen Lebensgemeinschaften zu präsentieren. Im Mittelpunkt stehen dabei folgende Fragen:

- wieviele Kinder werden nichtehelich geboren und wachsen dauerhaft in diesem Status auf?
- wieviele Kinder leben zumindest zeitweise in nichtehelichen Lebensverhältnissen?
- in welchen Lebensverhältnissen befinden sich nichteheliche Kinder und ihre Eltern?
- welche unterschiedlichen Partnerschaftskonstellationen der (Stief-)Eltern lassen sich empirisch nachweisen?
- unter welchen Umständen kommt es zu nichtehelicher Elternschaft, und welche unterschiedlichen Formen sind erkennbar?
- welche biographischen Veränderungen erfahren nichtehelich geborene Kinder und Kinder, die zeitweise außerhalb einer Ehe leben, hinsichtlich der Lebensformen und der Partnerschaftsverhältnisse ihrer Eltern? Bestehen typische Verlaufsmuster, und wodurch sind diese charakterisiert?
- welche Gründe führen dazu, daß die leiblichen oder die Stief-Eltern nicht heiraten?

Die folgenden drei Beiträge dieses Readers basieren auf den Daten der Studie "Lebenslage nichtehelicher Kinder". Marina Rupp analysiert in ihrem Beitrag die Lebenslage nicht verheirateter Frauen beim Übergang zur Elternschaft. Dabei untersucht sie die Lebensformen und Lebensverhältnisse der Frauen zum Zeitpunkt des Eintritts der Schwangerschaft und betrachtet dann die Entwicklung der Lebensformen bis zur Geburt des Kindes. Im Beitrag von Harald Rost und Marina Rupp werden die Lebensverläufe nichtehelicher Kinder analysiert. Aus Sicht der Kinder werden die Lebensformen und Haushaltskonstellationen und ihre Dynamik während der ersten sechs Lebensjahre betrachtet und Veränderungen und Entwicklungsmuster beschrieben. Entsprechend den Möglichkeiten der Stichprobe wird abschließend auch die Lebensspanne der Kinder bis zum 12. Lebensjahr betrachtet und die Lebensform der Mütter dargestellt, wenn deren nichteheliche Kinder 12 Jahre alt sind. Im Mittelpunkt des Beitrags von Harald Rost stehen die Väter der nichtehelichen Kinder und ihre Beziehungen und Kontakte zu ihrem Kind und zur Mutter des Kindes.

Die weiteren Beiträge basieren auf den Daten der Studie "Kinder in nichtehelichen Lebensgemeinschaften". Christian Alt und Donald Bender untersuchen die Veränderungen der Partnerschaftsverhältnisse sorgeberechtigter Elternteile von der Geburt bis zum 18. Lebensjahr von Kindern, getrennt für die neuen und alten Bundesländer. Jan Marbach greift in seinem Kapitel die unterschiedlichen Familienkonzepte in Ost und West auf und versucht anhand der Beziehungen im jeweiligen Verwandtennetz eine Beschreibung der Hintergründe dieser Konzepte. Das letzte Kapitel von Walter Bien bezieht verschiedenste Einzelinformationen zur Situation der Kinder, die nicht bei verheirateten Eltern leben, ein und versucht schlaglichtartig einzelne Lücken zu schließen, ohne einen Anspruch auf Vollständigkeit erheben. Insbesondere dieses Kapitel ist geprägt von dem Versuch, möglichst viele unterschiedliche Bereiche, für die es Untersuchungsergebnisse gibt, darzustellen, wohlwissend, daß nicht immer das interessant ist, zu dem gerade Informationen vorliegen.

1.3 Formen und Verbreitung nichtehelicher Elternschaft

1.3.1 Nichteheliche Geburten

Abbildung 1.1: Anteil nichtehelicher Geburten in Deutschland

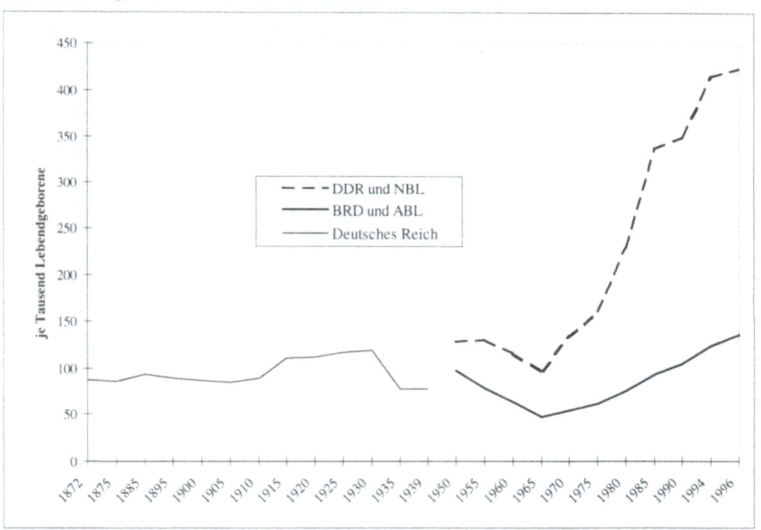

Quelle: Statistisches Bundesamt
Nach dem Gebietsstand zum jeweiligen Zeitpunkt.

Die Entwicklung nichtehelicher Geburten ist in Deutschland für die alten und neuen Bundesländer sehr unterschiedlich verlaufen (vgl. die obige Abbildung). Im Westen, d.h. in den alten Bundesländern, ist die Erfüllung des Kinderwunschs eng mit einer Eheschließung verknüpft und dies hat zu konstanten Anteilen nichtehelicher Geburten geführt. In den neuen Bundesländern ist das Hauptmuster das nordeuropäische Modell, d.h. Erfüllung des Kinderwunsches unabhängig von der Ehe. Dies ist mit einer Zunahme von nichtehelichen Geburten, von ohnehin schon hohem Niveau ausgehend, verbunden. Für 1996 betragen die Anteile 14% in den alten und 42% in den neuen Bundesländern aller Geburten[3]. Betrachtet man nicht alle Geburten, sondern nur die Erstgeburten, sind die Anteile nichtehelicher Geburten noch höher: sie betrugen im Jahr 1994 18% in den alten und 55% in den neuen Bundesländern. Dafür ist aber die Zahl der vorehelichen Schwangerschaften

---

[3] Lebendgeborene

(Geburt weniger als sieben Monate nach der Eheschließung) für die alten Bundesländer (und nur hierfür liegen Zahlen vor) von 34 auf 22% zurückgegangen (Schwarz, 1997).

Im europäischen Vergleich liegt Deutschland insgesamt im Mittelfeld. Differenziert nach Ost und West liegen die neuen Bundesländer in der Spitzengruppe, die alten Bundesländer im unteren Drittel (vgl. Tabelle 1.2).

Tabelle 1.2: Nichteheliche Geburten in Europa 1994

Land	Jahr	Prozentualer Anteil nichtehelicher Geburten von allen Lebendgeburten
Belgien	1991	12,6
Dänemark	1994	46,9
Deutschland	1994	15,4
Griechenland	1994	2,9
Spanien	1993	10,8
Frankreich	1993	34,9
Irland	1994	19,7
Italien	1993	7,4
Luxemburg	1994	12,7
Niederlande	1994	14,3
Österreich	1994	26,8
Portugal	1994	17,8
Finnland	1994	31,3
Schweden	1994	51,6
Großbritannien	1994	32,0

Quelle: Eurostat (1996) nach Ditch et al. 1996, S. 9.

Betrachtet man die Entwicklung der Absolutzahlen von nichtehelich lebendgeborenen Kindern in Deutschland (früheres Reichsgebiet bis 1935, Bundesrepublik Deutschland bzw. ABL und NBL ab 1991), wird ersichtlich, daß die Zahlen zu Beginn dieses Jahrhunderts sehr hoch waren und für den Westen zwischen 1960 und 1985 sehr niedrig. Seit 1975 steigen die Zahlen im Westen an und liegen nun mit ca. 100.000 nichtehelich Geborenen wieder auf dem Niveau von 1935 und 1946. In den neuen Bundesländern ist die Zahl nichtehelich Geborener relativ konstant bei etwa 42.000. Dies bekräftigt die

Feststellung, daß der Anstieg des Anteils nichtehelich Geborener auf dem Rückgang ehelicher Geburten in den neuen Bundesländern beruht (vgl. Schneider 1994).

Abbildung 1.2: Anzahl nichtehelich Geborener in Deutschland

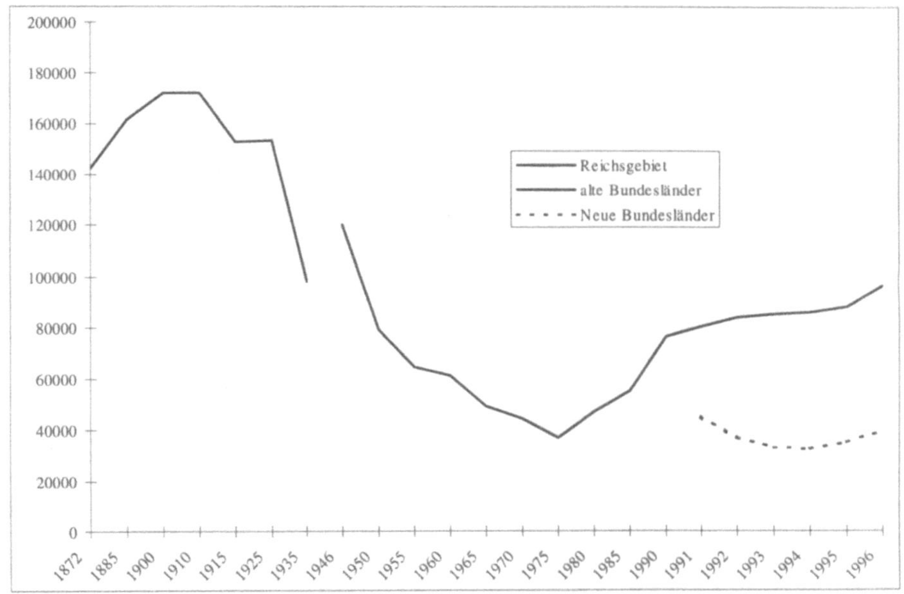

Quelle: Statistisches Bundesamt

Wie im weiteren noch gezeigt wird (Rupp, Rupp/Rost und Alt/Bender i.d.B.), sind die Lebensverläufe von Kindern, die nichtehelich geboren worden sind, relativ heterogen. Daher ist die Frage, wieviele dieser Kinder später ehelich legitimiert werden, nicht einfach zu beantworten. Schwarz (1996, 1997) versucht sich mit Hochrechnungen und Schätzungen diesem Problem zu nähern. Er bestimmte hierfür einen Prozentwert aus der Zahl der Eheschließenden mit gemeinsamen vorehelichen Kindern eines Jahres, bezogen auf die Zahl der nichtehelichen Geburten dieses Jahres.

Nach diesen Berechnungen (siehe Tabelle 1.3) sind in den letzten 25 Jahren die Zahlen für die alten Bundesländer relativ stabil bei circa einem Drittel geblieben, in den neuen Bundesländern sind sie nach der Wende parallel zum Zuwachs der nichtehelichen Geburten an allen Geburten auf fast 50% gewachsen. Nach den Ergebnissen von Alt und Bender (i.d.B.), die für die alten und neuen Bundesländer zwar unterschiedliche Zeitpunkte der Legitimierung nachweisen konnten, waren auf lange Sicht, d.h. bis zu 18. Lebensjahr, in Ost und West circa 50% aller nichtehelichen Kinder ehelich legitimiert.

Für die Zahl der nichtehelich geborenen Kinder, die bei einem Stiefelternteil aufwachsen, gilt nach Schwarz für die alten Bundesländer: "Von den rund 12% nichtehelich Lebendgeborenen im Jahr 1994 dürften schon jetzt vier bei ihren verheirateten Eltern leben und weitere vier jetzt oder später bei einem mit der Mutter verheirateten Stiefvater."

Tabelle 1.3: Legitimierungsquoten nichtehelich geborener Kinder in den alten und neuen Bundesländern (in Prozent aller nichtehelich Geborener)

Jahr	Alte Bundesländer	Neue Bundesländer bzw. DDR
1971	36,1%	39,0%
1979	34,1%	38,5%
1989	34,7%	
1994	36,6%	48,8%

Quelle: Schwarz, 1996, 1997

Weitere Analysen zu diesem Thema auf der Basis des Familiensurveys findet man im Kapitel 5 in diesem Reader.

1.3.2 Kinder in nichtehelichen Lebensgemeinschaften

Die Entwicklung von nichtehelichen Lebensgemeinschaften mit Kindern läßt sich nicht so gut nachzeichnen wie die Entwicklung von nichtehelichen Geburten, da differenzierte Informationen erst seit kurzer Zeit zur Verfügung stehen.

Seit 1972 hat die Zahl der nichtehelichen Lebensgemeinschaften in den alten Bundesländern stark zugenommen, die Zahl der nichtehelichen Lebensgemeinschaften mit Kindern liegt im Westen deutlich niedriger und hat auch keine so großen Zuwächse zu verzeichnen. In den neuen Bundesländern dagegen sind nichteheliche Lebensgemeinschaften mit Kindern fast genauso häufig wie solche ohne Kinder.

Abbildung 1.3: Nichteheliche Lebensgemeinschaften (NEL) mit und ohne Kind in Deutschland 1972-1995

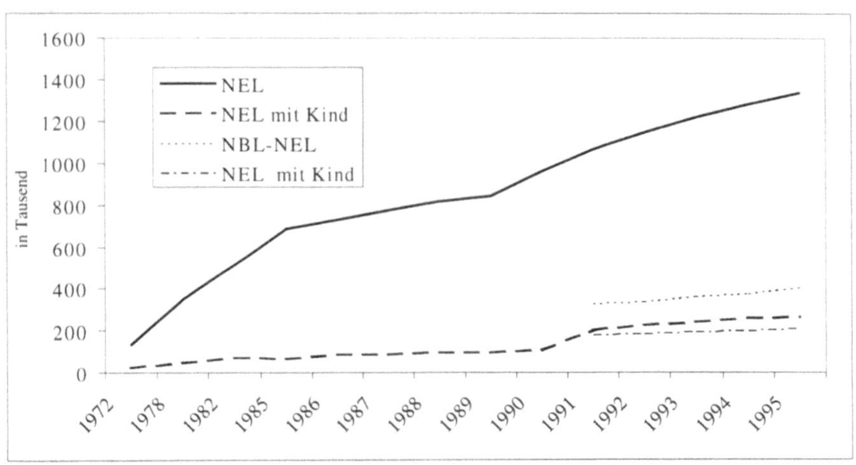

Quelle: Statistisches Bundesamt

Abbildung 1.4: Alleinstehende (-erziehende) Mütter nach Familienstand in den alten Bundesländern

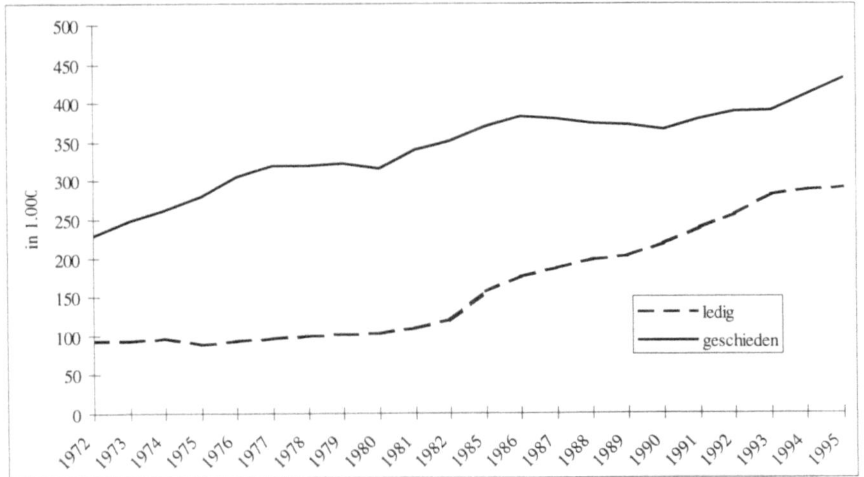

Quelle: Statistisches Bundesamt

Differenziertere Zahlen gibt es über die Entwicklung Alleinstehender mit Kindern (Alleinerziehende im weiteren Sinn). Darunter werden hier sowohl ohne Partner lebende Alleinerziehende, als auch nicht verheiratete Mütter oder Väter mit Partner in oder außerhalb des eigenen Haushalts verstanden.

Die obige Abbildung 1.4 zeigt die Entwicklung für alleinstehende Mütter in den alten Bundesländern von 1972 bis 1995, differenziert nach dem Familienstand. Am stärksten zugenommen hat die Gruppe der geschiedenen Mütter, in diesem Zeitraum um fast 200.000. Geringer ist der Anteil von ledigen Müttern und zwar absolut (es gibt 1995 ungefähr soviel ledige Mütter, wie es 1975 geschiedene Mütter gegeben hat), wie auch im Zuwachs (die ledigen alleinstehenden Mütter haben im beobachteten Zeitraum um circa 160.000 zugenommen[4]).

Für die Zeit nach der Wiedervereinigung gibt es Zahlen für Ost und West. Um sie leichter vergleichbar zu machen, sind sie in der Abbildung 1.5 als Prozentanteile aller Frauen über 15 Jahren ausgegeben worden.

Abbildung 1.5: Anteile alleinstehender Mütter an allen Frauen älter 15 Jahre

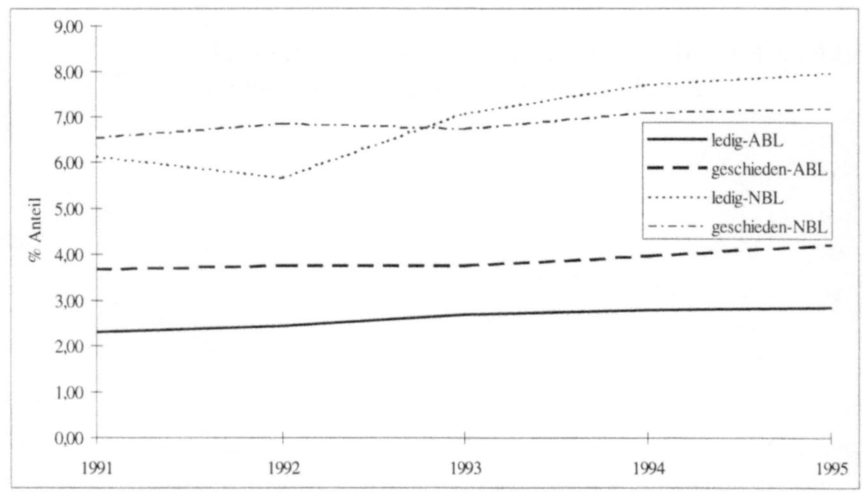

Quelle: Statistisches Bundesamt, eigene Berechnungen.

Die Graphik macht die unterschiedlichen Muster in Ost und West deutlich. Im Westen sind erstens die Anteile sowohl von geschiedenen Müttern, wie auch von ledigen Müttern deutlich geringer als im Osten der Republik. Wäh-

[4] Keine Angaben für 1983 und 1984.

rend außerdem im Westen der Anteil der alleinerziehenden Geschiedenen konstant und deutlich über dem Anteil der ledigen Alleinerziehenden liegt, ist dies in den neuen Bundesländern anders. Dort überwiegt seit 1993 der Anteil der ledigen Alleinerziehenden gegenüber den geschiedenen und ist noch im Zuwachs begriffen, 1995 liegt er mit 8% an allen Frauen über 15 Jahre doppelt so hoch wie in den alten Bundesländern mit 4%.

Die Verteilung der Anteile nichtehelicher Lebensgemeinschaften mit Kindern an der Gesamtbevölkerung gibt die Abbildung 1.6 wieder. Sie zeigt, daß erstens über alle Altersgruppen die Anteile von 1991 nach 1995 zugenommen haben, sowie daß die höchsten Anteile in den Altersgruppen der 25 bis 40 jährigen Eltern liegen. Erkennbar ist allerdings auch, daß diese Lebensform nur wenig verbreitet ist; der Anteil der Erwachsenen, die in diesen Lebensformen leben, liegt zwischen 1% und 4%.

Abbildung 1.6: Relativer Anteil der 1,5% Erwachsenen, die in einer nichtehelichen Lebensgemeinschaft mit Kind/ern leben an allen Personen dieser Altersgruppe

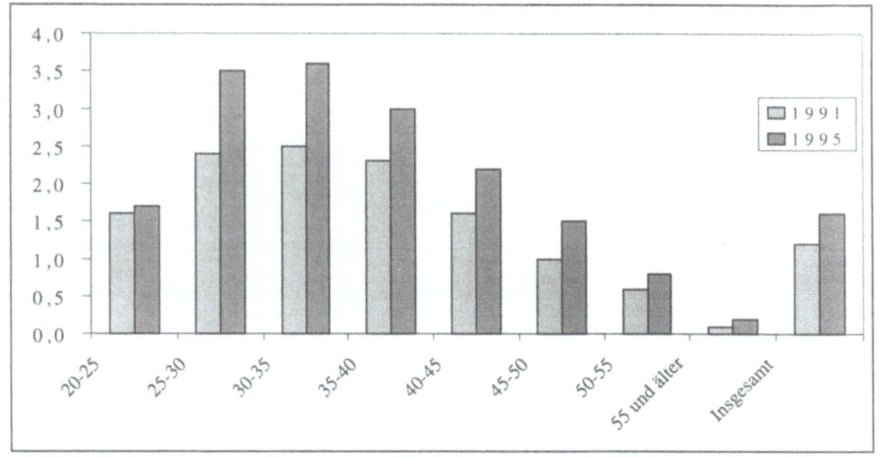

Quelle: Statistisches Bundesamt, eigene Berechnungen.

Differenziertere Angaben zur Verbreitung nichtehelicher Elternschaft lassen sich aus Querschnittbetrachtungen bzw. aus ergänzende Erhebungen gewinnen. Im folgenden geben wir für das Jahr 1995 eine Übersicht aus vorhandenen Daten der amtlichen Statistik, ergänzt um Ergebnisse einer Untersuchung zu Kindern in nichtehelichen Lebensgemeinschaften im Auftrag des BMFSFJ.

1.3.3 Verbreitung unterschiedlicher Familienformen in Deutschland

Haushalte mit Kindern

In der Bundesrepublik Deutschland gab es 1995 etwa 36.998.000 Haushalte, davon 30.144.000 in den alten Bundesländern und 6.794.000 in den neuen Bundesländern. Die folgende Tabelle zeigt die Verteilung der unterschiedlichen Familienformen über die Haushalte.

Tabelle 1.4: Familien in den alten und neuen Bundesländern nach Familienstand

	BRD		ABL		NBL	
	in 1000	Anteil an allen HH	in 1000	Anteil an allen HH	in 1000	Anteil an allen HH
Familien	22.395	60%	17.902	59%	4.493	66%
mit Kindern <18	9.513	26%	7.431	25%	2.082	31%
Alleinstehende mit Kindern < 18 davon	1.702	4,6%	1.163	3,9%	538	7,9%
ledig		23,5%		19,6%		34,3%
verh.getr.		11,4%		12,7%		7,9%
verwitw.		27,5%		30,7%		18,8%
geschieden		37,6%		37%		39,1%

Quelle: Statistisches Bundesamt

Die 60% Familienhaushalte ergeben sich aus verheirateten Paaren mit Kindern und ohne Kinder bzw. von Alleinstehenden mit ledigen Kindern im Haushalt (Alleinerziehende im weitesten Sinn). 26% aller Haushalte sind Familien mit Kindern unter 18 Jahren im Haushalt. In den neuen Bundesländern ist dieser Anteil trotz der zurückgegangenen Geburtenziffer nach der Wiedervereinigung mit 31% deutlich höher als in den alten Bundesländern mit 25%. 4,6% aller Haushalte, also circa 1,7 Mio. sind nichteheliche Familien (4% in den alten und 8% in den neuen Bundesländern). Diese 1,7 Mio. bilden 17,9% aller Familien mit Kindern unter 18 Jahren, in den alten Bundesländern bedeutet dies 15,7%, in den neuen Bundesländern 25,8%.

Nichteheliche Lebensformen mit Kindern

Tabelle 1.5: Anteil von alleinstehenden Müttern und Vätern an allen Familien mit Kindern in Europa (in Prozent)

Land	Jahr	Alleinstehende Mütter	Alleinstehende Väter	Alleinstehende insgesamt
Belgien	1992	9,7	1,2	10,9
Dänemark	1990	16,2	2,4	18,6
Deutschland	1992	16,0	3,0	19,0*
Griechenland	1990/91	8,7	2,2	10,9
Frankreich	1990	11,4	1,8	13,2
Italien	1991	5,3	11	16,3
Luxemburg	1992	6,0	1,2	7,2
Niederlande		13,5	2,4	15,9
Österreich	1993	13,4	1,9	15,3
Portugal	1991	11,3	1,8	13,1
Finnland	1993	13,9	1,9	15,8
Schweden	1990	15,3	2,7	18,0
Großbritannien	1991	19,1	1,8	20,9

Quelle: Ditch et al., 1996, S.11 nach Bradshaw et al., 1996 und eigene Berechnungen
* bzw. 17,9 (1995), dabei 15,7 in den ABL und 25,8 in den NBL

In Ost und West bilden die nachehelichen Familien (verheiratet-getrennt lebend, geschieden, verwitwet) den größten Anteil (80,4% ABL, 65,8% NBL). Der Anteil der vor- bzw. nichtehelichen Haushalte (Ledige mit Kindern) ist in den neuen Bundesländern mit ungefähr einem Drittel der nichtehelichen Familien deutlich größer als im Westen (ungefähr ein Fünftel der nichtehelichen Familien).

Deutschland liegt insgesamt mit dem Anteil von circa 19% Alleinstehender mit Kindern in der Spitzengruppe in Europa. Die alten Bundesländer weisen mit circa 16% einen durchschnittlichen Wert auf, die neuen Bundesländer haben mit circa 26% den weitaus höchsten Anteil in Europa.

Nichteheliche Lebensgemeinschaften mit Kindern im gemeinsamen Haushalt gibt es laut Mikrozensus 1995 insgesamt 475.000 in Deutschland. 422.000 davon sind nichteheliche Lebensgemeinschaften mit Kindern unter 18 Jahren. Dies sind 1,1% aller Haushalte in Deutschland, bzw. 4,6% aller

Haushalte mit Kindern unter 18 Jahren oder 24,8% aller Haushalte mit alleinstehenden Müttern oder Vätern. Eine Schätzung, die davon ausgeht, daß sich nichteheliche Lebensgemeinschaften mit Kindern unter 18 Jahren ähnlich wie die alleinstehenden Mütter und Väter (Alleinerziehende) zwischen Ost und West verteilen, weist 68% der nichtehelichen Lebensgemeinschaften den alten und 32% den neuen Bundesländern zu.

Die 422.000 nichtehelichen Lebensgemeinschaften mit Kindern unter 18 Jahren verteilen sich auf eine Vielzahl von Kombinationen des Familienstatus der alleinstehenden Lebenspartner.

Tabelle 1.6: Kinder unter 18 Jahren in nichtehelichen Lebensgemeinschaften in Abhängigkeit vom Familienstatus der zusammenlebenden Partner (in 1.000)

		weiblich				
		ledig	verheiratet, getrennt	verwitwet	geschieden	Zeilensumme
männlich	ledig	187	8	8	62	265
	verheiratet, getrennt	5	6	/*	9	21
	verwitwet	/	/	/	/	7
	geschieden	42	/	8	74	129
	Spaltensumme	237	19	18	148	422

Quelle: Statistisches Bundesamt

* Besetzungshäufigkeit kleiner als die veröffentlichungsfähige Mindestgröße, daher sind die angegebenen Gesamtsummen größer als die Summe der hier ausgewiesenen Zahlen.

Lebensgemeinschaften) die von Partnern gebildet werden, von denen sich mindestens einer in einer nachehelichen Phase befindet kommen am häufigsten vor (56%).

Aber es gibt natürlich nicht nur nichteheliche Familien mit Partnern, die in einem gemeinsamen Haushalt wohnen. In unserer Umfrage haben wir nichteheliche Lebensgemeinschaften mit getrennt lebenden PartnerInnen in einer Größenordnung gefunden, die 41% der nichtehelichen Lebensgemeinschaften mit gemeinsamen Haushalt entsprechen. Rechnet man dies auf die Mikrozensuszahlen um, kämen zu den 422.000 nichtehelichen Lebensgemeinschaften mit Kindern im gemeinsamen Haushalt noch einmal 173.000 nichteheliche Lebensgemeinschaften mit Kindern und getrenntlebenden PartnernInnen hinzu. Diese zweite Gruppe macht 0,43% aller Haushalte aus, sowie 1,85%

aller Haushalte mit Kindern und 10,1% aller Alleinstehenden mit Kindern. D.h. hinter den circa 1,7 Millionen Alleinerziehenden (Alleinstehenden mit Kindern) aus der amtlichen Statistik verbergen sich circa 25% Partnerschaften mit gemeinsamen Haushalt und 10% Partnerschaften mit getrennten Haushalten. Tatsächlich alleinerziehend sind die 2/3 dieserGruppe, die ohne einen Lebensgefährten leben, der ihnen im Alltag der Familie helfen könnte.

Tabelle 1.7: Kinder in verschiedenen Formen nichtehelicher Partnerschaften

Lebensform und Familienstand	in Prozent	Hochrechnung in 1.000 der Gesamtbevölkerung
NEL-Haushalte		
ledige Befragte	52,5%	220
verheiratet getrennt lebend	5,5%	23
verwitwet	3,6%	15
geschieden	38,5%	162
insgesamt	100%	420
LAT-Haushalte		
ledige Befragte	28.2%	49
verheiratet getrennt lebend	14,3%	25
verwitwet	2,9%	6
geschieden	54,6%	94
insgesamt	100%	174

Quelle: "Kinder in nichtehelichen Lebensgemeinschaften"

Die Tabelle 1.7 schlüsselt die nichtehelichen Lebensgemeinschaften mit Kindern unter 18 Jahren mit gemeinsamen (NEL) und mit getrennten Haushalten (LAT[5]) nach den Zahlen der Zusatzuntersuchung auf und gibt Schätzungen aufgrund einer Hochrechnung der Zahlen aus dem Mikrozensus auf die Gesamtbevölkerung an. Wenn in der Gesamtbevölkerung wie in unserer Stichprobe die nichtehelichen Lebensgemeinschaften mit Kindern und getrennten Partnerhaushalten sich in einem Verhältnis 80% in den alten Bundesländern und 20% in den neuen Bundesländern verteilen, gibt es circa

[5] Living Apart Together

138.000 getrennt lebende nichteheliche Familien (LAT) im Westen und 35.000 im Osten.

Die Familienstände und damit auch die biographischen Vorgeschichten der Befragten in nichtehelichen Partnernschaften mit gemeinsamen bzw. mit getrennten Haushalten sind sehr unterschiedlich und unterscheiden sich auch von der Verteilung aller nichtehelichen Familien (NEL, LAT und Alleinerziehende ohne Partner, vgl. Tabelle 1.4). Ungefähr die Hälfte der Personen, die mit einem Partner in einem nichtehelichen Familienhaushalt leben, ist ledig. Der Anteil der Geschiedenen ist mit 38,5% deutlich geringer. Anders bei den in getrennten Haushalten Lebenden, dies scheint eher eine Lebensform von "verheiratet getrennt Lebenden" (14,3%) und Geschiedenen (54,6%) und weniger von Ledigen (28,2%) zu sein.

Der Familienstand der Befragten sagt allerdings noch nicht viel über die Zusammensetzung und die Situation der Familien aus. Interessant ist es daher, die Verteilung der nichtehelichen Familien nach der Herkunft der Kinder aufzuzeigen. Wir haben hier drei Kategorien gebildet: Haushalte mit Kindern, die aus der aktuellen nichtehelichen Lebensgemeinschaft stammen, Haushalte mit Kindern, die aus einer Ehe eingebracht worden sind und Haushalte mit Kindern, die aus anderen nichtehelichen Partnerschaften stammen.

1995 gab es ungefähr 171.000 nichteheliche Lebensgemeinschaften in Deutschland, in denen Kinder unter 18 Jahren mit ihren unverheirateten leiblichen Eltern zusammengelebt haben, 104.000 in den alten und 67.000 in den neuen Bundesländern. 22.000 weitere solche nichteheliche Familien lebten als Lebensgemeinschaft mit getrennten Haushalten der leiblichen Eltern (16.000 im Westen, 6.000 im Osten). Faßt man beide zusammen handelt es sich lediglich um 2% von allen Familien mit Kindern unter 18 Jahren. In den neuen Bundesländern ist dieser Anteil zwar fast doppelt so groß, aber mit 3,5% ebenfalls gering. Diese Zahlen zeigen, daß es in Deutschland keine empirisch verbreitete Alternative des Zusammenlebens von leiblichen Eltern mit ihrem Kind/ihren Kindern außerhalb der Ehe gibt. Dies heißt natürlich nicht, daß es keine familialen Lebensformen außerhalb der Ehe geben würde, aber diese Lebensformen entstehen zum großen Teil in Form einer "nichtehelichen Stieffamilie" nicht mit der Geburt des Kindes, sondern nach einer Scheidung oder Trennung der leiblichen Eltern.

Tabelle 1.8: Nichteheliche Lebensformen mit gemeinsamen und nicht gemeinsamen Kindern

Lebensformen	BRD in % der Stichprobe	Schätzung in 1.000	ABL in % der Stichprobe	Schätzung in 1.000	NBL in % der Stichprobe	Schätzung in 1.000
NEL mit Kindern						
Kinder der NEL	40%	171	36%	104	50%	67
aus Scheidung	44%	184	48%	138	34%	46
aus anderen Partnerschaften	16%	66	15%	44	16%	22
insgesamt	100%	421	100%	286	100%	135
LAT mit Kindern						
aus der LAT	13%	22	12%	16	18%	6
aus Scheidung	66%	113	70%	97	51%	18
aus anderen Partnerschaften	21%	35	18%	25	31%	11
insgesamt	100	170	100	138	100	35

Quelle: "Kinder in nichtehelichen Lebensgemeinschaften"

Insgesamt ist eine starke Heterogenität von vor-, nicht- und nachehelichen Lebensformen anzutreffen, aber alle diese Formen - und insbesondere solche mit Kindern - sind wenig verbreitet und über die Zeit hinweg relativ instabil. Ähnliches gilt für die unterschiedlichen Formen von Partnerschaftsverläufen jenseits von dauerhaften Ehen. Auch hier gibt es kein empirisch nachweisbares Alternativmuster, das beide Elternteile einbezieht, zu einer auf Dauer ausgerichteten Ehe. Ein Abweichen vom Standardmuster bedeutet vielfältige, in den seltensten Fällen geplante Abfolgen verschiedenster Partnerschaftssituationen, die letztendlich wenig Gemeinsames haben und daher nicht zu Alternativentwürfen neben der Ehe dienen können. In den alten Bundesländern gilt diese Aussage ohne Einschränkung. In den neuen Bundesländern dagegen nur mit einer zusätzlichen Erklärung: Da für eine Vielzahl von jungen Ostdeutschen der Kinderwunsch unabhängig vom Eingehen einer Ehe realisiert wird, heißt dies auch dort nicht, daß die Alternative eine nichteheliche Lebensgemeinschaft mit den leiblichen Eltern eines Kindes ist, sondern daß sich auch dort eine Vielzahl von Einzelbiographien mit unterschiedlichen Verlaufsmustern findet. Wenn die Kinder bei ihren leiblichen Eltern aufwachsen, dann geschieht dies auch in den neuen Bundesländern nahezu ausschließlich in der Ehe.

1.3.4 Geschwisterzahl von Kindern außerhalb von Ehen

Elternschaft außerhalb der Ehe bedeutet in Deutschland für fast 2/3 der entsprechenden Familien nur ein Kind. Insgesamt sind in Deutschland Eltern mit mehr als einem Kind außerhalb von Ehen deutlich weniger zu finden als in Ehen (mit Ausnahme der Eltern von 5 und mehr Kindern, die in beiden Fällen um die 1,5% beträgt). Während nur 15% aller Kinder in Deutschland ohne Geschwister aufwachsen (Klein, 1995), ist der Anteil von Einzelkindern außerhalb von Ehen mehr als doppelt so groß. Dies ist fast überall in der EU so, nur in Irland bedeutet auch Elternschaft außerhalb der Ehe im Durchschnitt mehrere Kinder und im Durchschnitt sogar mehr Kinder je Haushalt als bei den Verheirateten in Deutschland.

Tabelle 1.9: Haushalte Alleinstehender nach Anzahl der Kinder

Land	1 Kind	2 Kinder	3 Kinder	4 Kinder	5 Kinder und mehr	Summe
Belgien	57,9	30,6	10,4	0,6	0,5	100%
Dänemark	64,8	29,4	4,9	0,9	-	100%
Deutschland - Alleinst.	62,1	30,3	5,1	1,3	1,5	100%
Deutschland - Ehen	41,9	42,5	12,0	2,3	1,4	100%
Griechenland	62,7	36,4	-	-	0,9	100%
Spanien	55,7	37,6	4,6	1,0	1,2	100%
Frankreich	63,2	25,1	8,7	2,8	0,3	100%
Irland	40,7	32,0	17,8	5,2	4,4	100%
Italien	65,6	22,9	6,5	2,7	2,3	100%
Luxemburg	68,2	28,6	3,2	-	-	100%
Niederlande	52,4	40,1	6,2	1,3	-	100%
Portugal	52,1	37,9	8,7	1,0	0,4	100%
Großbritannien	50,2	34,5	10,7	3,8	0,7	100%

Ditch et al., 1996, S.16. Quelle: Eurostat - Erste Ergebnisse des Haushaltspanels der Europäischen Gemeinschaft (1996) Für Deutschland wurde aus Vergleichsgründen noch die Verteilung der Kinder in Ehen hinzugenommen.

Die ähnlichsten Muster mit Deutschland findet man in Dänemark, Griechenland, Frankreich und Italien. In allen anderen Ländern liegt die Zahl der Kinder je nichtehelichem Haushalt höher. Leider liegen uns keine Zahlen differenziert nach Deutschland Ost und West vor, sonst wäre eine präzisere Einordnung in das europäische Schema möglich.

1.3.5 Beschreibung der Situation aus Sicht der Kinder

Betrachtet man Kinder und nicht die Familien bzw. die Haushalte, ergibt sich das folgende Bild:

Tabelle 1.10: Familiale Lebensformen von Kindern (ohne Altersbegrenzung der Kinder)

	BRD in 1.000	%	ABL in 1.000	%	NBL in 1.000	%
Gesamt	22.033		17.708		4.325	
Deutsche	19.658	89%	15.376	87%	4.282	99%
Ausländer	2.376	11%	2.332	13%	43	1%
Jungen	12.113	55%	9.727	55%	2.387	55%
Mädchen	9.920	45%	7.982	45%	1.938	45%
bei Ehepaaren	18.263	83%	14.958	85%	3.305	76%
bei Alleinerziehenden	3.770	17%	2.751	16%	1.020	24%
bei alleinerz. Frauen	3.173	14%	2.273	13%	900	20%
Kinder unter 18	15.696		12473		3.217	
bei Ehepaaren	13.311	85%	10.848	87%	2.464	77%
bei Alleinerziehenden	2.385	15%	1.631	13%	754	23%
bei alleinerz. Frauen	2.061	13%	1.384	11%	677	21%

Quelle: Statistisches Bundesamt

Zur Zeit leben ungefähr 22 Mio. Kinder im Haushalt mit mindestens einem Elternteil, nur circa 15,7 Mio. davon sind Kinder unter 18 Jahren. 6,3 Mio. sind junge Erwachsene über 18 Jahre. 85% der Kinder unter 18 Jahren leben in Haushalten mit verheirateten Eltern, 15% bei Alleinerziehenden, 13%

davon bei alleinerziehenden Müttern (wieder inklusive verschiedener nichtehelicher Lebensgemeinschaften). Die Zahlen im Ost-West-Vergleich zeigen in den neuen Bundesländern deutlich geringe Zahlen für Kinder, die bei verheirateten Eltern leben (77 versus 87%).

Im Westen sind circa 13% der Kinder, die bei Eltern leben, Ausländer, im Osten ist dies nur ein Prozent. Bei den Eltern leben (über alle Altersgruppen) deutlich mehr Jungen als Mädchen, was unter anderem darauf zurückzuführen ist, daß junge Männer sehr viel später das Elternhaus verlassen als junge Frauen.

In der Zusatzuntersuchung zu Kindern in nichtehelichen Lebensgemeinschaften mit gemeinsamen und getrennten Partnerhaushalten wurden 2.085 Kinder gefunden, circa 2/3 (67,8%) in gemeinsamen Partnerhaushalten (NEL) und 1/3 (32,2%) in Haushalten, bei denen die Partner getrennt lebten (LAT). Leibliche Kinder von beiden Partnern in einem gemeinsamen Haushalt machten circa 1/4 (24,6%) aus, leibliche Kinder von beiden Partnern bei getrennten Haushalten nur 3,6%. Zwei Drittel der Kinder lebten im Westen (64,9%), ein Drittel im Osten (35,1%).

1.3.6 Lebensverläufe nichtehelich geborener Kinder

Nichtehelich geborene Kinder werden in unterschiedliche Konstellationen der Partnerschaftsgestaltung und der Wohnformen ihrer Eltern hineingeboren. Im Vergleich mit ehelich geborenen Kindern sind die Lebensverläufe nichtehelicher Kinder in den ersten 12 Lebensjahren weit häufiger durch Veränderungen der Haushalts- und Lebensform gekennzeichnet. Es lassen sich hier jedoch einige Verlaufsmuster feststellen (vgl. Rost/Rupp i.d.B.): Etwa jedes dritte nichtehelich geborene Kind erfährt die Heirat seiner Eltern innerhalb der ersten drei Ehejahre, etwa ein weiteres Drittel lebt während der meisten Zeit bei seiner alleinerziehenden Mutter, etwa 15% leben langfristig mit ihren nicht verheirateten leiblichen Eltern zusammen und ca. jedes zehnte Kind wächst zusammen mit seiner Mutter und einem Stiefvater (vgl. Vaskovics/Rost/Rupp 1997) auf. Die verbleibenden ca. 10% verteilen sich auf vielfältige weitere Lebensformen und erfahren zum Teil besonders häufige Wechsel der Lebensform.

Betrachtet man die Biographien der Kinder, die sechs Jahre nach der Geburt immer noch den Status nichtehelich haben, so ergeben sich, für Ost und West getrennt ausgewiesen, die folgenden Verlaufsmuster:

Tabelle 1.11: Wohnverhältnisse der zum jeweiligen Zeitpunkt nichtehelichen Kinder

Alte Bundesländer	Alleinerziehende		NEL mit gem. HH		Sonstige		
	ohne Partner	mit Partner	leibliche Eltern	andere Partner	Groß-eltern	WG	Summe
Beginn der Schwangerschaft	10	23	37	2	21	7	100%
sechs Monate nach der Geburt	29	9	34	2	20	5	100%
drei Jahre nach der Geburt	34	16	18	14	13	5	100%
sechs Jahre nach der Geburt	34	19	12	20	12	2	100%

Neue Bundesländer	Alleinerziehende		NEL mit gem. HH		Sonstige		
	ohne Partner	mit Partner	leibliche Eltern	andere Partner	Groß-eltern	WG	Summe
Beginn der Schwangerschaft	5	12	45	1	32	4	100%
sechs Monate nach der Geburt	20	5	46	2	26	1	100%
drei Jahre nach der Geburt	16	7	30	2	16	1	100%
sechs Jahre nach der Geburt	36	10	20	24	10	0	100%

Quelle: DJI-Familiensurvey

Entlang der Spalten ist in dieser Tabelle, getrennt jeweils für die alten und neuen Bundesländer, die biographische Entwicklung dargestellt. Basis dieser Tabellen sind 609 Kinder aus dem Familiensurvey, die im Alter von sechs Jahren immer noch den Status "nichtehelich" haben (bezogen auf alle Kinder macht diese Gruppe ungefähr 5% aus). Beobachtet man die Sequenzmuster über die sechs möglichen Kategorien und die vier Zeitpunkte, ergibt sich eine große Vielfalt mit circa 185 verschiedenen Mustern bei diesen 609 Kindern. Ein Muster, das ungefähr 10% der Kinder umfaßt, sind nichteheliche Lebensgemeinschaften der leiblichen Eltern, deren Partnerschaft über die ersten sechs Jahre angedauert haben. Weitere 3% haben nach der Geburt und ein weiteres Prozent ab einem halben Jahr nach der Geburt in nichtehelichen Lebensgemeinschaften mit den leiblichen Eltern gelebt. Nach verschiedenen

Zwischenstadien sind weitere 1,3% der Kinder in nichtehelichen Lebensgemeinschaften ihrer Eltern im Alter von sechs Jahren gelandet. Dies sind 14% der Kinder, die nach sechs Lebensjahren noch nichtehelich sind oder, anders betrachtet, handelt es sich um circa 0,7% aller im Familiensurvey erfaßten Kinder. Diese Zahlen sinken bis zum 18. Lebensjahr weiter, wie Alt und Bender (i.d.B.) zeigen können. Zum Schluß leben nur noch 10%, der zu diesem Zeitpunkt noch nichtehelichen Kinder, in nichtehelichen Lebensgemeinschaften ihrer leiblichen Eltern.

Auch diese Daten zeigen, daß nichteheliche Lebensgemeinschaften der leiblichen Eltern von Kindern keine bedeutsame Alternative zu Familie mit verheirateten Eltern, die mit ihren Kindern zusammenleben, darstellen. Die Daten bestätigen aber auch die anderen Befunde, daß außerhalb der Hauptgruppe, der Ehe mit Kindern, die Realisierungsmöglichkeiten von nichtehelichen Partnerschaften bzw. Partnerschaftsverläufen außerordentlich vielfältig sind und es kaum dominante Muster in den Partnerschaftsbiographien von unverheirateten Paaren mit Kindern gibt (vgl. dazu v.a. die Kap. 3 und 5 i.d.B.).

1.4 Synopse

Im Mittelpunkt dieses Bandes stehen zum einen Kinder, die außerhalb einer Ehe geboren werden und den Status "nichtehelich" dauerhaft behalten, also nicht nachträglich durch Heirat oder Adoption zu ehelichen Kindern werden, zum anderen geht es um Kinder in nichtehelichen Lebensgemeinschaften, wobei es sich um nichteheliche Kinder oder um eheliche handeln kann, die nach der Scheidung oder Trennung ihrer Eltern in einer nichtehelichen Stieffamilie leben.

Primäre Zielsetzung der vorliegenden Arbeit ist es in beiden Fällen, etwas über Verbreitung, Formenvielfalt, Lebensverhältnisse und typische Problemkonstellationen dieser Kinder bzw. dieser Lebensformen zu sagen sowie ihre Entwicklung genauer zu betrachten und dabei zu untersuchen, ob es charakteristische Verlaufsmuster und typische Übergänge gibt.

Die Fragen im Rahmen der ersten Zielsetzung sind relativ leicht zu beantworten und die Antworten deuten darauf hin, daß die Größenordnungen nicht so groß sind, wie in manchen Publikationen, je nach Standpunkt des Autors, befürchtet oder erwartet wird.

Schwieriger sind die Fragen nach Verlaufsmustern zu beantworten. Die in diesem Band vorgelegten Ergebnisse sind zum Teil disparat und somit nicht in allen Fällen einheitlich zu interpretieren, aber sie zeigen bei aller Problematik im Detail, daß in Deutschland *für Eltern* gegenwärtig kein empirisch bedeutsames Alternativmuster zur ehelichen Familie existiert.

Fast 80% aller Kinder im Westen und 60% aller Kinder im Osten erreichen das 16. Lebensjahr im Haushalt ihrer verheirateten leiblichen Eltern. Von den nichtehelich Geborenen erleben das 18. Lebensjahr ca. die Hälfte ebenfalls im Haushalt der verheirateten, weitere 10% im Haushalt der unverheiratet leiblichen Eltern. Ca. Ein Viertel der nichtehelich Geborenen lebten bis zum 18. Lebensjahr bei einem alleinerziehenden Elternteil, ca. 10% in einer Ehe mit einem neuen Stiefelternteil und 5% in einer nichtehelichen Lebensgemienschaft eines Elternteils mit einem neuen Partner. Von den ehelich geborenen Kindern, die ein Scheitern der Ehe erleben, bleiben 55-60% bei einem alleinerziehenden Elternteil, 5% im Westen und 25% im Osten sind nach 18 Jahren in einer verheirateten Stieffamilie. 30% im Westen und 20% im Osten erleben ihren 18. Geburtstag in einer neuen nichtehelichen Lebensgemeinschaft eines leiblichen Elternteil.

Zwar lassen sich viele Formen und Verläufe jenseits der ehelichen Familie feststellen, aber diese sind sehr heterogen und es ist kein übergreifendes Muster erkennbar. Viele dieser Situationen und Verläufe entstehen, das wird an vielen Stellen deutlich, nicht infolge einer bewußten Planung der Beteiligten, sondern zwangsläufig aufgrund äußerer Umstände oder oftmals auch ein Stück weit ungewollt und zufällig.

Im Fall von nichtehelichen Geburten sind die Zeiten von Schwangerschaft, Geburt und den ersten Monaten nach der Geburt weichenstellend für die weiteren Entwicklungen. Hier entscheidet sich zumeist, ob das Kind zunächst allein mit der Mutter oder in einer nichtehelichen Lebensgemeinschaft der Eltern aufwächst oder bald die Heirat der Eltern stattfindet. Für den Fall, daß eine nichteheliche Lebensgemeinschaft über die ersten Lebensmonate des Kindes hinaus besteht, kann zumeist davon ausgegangen werden, daß eine etwas längere Phase von 1-2 Jahren folgt, in der diese Lebensform weiterbesteht. Danach verändern sich die Familienverhältnisse wieder häufiger. Circa 50% aller nichtehelich geborenen Kinder, die in eine nichteheliche Lebensgemeinschaft ihrer Eltern hineingeboren werden, werden von ihren Eltern durch eine Eheschließung legitimiert, in den neuen Bundesländern häufig sehr schnell nach der Geburt, in den alten Bundesländern meist in einem

Zeitraum von bis zu drei Jahren nach der Geburt, aber auch später. Insgesamt ist die Lebensform "nichteheliche Lebensgemeinschaft mit Kind" aus sehr unterschiedlichen Gründen keine dauerhafte Lebensform. Dies ist an den Zahlen sehr gut erkennbar: Ein halbes Jahr nach der Geburt eines nichtehelichen Kindes leben im Westen 1/3 und im Osten nicht ganz die Hälfte der leiblichen Eltern mit ihrem Kind in einer nichtehelichen Lebensgemeinschaft zusammen, nach drei Jahren sind es nur noch 13% im Westen und 30% im Osten. Bis zu ihrem 18. Lebensjahr lebten von den nichtehelich geborenen Kindern, die mindestens 18 Jahre alt waren, nur 10% dauerhaft in der nichtehelichen Lebensgemeinschaft ihrer leiblichen Eltern. Die Gründe für diese Instabilität der Lebensform sind unterschiedlich. So ist z.B. die Trennungsrate unverheirateter Eltern deutlich höher als die verheirateter Eltern. Woran es liegt, daß nichteheliche Beziehungen häufiger scheitern und gemeinsame Haushaltsführung der leiblichen Eltern nur selten dauerhaft möglich zu sein scheint, ist hier nicht abschließend geklärt, aber es finden sich Hinweise darauf, daß Beziehungen mit hoher Beziehungsqualität häufig in eine Ehe münden und daß Partnerschaften, die gerade aus Sicht der Befragten als weniger gut eingestuft werden, zumeist nichtehelich bleiben. Diese Beziehungen werden folglich wegen der von vornherein geringeren Beziehungsqualität häufiger beendet und nicht deshalb, weil Trennungsbarrieren aufgrund der fehlenden Ehelichkeit niedriger sind.

Falls es zur Trennung der leiblichen Eltern kommt, folgt in den meisten Fällen eine mindestens zweijährige Phase, in denen die Mutter alleinerziehend bleibt. Erst danach findet man häufiger neue Partnerschaften, im Osten etwas häufiger als im Westen, die allerdings in der Regel sehr instabil sind. Nach unseren Ergebnissen lebt nur circa jedes zehnte Scheidungskind nach der Scheidung seiner Eltern längere Zeit in einer stabilen Stieffamilie.

Infolge der Trennung der Eltern, unabhängig davon, ob vorher eine nichteheliche Lebensgemeinschaft oder eine Ehe bestanden hat, kommt es für die meisten Kinder zu einem drastischen Rückgang des Umgangs mit dem anderen, getrennt lebenden Elternteil und dessen Eltern, d.h. seinen Großeltern, wobei die Kontakthäufigkeit stark von der Beziehung der Ex-Partner abhängig ist. Nur in den vergleichsweise seltenen Fällen, in denen die Kontakte der leiblichen Eltern nach der Trennung etwas intensiver bleiben, sind auch die Kontakte zwischen Kind und dem nicht sorgeberechtigten Elternteil bzw. dessen Verwandtschaft noch relativ eng.

Betrachtet man die Lebensverläufe und Partnerschaftsbiographien der Eltern nichtehelicher Kinder mit unseren Daten, überwiegen Hinweise darauf, daß diese Lebenswege nicht oder nicht in großem Umfang Ergebnis rationaler Kalküle und gezielter Entscheidungen sind. Eine hohe Dynamik in den Lebensverläufen, d.h. zahlreiche Übergänge und viele aneinandergereihte unterschiedliche Lebensformen, entsteht selten gezielt als Ergebnis freier Entscheidungen in einer durch Optionsvielfalt geprägten Welt, vielmehr ist sie eher Indikator für Problemkumulationen und Hinweis darauf, daß der Lebensverlauf durch gesellschaftliche Gegebenheiten, zufällige, d.h. kaum beeinflußbare Ereignisse und besondere situative Umstände maßgeblich mitbestimmt ist.

Bei einem Vergleich von ehelichen und nichtehelichen Familien wird sehr deutlich, daß nichteheliche Familien, sofern sie nicht in eine Ehe überführt werden, was in der Mehrzahl der Fälle stattfindet, häufiger auseinanderbrechen als Ehen. Weiterhin ist festzustellen, daß die Einkommenssituation bei nichtehelichen Lebensgemeinschaften etwas schlechter und die Wohnsituation fast immer schlechter ist als in den Ehen. Die Wertmuster verheirateter und nicht verheirateter Eltern sind nahezu gleich, mit der Ausnahme, daß die Bedeutung der Ehe von letzteren etwas niedriger eingeschätzt wird. Die Aufgabenteilung zwischen den Geschlechtern wird bei verheirateten wie unverheirateten Eltern in ähnlicher, meist traditioneller Weise gelebt. Das Konfliktpotential ist außerhalb der Ehe etwas höher, die Sozialkontakte sind hier etwas niedriger und damit verbunden sind Einsamkeitsgefühle und Gesundheitsprobleme in nichtehelichen Lebensformen, insbes. bei Alleinerziehenden, etwas häufiger.

Diese Ergebnisse zeigen, aus Sicht der Kinder, daß das Zusammenleben mit den verheirateten leiblichen Eltern noch der Normalfall in Deutschland ist, und daß dieser Normalfall sich der Tendenz nach positiv von der durchschnittlichen Situation von Kindern, die nicht mit ihren verheirateten Eltern zusammenleben, abhebt.

Kinder, die ehelich geboren oder durch die Heirat ihrer Eltern bald nach der Geburt legitimiert werden, erleben eine deutlich höhere Stabilität in der familialen Lebenssituation als andere nichteheliche Kinder. Außerhalb der Ehe findet man Konstanz der Situation am häufigsten noch bei Alleinerziehenden. Ansonsten ist die Situation außerhalb der Ehe weniger durch Standardentwürfe als vielmehr durch eine hohe Vielfalt und verschiedenste Muster familialer Konstellationen geprägt. Die ökonomische Situation von familialen Lebensformen außerhalb der Ehe ist durch ihre Vielfalt kaum gemeinsam zu thematisieren. Selbstverständlich findet man (allerdings sehr wenige) nichteheliche Lebensgemeinschaften von leiblichen Eltern, bei denen sich die sozioökonomische Situation nicht von der in Ehen unterscheidet. Auf der anderen Seite des Spektrums gibt es aber auch (wesentlich häufiger) die junge alleinerziehende Mutter mit einem oder mehreren kleinen Kindern, die ohne Partner, mit geringer Hilfe von Freunden und Verwandten, unter beengten Wohnverhältnissen und mit geringen finanziellen Mitteln versucht, sich und ihre Kinder durchzubringen. Zwischen diesen Extremen liegen die Situationen der anderen nichtehelichen Konstellationen mit Kindern, die sich deutlich dadurch unterscheiden, ob der jeweilige Partner mit im gleichen Haushalt lebt oder nicht, ob die Kinder aus einer früheren Ehe oder aus einer vorherigen nichtehelichen Partnerschaft stammen und ob sie mit ihren leiblichen Eltern zusammenwohnen.

Die jeweilige Familienphase, z.B. das Alter des Kindes, hat ebenfalls einen erheblichen Einfluß auf die Lebensverhältnisse, ebenso wie die Vorgeschichte der Beziehung bzw. die Sequenz der bisherigen Lebensformen von Eltern und Kind. Eine besondere Bedeutung für die aktuellen Verhältnisse haben Art und Verlauf einer Trennung der Mutter vom leiblichen Vater sowie die Erwerbsbiographie und -situation der Mutter. Der sozioökonomische Status nichtehelicher Familien ist deutlich stärker durch das Einkommen der Mutter geprägt als in Familien mit verheirateten Eltern.

Die angesprochenen Faktoren beeinflussen sich gegenseitig und führen zu einer solchen Vielzahl von Kombinationen, daß es selbst in groß angelegten Studien, wie sie hier verwendet werden, schwer fällt, übergreifende Muster zu identifizieren, die in sich homogen sind und nachweisbar von anderen stabilen Mustern zu differenzieren sind. Es macht wenig Sinn, von "den" Kindern außerhalb von Ehen und von "dem" Alternativentwurf zur traditionellen ehelichen Familie zu sprechen - dafür ist die Vielfalt zu groß. Eine Diskussion unter dem Vorzeichen der Pluralität der Lebensformen erfaßt die Problematik ebenfalls nur zum Teil angemessen, da Familie mit Kindern im Westen der Republik im wesentlichen immer noch Ehe mit Kindern meint und auch im Osten, trotz der hohen Quote nichtehelicher Geburten, die Ehe immer noch die häufigste Form des Zusammenlebens mit Kindern ist.

Die empirisch bedeutsamste Alternative zur ehelichen Familie mit Kind ist die alleinerziehende Mutter mit einem Kind, die oft in schwierigen sozioökonomischen Verhältnissen lebt und die wohl auch nur in seltenen Fällen gezielt ihre Situation gewählt und als Langzeitalternative gewünscht hat. Die anderen "modernen" Familienkonstellationen sind vielfach als befristet angelegte Übergangsstadien in einer vor- bzw. nachehelichen Phase konzipiert oder ungeplant nach einer Trennung oder infolge einer ungewollten Schwangerschaft entstanden. Nur in wenigen Fällen haben sie den Charakter einer gewollten Dauerlösung in Alternative zur Ehe.

Die wachsende Verbreitung von nichtehelichen Familien, insbesondere in den neuen Bundesländern, bedeutet gegenwärtig auch wachsende Unstrukturiertheit und Vielfalt der nichtehelichen Familienbiographien. Vor diesem Hintergrund ist eine differenziertere Betrachtung der Klientel für sozialpolitische Interventionen entscheidend. Generelle Veränderungen der Rechtsposition einzelner Lebensformen, z.B. nichtehelicher Lebensgemeinschaften, sind unter diesen Umständen wenig sinnvoll. Da die ökonomische Situation eine dominierende Wirkung auf die Gesamtsituation hat ist es z.B. notwendig, die Situation von jungen, ledigen, alleinerziehenden Müttern, v.a. der mit kleinen Kindern, zu verbessern. In erster Linie kommt es darauf an, die Lebensformen jenseits allgemeiner Kategorien, hier z.B. alleinerziehende Mutter mit Kind, differenzierter und nach den die Lebensform tatsächlich prägenden Kriterien zu betrachten, wie dies an anderer Stelle systematisch dargelegt wird (vgl. Schneider/Rosenkranz/Limmer 1997). So ist z.B. in vielen Fällen nicht davon auszugehen, daß eine finanzielle Problemsituation auch für alleinerziehende geschiedene Mütter mit jugendlichen Kindern, die einen neuen Lebenspartner haben, der aber in einem eigenen Haushalt lebt, gegeben ist.

Keine Lebensform, soviel scheint klar, ist aus sich heraus problematisch oder ideal. Weder ist die Ehe ein Hort "heiler Welt", noch ist sie ein belastend wirkendes Relikt der patriarchalen Gesellschaft. Und ebensowenig wie die nichteheliche Lebensgemeinschaft ein "positives Experimentierfeld der Familie der Zukunft" ist, ist das Aufwachsen in einer nichtehelichen Konstellation von vorne herein nachteilig für das Kind.

Trotzdem scheint es angebracht, die Institution Ehe in der öffentlichen Diskussion als den immer noch wichtigsten Ort des Zusammenlebens von leiblichen Kindern mit ihren Eltern zu stärken und nicht fahrlässig eine Krise der Ehe und Familie herbeizureden. Wohlgemerkt: dies meint nicht, die Werte "Familie" und "Ehe" als Ideal noch höher zu hängen, sondern statt über Werte und Wertewandel zu räsonieren, über die reale Situation in Familien, ihre tatsächliche Bedeutung und über die erforderliche und sinnvolle Unterstützung bei der Lösung von Problemen zu reden. In Anbetracht der vorliegenden Erkenntnisse ist es sinnvoller, die Situation von Familien nicht dadurch verbessern zu wollen, indem die Behebung eines angeblichen (aber zumindest für die letzten Jahre nicht nachweisbaren) Wertverlustes vorrangig bekämpft wird, sondern indem über sinnvolle und gezielte Hilfen für *konkrete* familiale Lebensformen in konkreten Lebensverhältnissen nachgedacht wird, wobei nichteheliche familiale Lebensformen nicht von einer angemessenen Unterstützung ausgeschlossen werden dürfen.

1.5 Definition und Diskussion von Grundbegriffen

Die bereits eingangs angesprochene Problematik der Begrifflichkeit soll hier noch einmal aufgegriffen und etwas ausführlicher diskutiert werden. In den hier ausgewerteten Studien werden zwar die gleichen Begriffe verwendet, diese haben aber zum Teil unterschiedliche Bedeutungen, und sie sind zum Teil unterschiedlich operationalisiert. Begriffe wie "nichteheliche Lebensgemeinschaft" oder "Alleinerziehende" können daher nicht einheitlich gefaßt und verwendet werden. Das hat zur Folge, daß in diesem Reader vielfach mit relativ langen Begriffsketten statt mit kurzen Schlagworten argumentiert wird, die zwar leichter lesbar sind, aber zu Mißverständnissen führen, und es hat zur Folge, daß die Begriffe, die in den einzelnen Beiträgen verwendet werden, zwar meist dasselbe bezeichnen, aber im Einzelfall eben doch unterschiedliche Abgrenzungen haben. Um Mißverständnissen vorzubeugen, werden wir daher an dieser Stelle alle hier interessierenden Begriffe in ihrer jeweiligen studienspezifischen Operationalisierung darlegen:

a) Im Mikrozensus 1995 wurden folgende Definitionen zugrundegelegt:

- Nichteheliche Lebensgemeinschaft: Die auf der Grundlage von Mikrozensus-Ergebnissen vorgenommene Schätzung nichtehelicher Lebensgemeinschaften bezieht sich auf Paare unterschiedlichen Geschlechts (mit und ohne Kinder), die nicht miteinander verwandt oder verheiratet sind, aber einen gemeinsamen Haushalt führen. Nicht berücksichtigt werden Personen, die zwar zusammen leben, aber angegeben haben, jeweils einen eigenen Haushalt zu führen. Außerdem sind in der Schätzung keine Paare enthalten, die in größeren Wohngemeinschaften oder mit Verwandten in einem Haushalt zusammenleben. Insofern dürfte die amtliche

Schätzung unter der tatsächlichen Zahl nichtehelicher Lebensgemeinschaften liegen. Eine unmittelbare Frage nach nichtehelichen Lebensgemeinschaften war nach dem Mikrozensusgesetz bis 1994 nicht möglich bzw. mußte, sofern sie 1995 gestellt wurde, nicht beantwortet werden.

- Familien: Als Familie im Sinne der amtlichen Statistik zählen - in Anlehnung an Empfehlungen der Vereinten Nationen - Ehepaare mit und ohne Kinder sowie alleinerziehende Väter und Mütter, die mit ihren ledigen Kindern im gleichen Haushalt leben. In früheren Veröffentlichungen des Statistischen Bundesamts wurden auch verheiratet getrenntlebende, geschiedene und verwitwete Personen ohne Kinder zu den Familien gerechnet und die Daten als "Familien/Alleinstehende ohne Kinder" dargestellt. In den Zeitreihen gilt die neue Familiendefinition auch für Ergebnisse früherer Erhebungsjahre.
- Alleinstehende mit Kindern - (Alleinerziehende): Als Alleinerziehende rechnen ledige, verheiratet getrenntlebende, geschiedene und verwitwete Väter und Mütter, die mit ihren minder- oder volljährigen ledigen Kindern zusammenleben. Es ist unerheblich, ob außer dem alleinerziehenden Elternteil und den Kindern noch weitere Personen im Haushalt leben (z.B. der Partner in einer nichtehelichen Lebensgemeinschaft).

b) Im DJI-Familiensurvey und in der Studie "Kinder in nichtehelichen Lebensgemeinschaften" lagen folgende Definitionen zugrunde:

- Nichteheliche Lebensgemeinschaft: Auf den Angaben der interviewten Person beruhend, wird eine nichteheliche Lebensgemeinschaft festgestellt, wenn jene angibt, daß sie ledig, verheiratet getrenntlebend, geschieden oder verwitwet ist und die Frage nach einem festen Partner, mit dem sie zusammenwohnt oder der in einem eigenen Haushalt lebt, positiv beantwortet hat. Hierbei handelt es sich um einen Oberbegriff, der nichteheliche partnerschaftliche Lebensformen zusammenfaßt. Eine "nichteheliche Lebensgemeinschaft mit Kindern unter 18 Jahren" ist gegeben, wenn Kinder der Interviewperson oder ihres Partners im Haushalt der Interviewperson leben.
- Nichteheliche Lebensgemeinschaft mit Kindern unter 18 Jahren und gemeinsamen Haushalt mit einem Partner (NEL): Partner wohnt mit der befragten Person zusammen. Bei einer NEL handelt es sich um die Lebensform zweier zusammenwohnender Partner und mithin um den auch in der Alltagssprache gebräuchlichen Begriff.

- Nichteheliche Lebensgemeinschaft mit Kindern unter 18 Jahren, ohne gemeinsamem Haushalt mit einem Partner (LAT): Die Partner haben keinen gemeinsamen Haushalt. Diese Lebensform, wird häufig als living-apart-together (LAT) bezeichnet.
- Alleinerziehende: Elternteile mit Kind/ern im Haushalt, die keinen Partner haben, also eine Untermenge der Aslleinstehenden ohne Kinder bilden.

c) Im Projekt "Lebenslage nichtehelicher Kinder" setzt die Definition von Lebensformen an zwei Dimensionen, Haushalt und Partnerschaft, an. Partnerschaft bestimmt sich über die subjektive Selbstdefinition der Befragten, wobei keine Grenze für die Mindestdauer dieser Partnerschaft vorgegeben wurde.
Aus der Kombination dieser Merkmale lassen sich verschiedene Lebensformen (mit Kindern) bestimmen:

Bezugsperson(en)	**Partner-schaft**	**weitere Haushaltsmitglieder**	**Lebensformen**
Elternteil (und Kind(er))	nein	nein	Alleinerziehend, alleinlebend
Elternteil (und Kind(er))	ja	nein	**LAT** Alleinlebend
Elternteil (und Kind(er))	ja	ja: unverheirateter Partner, Vater oder Mutter des Kindes	**NEL**, leibliche Eltern
		ja, unverheirateter Partner, nicht mit dem Kind verwandt	**NEL**, soziale Elternschaft, meist durch Stiefvater
Elternteil (und Kind(er))	nein (ja)	ja: Freunde, sonstige	WG (mit LAT)
Elternteil (und Kind(er))	nein (ja)	ja: Eltern	in Herkunftsfamilie mit LAT-Beziehung

Im Unterschied zur amtlichen Statistik wird hier also ein engerer Begriff von "Alleinerziehend" verwendet. Nichteheliche Lebensgemeinschaften (NEL) werden, wie in der amtlichen Statistik und im Familiensurvey, über einen gemeinsamen Haushalt definiert, eine Partnerschaft ohne gemeinsamen Haushalt wird, ebenfalls wie im Familiensurvey, als "living-apart-together" (LAT) bezeichnet.

Die Definition der Nichtehelichkeit von Kindern geht von deren rechtlichem Status aus:

- Nichteheliche Kinder sind Kinder, die nichtehelich geboren sind und bis zum Zeitpunkt der Befragung nicht durch eine Eheschließung der Eltern oder durch Adoption zu ehelichen Kindern wurden, unabhängig von der Lebensform bzw. dem Familienstand der Eltern. So können bspw. nichteheliche Kinder durchaus mit den verheirateten Eltern zusammenwohnen. Dies gilt dann, wenn die Mutter einen Mann heiratet, der nicht der Vater der Kinder ist und die Kinder nicht adoptiert. Eheliche Kinder sind Kinder, die ehelich geboren sind bzw. nachträglich (i.d.R. durch Heirat der Eltern oder durch Adoption) diesen Status erlangen, unabhängig von der Lebensform bzw. dem Familienstand der Eltern, letztere können auch gesondert als legitimierte oder verehelichte Kinder ausgewiesen werden.
- Wird auf die Wohn- bzw. Haushaltsform der Kinder abgestellt, so sprechen wir von Kindern in nichtehelichen Lebensgemeinschaften, das sind Kinder, die bei einem unverheirateten Paar (in Haushaltsgemeinschaft) leben. Lebt das Kind nicht mit seinen beiden leiblichen Eltern zusammen, ist von Stieffamilien die Rede; für Kinder, die bei einem verheirateten Paar, also ehelichen Lebensgemeinschaften leben, werden die Begriffe Stieffamilien herangezogen, evtl. differenziert nach dem Rechtsstatus des Kindes.
- Von leiblicher Elternschaft sprechen wir, analog der gebräuchlichen Diktion, bei leiblichen oder als solche anerkannten Kindern einer Person.
- Soziale Elternschaft liegt vor, wenn die Elternrolle (oder Teile davon) für nicht leibliche Kinder vom Partner oder Partnerin des sorgeberechtigten Elternteils übernommen wird; dies setzt keine Haushaltsgemeinschaft voraus.

1.6 Beschreibung der verwendeten Datensätze

Die Ergebnisse dieses und der folgenden Beiträge basieren auf den Daten von insgesamt vier Datensätzen. Die Fragestellungen und die daraus abgeleiteten Analysen bedingen unterschiedliche Sichtweisen auf die vorhandenen Daten. So ist z.B. die Analysegrundlage einmal eine Substichprobe von Kindern eines bestimmten Alters unabhängig vom Erhebungszeitpunkt und ein anderes Mal eine Substichprobe von Kindern unterschiedlichen Alters zum Erhebungszeitpunkt. Komplizierter wird es noch, wenn retrospektiv Entwicklungsreihen auf einer Stichprobe von Kindern unterschiedlichen Alters aufgebaut werden, da abhängig vom Alter der Kinder zum Erhebungszeitpunkt unterschiedlich viele Informationen entsprechend den synthetischen Altersstufen vorliegen. Solche Zugänge führen zwar zu unterschiedlichen Stichprobengrößen, jedoch führt diese Methodenvarianz nicht zu inhaltlichen Inkonsistenzen, sondern im Gegenteil, die interpretierten Ergebnisse sind bemerkenswert konstant.

Die vier Datensätze sind im Folgenden kurz vorgestellt und erläutert:

1. Projekt "Lebenslage nichtehelicher Kinder"

Sozialwissenschaftliche Forschungsstelle der Universität Bamberg,

Auftraggeber: Bundesministerium der Justiz.

Stichproben und Untersuchungsdesign[6]:

Zielpersonen: Eltern aktuell nichtehelicher Kinder (von 0 bis einschließlich 12 Jahren). Die Stichproben wurden sowohl in den alten als auch in den neuen Bundesländern mittels einer nach Gemeindegrößenklassen geschichteten Zufallsauswahl gezogen.

- Standardisierte mündliche Befragung von 1.498 sorgeberechtigten Müttern nichtehelicher Kinder (davon 815 aus den alten und 683 aus den neuen Bundesländern); Erhebungszeitraum: Dezember 1992 bis Februar 1993.

---

[6] Die Ost-West-Verteilung der Stichprobe entspricht in etwa den tatsächlichen Proportionen dauerhaft nichtehelicher Kinder am Ende der 80er Jahre. Zu diesem Zeitpunkt wurden rund 53% aller Kinder, die vermutlich nie ehelich legitimiert werden, in den alten Bundesländern geboren und 47% in den neuen. Die Berechnung erfolgte anhand der absoluten Zahl nichtehelicher Geburten laut amtlicher Statistik (BMFSFJ 1997), abzüglich des geschätzten Anteils an Legitimationen (BiB 1997). Da hier anhand des Alters der Kinder ein recht großer Zeitraum betrachtet wird, die Geburtsjahre der Kinder im Sample sind gleichmäßig über die Jahre 1978 bis 1990 verteilt, ist zu bedenken, daß diese Relation im Betrachtungszeitraum nicht stabil geblieben ist. Allerdings sind die Veränderungen nicht gravierend: So kamen 1980 48% der betreffenden Kinder im Westen zur Welt und 1990, wie erwähnt, 53%. Für die älteren Jahrgänge sind die neuen Länder etwas unterrepräsentiert, was aber kaum Folgen für die Aussagefähigkeit der Analysen haben dürfte, da die Größenordnungen der Stichprobe maximal um einen Prozentpunkt von der mittels Gewichtungen geschätzten realen Verteilung abweichen. Zudem wird ohnehin überwiegend nach Ost und West differenziert und werden Aussagen über Gesamtdeutschland nur dort getroffen, wo dies aufgrund der Komplexität oder der Fallzahl nicht anders möglich ist.

- Standardisierte schriftliche Befragung von 484 nichtsorgeberechtigten Vätern (davon 257 aus den alten und 227 aus den neuen Bundesländern), Erhebungszeitraum: April bis Juni 1993.
- Qualitative Befragung von 40 sorgeberechtigten Müttern (je zur Hälfte aus den alten und den neuen Bundesländern), Erhebungszeitraum: September bis November 1995.

2. Mikrozensus 1995, Statistisches Bundesamt Wiesbaden
Stichprobe und Untersuchungsdesign:
Standardisierte mündliche Befragung einer Zufallsstichprobe mit 1% aller Haushalte der Bundesrepublik Deutschland vom April 1995, nach dem Mikrozensusgesetz vom 10. 6. 1985[7].

3. DJI-Familiensurvey 1988, 1990, 1994-1995
Deutsches Jugendinstitut e.V., Auftraggeber: Bundesministerium für Familie, Senioren, Frauen und Jugend.
Stichproben und Untersuchungsdesign:
Standardisierte mündliche Befragung mehrerer Zufallsstichproben[8]:

• 1988 ABL	10.045	18-55jährige	
• 1990 NBL	1.951	18-55jährige	
• 1994 ABL	4.997	24-61jährige	Panel aus 1988
• 1994 ABL	2.002	18-30jährige	
• 1994 NBL	3.995	18-55jährige	

1988 wurden circa 3.000 Personen aus einer Einwohnermeldeamtsstichprobe und 7.000 Personen nach einem 'random walk' Stichprobenplan in die Untersuchung einbezogen. Die 1990er Stichprobe stammte aus einer Sonderziehung aus dem zentralen Einwohnerregister der DDR. 1994 wurde im Westen die Hälfte der Stichprobe aus 1988 als Panel befragt und die 18-30jährigen wurden durch einen 'random walk'-Stichprobenplan nachgezogen. Im Osten wurde die Untersuchung als replikativer Survey an einer neuen Stichprobe nach einem 'random walk'-Stichprobenplan durchgeführt.

---

7 beschrieben in: Bevölkerung und Erwerbstätigkeit, Fachserie 1, Reihe 3 Haushalte und Familien, Statistisches Bundesamt, Wiesbaden 1997

8 beschrieben in: Wandel und Entwicklung familialer Lebensformen, Datenstruktur der DJI-Familiensurvey, D.Bender, W.Bien, H.Bayer, DJI-Arbeitspapier 8-121, München, 1996

4. Projekt "Kinder in nichtehelichen Lebensgemeinschaften"

Deutsches Jugendinstitut e.V., Auftraggeber: Bundesministerium für Familien, Senioren, Frauen und Jugend.

Stichproben und Untersuchungsdesign:

Standardisierte mündliche Befragung einer Zufallsstichprobe:

1995 Basiserhebung	76.356	14-99jährige
entspricht	51.530	18-55jährige davon
Haupterhebung	2.085	nichteheliche Lebensgemeinschaften mit Kindern unter 18 Jahren mit gemeinsamen und getrennten Haushalten der Eltern.

Ein Screeningfragebogen wurde über ein Jahr (Anfang bis Ende 1995) an einen regelmäßig stattfindenden Erhebungsbus angehängt, um Personen aus der Zielpopulation zu finden. Die so identifizierten Personen wurden mit einem zusätzlichen Fragebogen interviewt.

2. Lebensverhältnisse nichtverheirateter Frauen beim Übergang zur Elternschaft

Marina Rupp

Inhalt

2.1 Familiengründung ohne Eheschließung

Elternschaft ohne Ehe wird im Kontext der Diskussion um die gestiegene Pluralität der Lebensformen als ein an Bedeutung zunehmendes Muster familialer Lebensführung gesehen. Tatsächlich findet sich nichteheliche Elternschaft in sehr unterschiedlichen Haushalts- und Beziehungsformen: alleinerziehende (ledige) Mütter, unverheiratete Paare mit (teils gemeinsamen Kindern), aber auch verheiratete Paare mit Kind(ern) aus einer früheren Beziehung usf. Entsprechend vielfältig sind die Begründungszusammenhänge und Übergangsmodalitäten in die Familie ohne Ehe.

Hierbei ist von Bedeutung, daß sich Ost- und Westdeutschland deutlich bezüglich der Gestaltung und Vielfalt familialen Lebens unterscheiden: In den alten Bundesländern werden Ehe und Elternschaft - trotz steigender Anteile nichtehelicher Geburten und Lebensgemeinschaften - noch immer in hohem Maß verbunden. Es wird sogar angenommen, daß der Wunsch nach einem Kind heute das wichtigste Heiratsmotiv bilde (vgl. Nave-Herz 1988). Damit stellt sich die Frage nach den Beweggründen und Bedingungsfaktoren für die Abkehr von diesem Muster hier vor einem anderen Hintergrund als in den neuen Ländern. Dort läßt sich anhand der stetig gestiegenen Häufigkeit nichtehelicher Geburten - 1992 waren es 42% (Statistisches Bundesamt 1995, 102) - wie auch der Tatsache, daß in mehr als der Hälfte der nichtehelichen Lebensgemeinschaften Kinder leben, vermuten, daß es sich weniger um eine "Abweichung vom normalen Muster" handelt, sondern nichteheliche Elternschaft viel eher ein optional wählbares Familien-Modell darstellt. Die gesellschaftlichen Rahmenbedingungen der früheren DDR bedingten offenbar etwas andere Muster der privaten Lebensführung. In bezug auf die nichtehelichen Geburten heißt dies, daß sie häufiger und zugleich auch selbstverständlicher waren.

Aus dem Spektrum von Familiengründungen ohne Eheschließung wird hier auf diejenigen Varianten eingegangen, die dazu führen, daß die Kinder eine rechtliche Sonderstellung erhalten, d.h. in denen die fehlende Legitimation der Paarbeziehung der *leiblichen* Eltern langfristige Konsequenzen für den Rechtsstatus der Kinder hat. Im folgenden wird daher der Übergang in Familienformen, in denen *nichteheliche* Kinder aufwachsen, eingehender betrachtet und hinsichtlich seiner Bestimmungsfaktoren hinterfragt: Unter welchen Umständen und mit welchen Beweggründen verzichten Eltern auf die Ehe und damit die Legitimation des Kindes? Von der Ablehnung der Institution über unzulängliche Beziehungen der Eltern bis zu Ehehindernissen ist hier ein breites Feld von Motiven denkbar.

Den Ausgangspunkt für die hier interessierenden Formen nichtehelicher Elternschaft bilden somit nichteheliche Geburten. Allerdings ist zu unterscheiden, ob sie lediglich Veränderungen der Übergangsweise in Ehe und Elternschaft, also eine zeitliche Entkoppelung von Heirat und Familiengründung, bedeuten oder dauerhafte Nichtehelichkeit bedingen. Bei einem Teil handelt es sich allerdings um eine Übergangserscheinung: Rund jedes dritte Kind, das in den alten Bundesländern nichtehelich geboren wird, verliert diesen rechtlichen Status relativ bald durch die Heirat seiner Eltern (vgl. BiB 1997, 19; BMFSFJ 1997, 84). Die Neigung unverheirateter Eltern, ihr Kind bald durch Eheschließung zu legitimieren, hat sich in den letzten 30 Jahren nur geringfügig verändert und liegt für 1994 bei 36,5% (BIB 1997, 19; vgl. auch Pröbsting 1986, 409). Der amtlichen Statistik zufolge erlebten in der früheren DDR rund 40% der nichtehelich geborenen Kinder die Heirat ihrer Eltern in den ersten drei Lebensjahren (BMFSFJ 1997, 84). Auch diese Rate war über die letzten 20 Jahre hinweg nahezu konstant. Schon der vergleichsweise hohe Anteil, zu dem Eheschließende in den neuen Bundesländern heute bereits *gemeinsame* Kinder haben (25%), deutet darauf hin, daß auch weiterhin eine beträchtliche Neigung zur nachträglichen Legitimation besteht (vgl. BMFSFJ 1997, 71). Tatsächlich hat sich diese seit der Vereinigung sogar leicht erhöht. So schätzt Schwarz die Legitimierungsquote für 1994 auf 48,8% (BiB 1997, 19), das hieße nur gut jedes zweite Kind, das nichtehelich geboren wird, behält diesen Status längerfristig bei. Ein beträchtlicher Anteil nichtehelicher Geburten zeugt damit von veränderten und differenzierten Übergängen in Ehe und Elternschaft.

Dauerhaft nichtehelich verbleiben unter 8% aller westdeutschen und über ein Fünftel aller ostdeutschen Kinder. Über die Lebensverhältnisse dieser Gruppe herrscht allerdings weithin ein Informationsdefizit: warum ihre Eltern *dauerhaft* auf eine Heirat (miteinander) verzichten, welche Bedingungszusammenhänge dahinterstehen, welche Motive und Entscheidungen dazu führen und welche Entwicklungen damit verbunden sind. Wenn im Folgenden diesen Fragen empirisch nachgegangen wird, rückt damit zwar ein eher kleiner Ausschnitt aus den familialen Entwicklungsverläufen in das Zentrum der Aufmerksamkeit, aber ein bislang kaum erforschter.

Demzufolge lenke ich hier das Augenmerk auf Eltern(teile), für welche die nichteheliche Elternschaft mehr als nur eine Passage darstellt, und frage nach den Umständen, Bestimmungsfaktoren und Motiven für die "Wahl" bzw. das Zustandekommen dauerhafter Nichtehelichkeit. Konkret wird zunächst untersucht, welche Lebensumstände und Beziehungskonstellationen diese Entwicklung bestimmen und ob sie sich bereits beim Übergang zur Elternschaft abzeichnet. Zur näheren Betrachtung der Einflußfaktoren und Kontextbedingungen beim Übergang zur *dauerhaften* nichtehelichen Elternschaft wird daher der Zeitraum um die Geburt anhand verschiedener Dimensionen, wie der Beziehungssituation der leiblichen Eltern inklusive der Haushaltsform, der sozio-ökonomischen Lebensumstände sowie der persönlichen Motive, die für den Verzicht auf eine Heirat angeführt werden, analysiert. Weiterhin interessieren die Vorstellungen zur Familiengründung, d.h. ob ein Kind gewünscht wurde oder die Schwangerschaft ungewollt eintrat und wie die Eltern sich zu dieser Situation stellten.

Obigen Ausführungen zufolge interessiert hier die Gruppe nichtehelich geborener Kinder, deren Eltern *nicht* in den ersten Lebensjahren heiraten. Berücksichtigt werden daher nur Mütter von Kindern, die mindestens zwei Jahre alt sind und bei denen somit eine nachträgliche Legitimation kaum mehr zu erwarten ist (vgl. Kap.1). Die Datenbasis der folgenden Analysen bilden die Angaben von 1.352 Müttern[9] mit nichtehelichen Kindern, von denen 54% in den alten und 46% in den neuen Bundesländern leben. Da die Geburtsjahrgänge der untersuchten Kinder von 1980 bis 1990 streuen, sind bei älteren Kindern diejenigen aus den alten Bundesländern unseren Schätzungen zufolge etwas überrepräsentiert, was jedoch aufgrund der Geringfügigkeit (vgl. Kap.1) nicht durch eine Gewichtung ausgeglichen wird. Bedeutsam ist hier weiterhin, daß die meisten Kinder von Müttern aus den neuen Bundesländern noch zu DDR-Zeiten zur Welt kamen, also in einem anderen Gesellschaftssystem. Daher werden zunächst die unterschiedlichen gesellschaftlichen Rahmenbedingungen kurz charakterisiert.

2.2 Gesellschaftliche Rahmenbedingungen

Der Übergang zur Elternschaft wird generell von gesellschaftlichen Rahmenbedingungen beeinflußt. So wird z.B. der Kinderwunsch durch Werthaltun-

---

[9] Auswahl aus rund 1.500 sorgeberechtigten Müttern, deren Kinder zum Befragungszeitpunkt (1992/93) den rechtlichen Status "nichtehelich" noch aufweisen; Stichprobe des Projektes "Lebenslage nichteheliche Kinder"; ausführliche Beschreibung in Kap. 1.

gen, Einstellungen, Rollenverständnis, staatliche Entlastungen usw. beeinflußt und der "passende" Zeitpunkt im Lebenslauf durch Normen, aber auch Bildungs- und Erwerbssystem mitbestimmt. Dies alles gilt auch oder sogar insbesondere für den Übergang zur nichtehelichen Elternschaft. Hier stellt sich somit die Frage nach besonderen Restriktionen, wie sie traditionell in Gestalt sozialer Sanktionen oder Diskriminierung vorfindbar waren, nach Vor- oder Nachteilen im System sozialer Transferleistungen oder im Recht wie auch nach den normativen und subjektiven Voraussetzungen für eine Ehe bzw. eheliche Elternschaft. Da Ost- und Westdeutschland sich bezüglich der sozialen wie sozialstaatlichen Bedingungen nichtehelicher Elternschaft deutlich unterschieden, wird zunächst beschrieben, unter welchen Rahmenbedingungen die hier betrachteten Familiengründungen erfolgten.

Dabei ist vorab auf ein Spezifikum nichtehelicher Geburten hinzuweisen: In den alten Bundesländern sind diese Mütter bei der Geburt ihrer Kinder deutlich jünger als verheiratete Frauen. Die Differenz betrug für die hier betrachteten Jahrgänge nahezu zwei Jahre - auch wenn man nach Geburtsrang differenziert. In der früheren DDR fanden sich nur geringfügige Unterschiede und das durchschnittliche Alter von Frauen bei ehelichen und nichtehelichen Geburten hat sich bis Ende der 80er Jahre nahezu angeglichen. Dies gilt im wesentlichen auch für die Frauen der Stichprobe und hat sehr wahrscheinlich Konsequenzen für ihre Lebenslage.

Die Frage, was es bedeutet, den Weg in die Elternschaft ohne eine Heirat zu gehen, führte in der früheren DDR wie in der Bundesrepublik bis dato insofern zur gleichen Antwort, als die Mütter damit die Hauptverantwortung für das Kind übernehmen, da nur sie in der Regel das Sorge- bzw. Erziehungsrecht erhalten. Selbst wenn de facto eine Lebensgemeinschaft mit dem Vater des Kindes besteht, werden sie formal zu Alleinerziehenden. Diese rechtliche und soziale Anbindung der Kinder an ihre Mütter bedingt, daß die Frauen zum Ausgangspunkt der Betrachtungen genommen werden, da nichteheliche Vaterschaft nur in ganz seltenen Ausnahmefällen im Sinne der vollen und alleinigen Verantwortung für ein leibliches Kind auftritt, sondern im Regelfall über eine Gemeinschaft mit der Mutter konstituiert wird[10].

Für die ehemalige DDR ist zu bemerken, daß bereits sehr frühzeitig versucht wurde, in den gesetzlichen Regelungen Benachteiligungen von Kindern, "deren Eltern nicht miteinander verheiratet sind" (FGB), auszuräumen

---

[10] Die Situation ändert sich erst mit Inkrafttreten des neuen Kindschaftsrechtes im Juli 1998.

(vgl. Schubert 1980, 145), und daß auch die sozialstaatlichen Rahmenbedingungen für alleinstehende Frauen in der ehemaligen DDR deutlich besser waren. Diese mußten mit dem Status "nichteheliche Mutter" daher eher geringe Probleme in Kauf nehmen - im Gegenteil boten die familienpolitischen Maßnahmen (insbesondere vor 1986) durch besondere Hilfestellungen für unverheiratete Mütter Anreize, "die Heirat zu unterlassen" (Gysi 1989, 267, vgl. auch Strohmeier 1993). Beispielsweise gab es vor 1986 nur für unverheiratete Mütter eine Möglichkeit der "bezahlten" Beurlaubung über die Karenzzeit hinaus und sie wurden auch in anderen Bereichen wie z.B. bei der Vergabe von Krippenplätzen bevorzugt. "Unverheiratete Mütter, zumal wenn sie in einer nichtehelichen Lebensgemeinschaft lebten, hatten also beträchtliche Vorteile gegenüber verheirateten Müttern" (Huinink 1995, 46), da sie ab 1972 besondere Hilfen erhielten. Seit 1986 stand *allen* Müttern das sogenannte "Babyjahr" zur Verfügung, d.h. sie konnten bei maximal 90%iger Lohnfortzahlung und Sicherstellung des Arbeitsplatzes für zwölf Monate pausieren. Auch die Vereinbarkeit von Kind und Beruf besaß keine besondere Brisanz, wozu Anteile von 80 bis 90 Prozent an institutioneller Kinderbetreuung das Ihre beigetragen haben. Kinder - auch Kleinkinder - in die Krippe zu geben, wurde zunehmend zur Selbstverständlichkeit, was wiederum verknüpft war mit anderen Vorstellungen von "der Rolle der Frau". Diese wurde eben nicht hauptsächlich über Familienarbeit definiert, so daß die weibliche Identität sich in hohem Maße auf Familie *und* Beruf gründete (vgl. Bertram 1994, 211).

Insgesamt erfolgte in der ehemaligen DDR eine stärkere finanzielle Entlastung der Elternschaft, insbesondere der Mutterschaft, durch staatliche Hilfen als in den alten Bundesländern[11]. Man kann also davon ausgehen, daß es für die Frauen in der ehemaligen DDR wesentlich einfacher und selbstverständlicher war, ein Kind auch ohne Eheschließung zu bekommen - es schien "beliebig, ob man als verheiratete bzw. unverheiratete Frau Kinder bekam" (Höhn /Dorbritz 1995, 154). Die hohen Anteile nichtehelich geborener Kinder bereits vor der Vereinigung sprechen dafür. Selbst wenn es sich dabei nur um eine zeitliche Entkoppelung von Ehe und Geburt gehandelt haben soll (vgl. ebd.) und auch in diesem Gesellschaftssystem die Institution propagiert und wertgeschätzt wurde (Huinink, 1995, 39), sehen wir uns variableren Mustern des Übergangs zur Elternschaft gegenüber. Bezieht man weiterhin

[11] Einen vergleichenden Überblick über die sozialpolitischen Leistungen bieten Reichwein/Cramer/Fuer 1993, 67-72.

mit ein, daß in der ehemaligen DDR ein weitaus liberaleres Abtreibungsrecht galt, so steht zu erwarten, daß dort die Entscheidung für nichteheliche Elternschaft deutlich eher den Vorstellungen von der freien Wahl einer Lebensform entsprach als in den alten Ländern, wo diese Lebensform viel stärker mit persönliche Nachteile verknüpft war. Dabei ist auch auf Unterschiede in den Lebensläufen hinzuweisen, da die Berufsintegration von Müttern in der ehemaligen DDR deutlich früher und ungebrochener vonstatten ging, was nicht zuletzt begründet, weshalb der Übergang zur Elternschaft generell früher erfolgte.

Auch in den alten Bundesländern ist im Zuge der Veränderung von Familie, der Zunahme ihrer Varianten und vor allem der Eintritts- und Übergangsformen davon auszugehen, daß nichteheliche Geburten heute nicht mehr stark stigmatisiert werden, wenngleich trotz steigender Nichtehelichenquote nicht von einer "Entkoppelung zwischen Ehe und Geburt von Kindern" gesprochen werden kann (Höhn/Dorbritz 1995, 152). Allerdings sind die Rahmenbedingungen hier andere: Nicht nur daß die "legitimierte Familie" noch immer eine besondere Wertschätzung erfährt - die Vorstellungen von Elternschaft beinhalten zudem weitgehend ein Modell, das eine Betreuung der Kinder im familialen Kontext vorsieht, wobei diese in aller Regel von den Müttern übernommen wird. Dieses "Hausfrauen-Familien-Konzept" wird steuerlich begünstigt, ist jedoch ohne einen Partner, der die Ernährerrolle übernimmt, nicht zu realisieren. Auch Lebensgemeinschaften, die sich gegen eine Ehe entscheiden, verzichten oft auf materielle Vorteile und nehmen eine rechtliche Sonderstellung von Eltern und Kind in Kauf.

Berufstätigkeit und Kinderbetreuung in Einklang zu bringen, ist nicht einfach. Zwar können Mütter in den alten Bundesländern seit 1986 Erziehungsurlaub erhalten, was den Einschub einer Familienphase in die berufliche Biographie erleichtert, doch ist der materielle Ausgleich so niedrig, daß er keine eigenständige Existenzsicherung darstellt. Zudem ist die Betreuung von Kleinkindern in vielen Fällen schwer sicherzustellen, denn das Angebot an institutioneller Betreuung ist gering, unflexibel, teils teuer und wird oft als "nicht kindgerecht" eingeschätzt. Obwohl wir in jüngerer Zeit in den alten Bundesländern einen Trend zu höherer Qualifikation und beruflicher Integration der Frauen erkennen können, bleiben die Ansprüche an Mutterschaft und Mutterrolle weiterhin eher traditionell. Somit finden wir hier ein Spannungsfeld, das zu bewältigen gerade alleinstehenden Müttern sehr schwer fallen dürfte.

Diese unterschiedlichen Voraussetzungen auf den verschiedenen Ebenen, von den sozialpolitischen Rahmenbedingungen bis hin zu den individuellen Einstellungen, müssen daher bei den folgenden Ausführungen mitbedacht werden.

2.3 Lebensformen und Lebensverhältnisse bei Eintritt der Schwangerschaft

Unter welchen weiteren Voraussetzungen beginnt der Weg in die nichteheliche Elternschaft? Die Frage scheint umso bedeutungsvoller als unter Berücksichtigung der unterschiedlichen gesellschaftlichen Rahmenbedingungen von den Lebensverhältnissen mehr oder weniger starke weichenstellende Wirkungen auf die Form der Elternschaft zu erwarten sind. In diesem Zusammenhang wird im folgenden dargestellt, wie die Beziehung der werdenden Eltern zueinander ist, in welchen sozio-ökonomischen Verhältnissen sie leben und ob aus den jeweiligen Konstellationen Erklärungen dafür abgeleitet werden können, daß die Elternschaft auf Dauer nichtehelich bleibt.

2.3.1 Lebensformen und Beziehungssituation

Nichtehelicher Elternschaft geht in aller Regel eine feste Beziehung voraus. Die meisten Frauen bezeichnen das Verhältnis zum werdenden Vater bei Eintritt der Schwangerschaft als "feste Partnerschaft", wobei die West-Frauen dies mit 76% seltener äußern als die Ost-Frauen mit 87%. Jeweils knapp die Hälfte dieser Paare lebte auch zusammen. Die übrigen "festen" Partnerschaften finden sich in unterschiedlichen Haushaltskonstellationen. Weiterhin ist zu erwähnen, daß 2,4% eine "feste Beziehung" zu einem anderen Partner, also nicht dem Vater des Kindes, unterhalten, worunter sich einzelne Lebensgemeinschaften mit gemeinsamen Haushalt befinden.

Konstitutiv für die langfristige nichteheliche Elternschaft ist demnach nicht das Fehlen einer Beziehung zwischen den Eltern. Allerdings sind diese Partnerschaften zu Beginn der Schwangerschaft bei weitem nicht so zufriedenstellend, wie sich die Frauen dies wünschen würden, denn nur knapp die Hälfte aus den alten und drei Viertel aus den neuen Ländern beschreibt das damalige Verhältnis zum leiblichen Vater als "gut". Berücksichtigt man demnach die subjektive Beziehungsqualität, so relativiert sich das Bild infolge eines reduzierten Anteils an soliden Partnerschaften: Insgesamt unterhalten nur 47% aller Frauen aus den alten, aber doch 73% aus den neuen Bundesländern eine Beziehung zum leiblichen Vater ihres Kindes, die sie als "gut" bezeichnen. Davon lebt rund die Hälfte auch bereits mit ihm zusammen. Das bedeutet zugleich, daß immerhin jede vierte nichteheliche Lebensgemeinschaft (NEL) als nicht zufriedenstellend eingeschätzt wird. So wohnt insgesamt ein Zehntel der Frauen zwar mit dem künftigen Vater zusammen, bezeichnet dieses Verhältnis aber nicht als "gut", während 31% mit ihrer Situation zufrieden sind.

Tabelle 2.1: Beziehungskonstellationen unverheirateter Frauen bei Eintritt der Schwangerschaft

Beziehungskonstellation	alte Bundesländer	neue Bundesländer
keine feste Partnerschaft	23%	13%
unbefriedigende Partnerschaft	20%	9%
gute Partnerschaft	23%	30%
mäßige NEL (mit leibl. Vater)	13%	6%
gute NEL (mit leibl. Vater)	22%	42%
C.V.= .28 N =	730	597

Quelle: Lebenslage nichtehelicher Kinder

Nachdem die Beziehungssituation bereits skizziert wurde, sei auch über die Haushaltsform der werdenden Mütter ein Überblick gegeben (vgl. Tabelle 2.2). Insgesamt wohnen bei Eintritt der Schwangerschaft 27% der Frauen der Stichprobe alleine, ein Fünftel bei den Eltern und rund 12% in sonstigen Wohnformen wie z.B. Wohngemeinschaften, Wohnheimen oder bei Verwandten, mit großen Differenzen zwischen alten und neuen Bundesländern.

Tabelle 2.2: Haushaltskonstellationen unverheirateter Frauen bei Eintritt der Schwangerschaft

Haushaltskonstellation	alte Bundesländer	neue Bundesländer
allein lebend	36%	17%
bei den Eltern lebend	16%	26%
sonstige Wohnform	13%	9%
in NEL (mit leibl. Vater)	35%	48%
C.V.= .24 N =	736	616

Quelle: Lebenslage nichtehelicher Kinder

Während demnach in den neuen Bundesländern die werdenden Mütter meist in einer nichtehelichen Lebensgemeinschaft und recht häufig in der Herkunftsfamilie anzutreffen sind, leben Frauen aus den alten Ländern oft alleine. Sie haben sich also schon aus dem Elternhaus gelöst, sind aber seltener bereits in eine Haushaltsgemeinschaft mit dem Vater integriert. Von den Lebensgemeinschaften in den neuen Bundesländern sind zudem 6% in die Herkunftsfamilie eingebunden - eine Haushaltskonstellation, die es imWesten praktisch nicht gibt. Knapper Wohnraum und die Bevorzugung von Verheirateten oder Eltern bei der Vergabe ließen es in der ehemaligen DDR vor der Familiengründung nur begrenzt zu, einen eigenen Haushalt zu gründen (vgl. Huinink 1995, 49f.).

Da bei allen Haushaltsformen Partnerschaften unterschiedlicher Güte existieren, lassen sich die verschiedenen Lebensformen der Mütter mittels der Kriterien "Haushaltskonstellation" und "Beziehungssituation" definieren. Dabei wird nur zwischen "festen Partnerschaften" und fehlenden bzw. nichtfesten (nach Einschätzung der befragten Frauen) differenziert. Für die Phase des Überganges zur Elternschaft sollen - auch aufgrund der empirischen Relevanz - zunächst nur die Beziehungen der *leiblichen* Eltern ins Blickfeld gerückt werden. Einzelfälle, in denen ein anderer Partner vorhanden ist, werden hier unter die Kategorie "ohne feste Partnerschaft zum leiblichen Vater" subsumiert. Da sich bereits ohne Berücksichtigung der subjektiven Einschätzung der Beziehungsqualität ein sehr differenziertes Bild ergibt, wird auch auf diese zunächst verzichtet.

Als sie erfahren, daß sie Mutter werden, leben insgesamt 9% der Frauen allein und verfügen nicht über eine "feste" Partnerschaft zum Vater des Kindes - sie können somit als Singles bezeichnet werden. 18% leben in einer Beziehung mit getrenntem Haushalt. Von den werdenden Müttern, die noch bei ihren Eltern wohnen, haben rund drei Viertel eine feste Beziehung zum werdenden Vater, das sind 15% aller Frauen. So verbleiben insgesamt 5%, die ohne feste Freundschaft sind und noch zu Hause leben. Berücksichtigt man auch die sonstigen Wohnformen für die Bildung der Lebensform gesondert, so ergeben sich zwei weitere Gruppen: mit (7%) und ohne solider Freundschaft (4%). Aufgrund der deutlichen Unterschiede zwischen den Bundesländern erfolgt eine vollständige vergleichende Darstellung wiederum anhand einer Tabelle:

Tabelle 2.3: Lebensformen unverheirateter Frauen zu Beginn der Schwangerschaft: Haushalts- und Partnerschaftskonstellation

Haushaltskonstellation und Partnerschaft zum leiblichen Vater	alte Bundesländer	neue Bundesländer
SINGLES (allein lebend ohne Partnerschaft)	12%	5%
LAT (allein lebend mit Partnerschaft)	23%	11%
bei den Eltern lebend ohne Partnerschaft	5%	5%
bei den Eltern lebend mit Partnerschaft	11%	21%
sonstige Wohnform ohne Partnerschaft	5%	1%
sonstige Wohnform mit Partnerschaft	8%	7%
NEL	35%	48%
C.V.= .33 N =	729	616

Quelle: Lebenslage nichtehelicher Kinder

Generell dominieren nichteheliche Lebensgemeinschaften, wenn auch mit unterschiedlicher Ausprägung. Während für die alten Bundesländer Beziehungen ohne gemeinsame Wohnung (LAT) die zweithäufigste Variante darstellen, verteilen sich die Lebensformen im Osten deutlich anders. Dort leben die künftigen Mütter nicht nur häufiger mit dem Vater zusammen, sondern auch bei vorhandener Partnerschaft im Elternhaus, was teils aus den Restriktionen der Wohnraumversorgung resultiert.

Weiterhin ist augenfällig, daß die Frauen aus dem früheren Bundesgebiet deutlich häufiger alleine auf sich gestellt sind. Diese Frauen entscheiden sich also trotz ihres Single-Status dafür, das Kind zu bekommen, und es wird im weiteren interessieren, ob sich Änderungen in ihrer Lebensform ergeben oder ob sie alleinverantwortlich bleiben. Inwieweit auf die Haushaltsmitglieder "sonstiger" Wohnformen als Hilfestellung zurückgegriffen werden kann, ist zwar nicht bekannt, doch dürften diese Beziehungen vermutlich nicht dieselbe Qualität aufweisen wie eine Eltern-Kind- oder Paarbeziehung. Allerdings gibt es nur eine kleine bzw. in den neuen Ländern äußerst niedrig besetzte Gruppe, die in einer WG wohnt und keine Partnerschaft mit dem werdenen Vater pflegt. Häufiger handelt es sich um LAT-Beziehungen, bei denen die Frau in einer größeren Haushaltsgemeinschaft lebt.

In bezug auf die Qualität der Beziehungen ist anzumerken, daß das Verhältnis zu den Eltern häufiger positiv bewertet wird als das zum Lebenspartner. Somit können die Eltern insbesondere für partnerlose Frauen eine bedeutsame Stütze darstellen, was die betroffenen Mütter auch häufig so beschreiben.[12] Manche äußern, daß sie ohne diese Hilfestellung nicht gewußt hätten, wie sie die Anforderungen hätten bewältigen sollen, oder daß sie aufgrund der Fürsorge eigentlich wenig Probleme mit dem Übergang zur Elternschaft hatten. Besonders wichtig ist die Haltung der Herkunftsfamilie für junge Frauen bei fehlender sozio-ökonomischer Selbständigkeit. Wird hier die Unterstützung versagt oder nur "erzwungenermaßen", verbunden mit Vorwürfen etc. gewährt, dann durchleben die werdenden Mütter eine sehr schwierige Phase. In seltenen Fällen wird von so nachhaltigen Beeinträchtigungen der Beziehungen zu den Eltern berichtet wie dauerhaft gestörter Kommunikation und Ausgrenzung. Meist jedoch bietet die Herkunftsfamilie eher Rückhalt und Hilfe.

2.3.2 Lebenslagen - Startbedingungen

Als bedeutsame Umstände für den Übergang in die Elternschaft können neben der Lebensform auch die finanziellen und beruflichen Verhältnisse gelten. Da hauptsächlich Informationen über die Lebensverhältnisse der Mütter vorhanden sind, ist es schwierig, einen Einblick in die Gesamtsituation zu geben. So ist beispielsweise nicht bekannt, ob der werdende Vater bereits berufstätig ist, wie seine Einkommensverhältnisse aussehen, also inwieweit es ihm möglich ist, die Mutter in dieser Situation zu unterstützen. Die Beschreibung der sozio-ökonomischen Rahmenbedingungen konzentriert sich daher auf die Situation der Frauen, wobei eine weitere Einschränkung zu treffen ist: Da die Geburten, um die es hier geht, zwischen zwölf und zwei Jahren zurückliegen, sind die Angaben über die finanzielle Lage wie Einkommen und Ausgaben kaum generell möglich. Aufgrund der zeitlichen Spannbreite der Informationen variieren Kaufkraft und Wert, so daß hier nur mittels sehr grober Kategorisierung gearbeitet werden kann. Da die Einkommensgefüge in Ost und West zudem auf sehr unterschiedlichen Niveaus rangierten, werden diese getrennt besprochen.

Mit niedrigen Einkünften begnügen muß sich in den alten Ländern beinahe jede dritte Frau. Diese Gruppe kann auch unter Vernachlässigung exakter zeitlicher Zuordnung wohl als von einer Mangellage betroffen eingestuft werden. Knapp ein Viertel hat ein ziemlich niedriges Einkommen das zwi-

[12] Dies belegen die ausführlichen Gespräche mit einem Teil der Mütter; vgl. Vaskovics/Rost/Rupp 1997.

schen 1.000 und 1.500 DM liegt. Dieser Wert überschreiten 26%, die somit den mittleren Bereich bilden. 18% verfügen über ein Einkommen von 2.000 DM und mehr.

Für das Gebiet der ehemaligen DDR bietet es sich an, den Einschätzungen eine feinere Klassifizierung zu Grunde zu legen. Hier verdienten die werdenden Mütter zu 13% weniger als 400 DM und zählten somit sehr wahrscheinlich zu einer finanziell schlecht gestellten Gruppe. Weitere 12% haben nur etwas höhere Einkommen, und jeweils 24% finden sich in den nächsten Einkommensklassen, d.h. knapp die Hälfte der Frauen ist durchschnittlich bis gut gestellt. Rund 14% können zu den Besserverdienenden gezählt werden. Hier verändert sich die Einkommenshöhe noch wesentlich stärker während des zwischenzeitlich verstrichenen Zeitraumes. Vor allem Frauen, deren Kinder heute bereits älter sind, verfügen zu Beginn der Schwangerschaft über deutlich geringere Mittel, so hat beispielsweise nur noch jede zehnte Mutter eines Kindes von neun Jahren und älter Einkünfte von mehr als 1.000 Mark.

Rund drei Viertel der Frauen sind bereits berufstätig, als sie schwanger werden, allerdings in den neuen Bundesländern deutlich mehr (86%) als in den alten (72%). Demzufolge sehen sich eher wenige mit der Elternschaft konfrontiert, während sie noch in Ausbildung stehen (14% ABL; 11% NBL) oder von Arbeitslosigkeit betroffen sind (8% ABL; 3% NBL). Während in den neuen Bundesländern Berufstätige in der Regel eine volle Stelle einnehmen - nur 1% aller Frauen arbeitet in geringerem Umfang - finden sich in den alten Ländern 5% der Frauen in Teilzeitbeschäftigung, wodurch sich der Anteil der Vollberufstätigen auf 67% reduziert.

In der Gesamtsicht zeigt sich somit ein breites Feld unterschiedlicher Lebensverhältnisse, die ganz wesentlich vom Alter und der Berufsbiographie der werdenden Mütter abhängig sind.

2.3.3 Wunschkinder oder ungewollte Elternschaft?

Nachdem wir davon ausgehen können, daß sich für werdende Eltern in der früheren DDR die Ehe weniger stark als Norm oder zumindest vorteilhaftere Alternative darstellte, soll zunächst geklärt werden, inwieweit dies mit der Erwünschtheit der Kinder korrespondiert. Wenn nichteheliche Elternschaft als alternatives Modell zur ehelichen bewußt präferiert wird, dann sollte es sich - wie bei ehelichen Geburten - in hohem Maße um erwünschten oder sogar geplanten Nachwuchs handeln. Andernfalls stellte die nichteheliche Elternschaft eher eine Alternative zur "Mußehe" dar.

Tatsächlich ist ein großer Teil dieser Kinder den Angaben ihrer Mütter zufolge erwünscht. Doch finden wir in den neuen Bundesländern weitaus häufiger Wunschkinder: Seitens der Mütter waren 58% der Schwangerschaften "gewollt"; dies kann nur für ein Drittel in den alten Bundesländern konstatiert werden. Da auch ungeplante Elternschaft durchaus positiv aufgenommen werden kann, ist von Bedeutung wie die Frauen auf eine unverhoffte Schwangerschaft reagieren, zumal rund jede dritte nicht konsequent verhütet bzw. "es dem Zufall überlassen" hat. Hier zeigt sich, daß doch sehr viele Frauen eher freudig überrascht sind, denn insgesamt kann sich jede dritte in den alten und 19% in den neuen Bundesländern auf das Kind freuen, obwohl es ungeplant oder Folge einer "Verhütungspanne" ist. Bei weiteren 44% bzw. 69% ist die positive Einstellung zur Elternschaft wohl schon vorher vorhanden gewesen, denn sie sind gewollt oder jedenfalls nicht ungewollt schwanger geworden. So verbleibt ein kleiner Teil, der mehr oder weniger unverhofft mit der Frage konfrontiert wird: 15% in den alten und 9% aus den neuen Bundesländern können sich mit dieser Situation arrangieren und lediglich 8% bzw. 3% kommen schlecht damit zurecht. Die Reaktion der Mütter fällt demzufolge überwiegend positiv aus - selbst wenn es nicht immer ein Wunschkind ist und teils sogar, wenn die Lebensumstände eigentlich im Widerspruch dazu stehen. Dies belegen die ausführlichen Gespräche mit den Frauen recht eindrucksvoll (vgl. Vaskovics/Rost/Rupp 1997).

Dabei verweisen die deutlichen Unterschiede zwischen beiden Landesteilen darauf, daß sich in den Reaktionen der Frauen auch die gesellschaftlichen Rahmenbedingungen niederschlagen. Vor allem zu DDR-Zeiten erleben die werdenden Mütter sowohl geringeren Schwierigkeiten bei der Bewältigung der Situation als auch höhere soziale Akzeptanz nichtehelicher Elternschaft. Sie empfinden es als nichts Außergewöhnliches, unverheiratet Mutter zu werden, und fühlen sich auch eher sozial abgesichert. Weiterhin ist zu bedenken, daß diese Frauen eher die Möglichkeit hatten, eine Abtreibung vornehmen zu lassen, wenn sie sich mit der Situation nicht arrangieren konnten. Unerwünschte Schwangerschaften führten daher vermutlich seltener zur Mutterschaft. Die Schwelle, ab der eine Abtreibung erwogen wird, dürfte dagegen in den alten Bundesländern - schon aufgrund größerer Restriktionen für einen Abbruch - deutlich höher gelegen haben. Für diese Frauen stellt damit der Eintritt der Schwangerschaft oftmals eine Herausforderung dar, die sie zudem mit Problemen konfrontiert wie Einkommen und Existenzgrundlage zu sichern, die Betreuung zu organisieren, aber auch, den Eltern und Bekannten die Nachricht zu übermitteln.

All dies ist selbstredend weniger problematisch, wenn sich die Frauen auf einen Partner verlassen können, der die Verantwortung mit ihnen teilt. Diesbezüglich ist von Bedeutung, wie die Männer sich zu der bevorstehenden Vaterschaft verhalten.Generell fällt deren Reaktion allerdings nicht so positiv aus wie die der Mütter. Nur 44% zeigen sich erfreut, 27% reagieren ablehnend, als sie davon erfahren und die verbleibenden 29% äußern sich eher zurückhaltend.

Bei Berücksichtigung der Reaktion der werdenden Väter reduziert sich der Anteil der willkommenen Kinder damit deutlich. Insgesamt werden zwar vier von zehn Schwangerschaften von beiden Seiten positiv aufgenommen, doch trifft dies vor allem für die neuen Länder zu, wo mehr als die Hälfte der Elternpaare sich auf das Kind freut. In den alten Ländern dagegen sieht nur knapp jedes dritte Paar gemeinsam Grund zum Jubeln. So kommt es relativ häufig vor, daß sich die Mütter freuen, aber die Väter zurückhaltender reagieren und sich schließlich doch mit der Situation arrangieren (rund ein Fünftel). Deutlich häufiger finden wir in den alten Ländern Paare, bei denen der werdende Vater offenbar ganz andere Vorstellungen hat als seine Partnerin: 24% äußern sich ablehnend, während sich die werdende Mutter (eigentlich) auf das Kind freut. In den neuen Ländern ist diese Beziehungskonstellation mit 15% deutlich seltener anzutreffen. Das gleiche gilt für die schlechte Aufnahme der Schwangerschaft seitens *beider* Elternteile (22% ABL; 12% NBL).

In den alten Bundesländern steht die Entscheidung für die Nichtehelichkeit damit relativ häufig im Kontext wenig oder nicht abgestimmter Vorstellungen der Paare zur Frage der Elternschaft.

Das Ausbleiben einer Heirat kann daher zumindest bei einem Teil als Alternative zu einer normativ "erzwungenen" Institutionalisierung der Beziehung gesehen werden, also dem Druck, aufgrund der Elternschaft zu heiraten. Demgegenüber scheint es sich bei den Paaren aus den neuen Ländern häufiger um eine beiderseits akzeptierte Familiengründung zu handeln, bei der lediglich auf den Trauschein verzichtet wird. Näheres hierzu wird wohl deutlich, wenn man die Begründungen der werdenden Mütter für den Verzicht auf eine Heirat ansieht.

2.3.4 Subjektive Motive für die Entscheidung, nicht zu heiraten

Daß Elternschaft nicht unbedingt mit einer Ehe verbunden werden muß, meint zumindest ein Teil der Befragten - allerdings auch hier mit deutlichem Ost-West-Unterschied. "Ich wollte ein Kind, aber deshalb muß man doch nicht gleich heiraten" ist der häufigste Grund für Frauen aus den neuen Ländern; von ihnen sagen das 30%, doch nur ein Fünftel aus den alten Bundesländern. Vielleicht liegt hier auch der Akzent auf dem "gleich", denn 26% der Mütter aus den neuen Ländern möchten dies später nachholen, was nur 13% der Vergleichsgruppe angeben. Eine zeitliche Entkoppelung von Übergang zur Elternschaft und Ehe ist demnach in den neuen Ländern in weitaus höherem Maße vorstellbar. Dagegen haben die West-Frauen andere Motive: Viele wollen "einfach nicht heiraten" (37%). Dies steht im Zusammenhang mit der Einschätzung des Partners - als Ehemann scheint er oft nicht geeignet (29%, zum Vergleich: 18% NBL). Jeder zehnte Mann war bereits anderweitig verheiratet (2% NBL) und doppelt so viele verlassen die werdende Mutter noch vor der Geburt (13% NBL). Hier spiegeln sich mangelnde Reife und Tragfähigkeit der Partnerschaften wider - wie stets im früheren Bundesgebiet mit wesentlich höherer Bedeutung. Vorbehalte gegen den Partner treten hier stark vor, was auch erklärt, daß nichteheliche Elternschaft seltener als Übergangsstadium - mit Nachholen der Eheschließung - geplant ist. Die Frauen aus den alten Ländern entscheiden sich demnach viel deutlicher von vornherein für eine spezielle Form der nichtehelichen Elternschaft, d.h. dafür, alleinerziehende Mutter zu werden. Oftmals geschieht dies jedoch insofern "gezwungenermaßen", als sie keine Chance für eine tragfähige Paarbeziehung mit dem Vater des Kindes sehen. Für einen Teil der Mütter aus den neuen Ländern ist die nichteheliche Elternschaft als Übergangslösung, aber nicht als Dauerzustand gedacht, denn die Option Ehe besteht zunächst schon. Warum diese längerfristig doch nicht realisiert wird, soll an anderer Stelle vertieft aufgegriffen werden. Unzulängliche Beziehungen und ungeeignete Partner stellen aber auch hier einen wichtigen Grund dar, eine Heirat von vornherein auszuschließen.

Nichteheliche Elternschaft als bewußt geplante "unbemannte Mutterschaft" ist eher ein Ausnahmephänomen. Nur 7% (ABL) bzw. 2% (NBL) stimmen dem Statement zu "ich wollte ein Kind, aber keinen Mann". Aber selbst Frauen mit dieser Einstellung leben nicht alle tatsächlich ohne Mann, doch unterhalten sie häufiger keine feste Partnerschaft mit dem Vater des Kindes.

2.3.5 Charakteristik der Lebensformen

Es wurde bereits ausgeführt, daß Familiengründungen, die in eine nichteheliche Elternschaft münden, von verschiedenen Lebensformen ausgehen. Daß sich zudem die Beziehungen in dieser Phase selbst verändern, wurde angesichts der Argumente gegen eine Ehe schon angedeutet. Bevor allerdings auf diesbezügliche Entwicklungen eingegangen wird, soll zunächst eine Typisierung der "ursprünglichen" - also bei Beginn der Schwangerschaft vorfindlichen - Lebensformen erfolgen, da damit durchaus unterschiedliche Startbedingungen für die Elternschaft gegeben sind. So finden sich typische Merkmale der Lebensformen in verschiedensten Bereichen wie Lebenslage, Erwünschtheit der Kinder, Motive für die nicht-eheliche Elternschaft, Beziehungsqualität u.v.m. Angesichts dieser Zusammenhänge werden die Lebensformen im folgenden nicht vollständig, sondern in Form von markanten Profilen kurz beschrieben.

Nichteheliche Lebensgemeinschaften der leiblichen Eltern
Frauen, die schon bei Eintritt der Schwangerschaft mit dem Vater des Kindes zusammenleben, sind am häufigsten gewollt schwanger geworden und zeigen die positivsten Reaktionen auf die Nachricht. Nur in seltenen Fällen ist eine Heirat aufgrund einer bestehenden Ehe des Partners ausgeschlossen. Allerdings sind Lebensgemeinschaften in Ost und West recht unterschiedlich:

In den alten Bundesländern trifft es weitaus seltener zu, daß es sich um ein geplantes Kind (49%) handelt und/oder sich *beide* Eltern darauf freuen (49%). Doch sehen auch nur 4% ein Problem darin. Daß nicht alle jubeln, ist verständlich, denn die Beziehungen lassen zum Teil zu wünschen übrig (37%). Frauen in NEL verdienen eher gut, sind im mittleren Alter und verfügen heute[13] über einen niedrigen bis mittleren sozialen Status. Daß es nicht zur Heirat kommt, wird damit begründet, daß die Frauen dies nicht wollen und/oder keine Notwendigkeit dazu sehen. Allerdings bestehen relativ häufig (27%) Einwände gegen den Vater des Kindes als Ehemann, er scheint ihnen hierfür ungeeignet. Selten wird die Ehe explizit aufgeschoben. Eine Familiengründung als NEL scheint dennoch nicht den Intentionen der Betroffenen zu entsprechen, sondern häufiger aufgrund der weiteren Rahmenbedingungen

[13] Zum Befragungszeitpunkt, also 2 bis 12 Jahre später.

beschlossen zu werden. Hierbei ist neben der mangelnden Beziehungsqualität zu erwähnen, daß nur jede zweite Schwangerschaft von beiden Partnern freudig begrüßt wird; es gibt ganz offenbar recht häufig unterschiedliche Vorstellungen zur Frage der Elternschaft. Auch liefert nur der kleinere Teil der werdenden Väter einen wesentlichen Beitrag zum Haushaltseinkommen; im Gegenzug ist mehr als jede dritte Frau für das Haushaltsbudget praktisch allein verantwortlich. So bieten diese Konstellationen zwar nicht unbedingt extrem schlechte, aber immerhin eingeschränkte sozio-ökonomische Voraussetzungen für die Elternschaft. Zudem verläßt immerhin jeder zehnte Mann die werdende Mutter - und somit auch die Familie - noch vor der Geburt des Kindes.

In den neuen Ländern dagegen haben die zusammenlebenden Paare ganz offensichtlich eine höhere Bereitschaft zur Elternschaft - darauf verweisen je 70% Wunschkinder und übereinstimmend positive Reaktionen auf die Schwangerschaft. Die Partnerschaften sind überwiegend zufriedenstellend und jedes dritte Paar will eigentlich später noch heiraten. Manchen fehlt es (19%) an Anreizen, wie z.B. wirtschaftlichen Vorteilen, für diesen Schritt. So sehen viele keine Notwendigkeit (39%) dazu oder die Frauen wünschen dies nicht. Hier kann man also eher eine Entkoppelung von Elternschaft und Institution als Grund für die nichteheliche Geburt erkennen. Zu Beginn der Schwangerschaft haben die Frauen eher niedrige persönliche Einkünfte (40%) und sie stellen seltener die Hauptverdiener des Paares. Diese Frauen sind ebenso wie ihre Partner mittleren Alters, und die betreffenden Kinder sind eher jung. Letzteres deutet darauf hin, daß die Attraktivität der nichtehelichen Lebensgemeinschaft als Familienform in jüngerer Zeit gestiegen ist.

Singles (alleinlebend ohne feste Partnerschaft)

Alleinlebende Frauen stellen die Gruppe, die vor dem Übergang zur Elternschaft schon am ältesten, mit am häufigsten bereits berufstätig ist und auch am besten verdient. Doch gibt es in den alten Ländern hierunter auch Frauen mit sehr kleinen Einkommen - 24% verdienen weniger als 1.000 DM und haben damit im sozio-ökonomischen Bereich eher schlechte Startbedingungen für eine Elternschaft. Nur knapp jedes vierte Kind in den alten Ländern kann als Wunschkind bezeichnet werden, während in den neuen Ländern fast die Hälfte dieser Frauen die Schwangerschaft gewollt hatte. Aber auch bei Vorliegen guter Voraussetzungen sehen manche dieser Frauen der Mutterschaft mit Befürchtungen entgegen: wie schaffe ich das, wie organisiere ich mein Leben um? Sorgen bezüglich der auf sie zukommenden Verantwortung machen sich vor allem Frauen aus den alten Ländern, die Vergleichsgruppe sieht der Mutterschaft gelassener entgegen, was aus den Äußerungen bei der qualitativen Befragung deutlich hervorgeht (vgl. Vaskovics/Rost/Rupp 1997).

Während die Singles aus den alten Bundesländern einer Ehe distanziert gegenüberstehen, spielt dies im Osten eigentlich keine Rolle. Das Fehlen einer festen Partnerschaft zum Vater des Kindes gründet oft darin, daß sie ihn nicht als geeigneten Lebenspartner ansehen. Sofern überhaupt eine Verbindung besteht, wird diese meist frühzeitig beendet und zwar häufiger von den Männern als den Frauen. Das heißt, die Schwangerschaft führt nur selten zur Verfestigung sehr lockerer Paarbeziehungen, sondern bewirkt eher das Gegenteil. Ein kleiner Teil der Frauen wünscht sich allerdings eine Mutterschaft ohne Partner.

Bemerkenswert ist, daß die alleinlebenden Frauen aus den alten Bundesländern nur unterdurchschnittlich auf Rückhalt bei der Herkunftsfamilie hoffen konnten, da nur gut die Hälfte das Verhältnis zu ihren Eltern als gut beschreibt. In den neuen Ländern tritt diese relative Benachteiligung etwas weniger deutlich zu Tage und nur ein Fünftel ist davon betroffen.

Living apart together

Im Vergleich zut den werdenden Eltern, die bereits zusammenleben, scheinen diese Partnerschaften (noch) weniger getestet. 44% der festen Beziehungen ohne gemeinsamen Haushalt in den alten und 21% in den neuen Bundesländern werden als unbefriedigend eingestuft, und in ähnlichem Maße kriselt es in den Beziehungen. Rund vier von zehn Paaren trennen sich noch vor der Geburt des Kindes. Dies kann in Zusammenhang damit gesehen werden, daß in dieser Konstellation die Elternschaft nicht eingeplant war, zumindest aus der Sicht der Väter; so reagieren nur rund ein Viertel (ABL.) bzw. 40% (NBL) der Elternpaare übereinstimmend freudig auf die Schwangerschaft. Daß teils Diskrepanzen im Paar bestehen, wird vor allem für die neuen Länder offenbar, da hier zwei Drittel der Kinder aus Sicht der Mütter Wunschkinder sind. Bei der Vergleichsgruppe ist die Differenz weniger groß, allerdings handelt es sich auch wesentlich seltener um gewollte Schwangerschaften (32% ABL), was darauf hindeutet, daß sich oftmals beide Elternteile nicht auf eine Familiengründung eingestellt hatten.

Ähnlich wie bei den Singles finden wir hier eher ältere Frauen in soliden sozio-ökonomischen Verhältnissen. Kennzeichen dieser Gruppe sind der höchste Grad an Vollberufstätigkeit (76% ABL; 95% NBL) und die geringste Quote von Kleinstverdienerinnen; zudem verfügen diese Frauen über einen recht hohen sozialen Status. Die soziale Lage der Frauen scheint gut - fraglich ist, wieweit der werdende Vater zu Unterstützungen der künftigen Familie in der Lage bzw. bereit ist. Im Westen kann dies schon aufgrund der Tatsache, daß ein Fünftel der Väter bereits verheiratet ist, wohl nur in eingeschränktem Maß erfolgen. Während auch ohne diese Restriktion die West-Frauen keine Ambitionen haben, später noch zu heiraten, tragen sich zwar 15% der Frauen aus den neuen Ländern mit solchen Gedanken, doch in beiden Landesteilen stellen nichtzusammen lebende Partner die Paarkonstellation mit der geringsten Heiratserwartungen.

Leben in der Herkunftsfamilie

Kennzeichnend für die meisten Frauen, die (noch) bei den Eltern wohnen, als sie schwanger werden, ist ihre Jugend, die teils gekoppelt ist mit fehlender Erwerbsintegration; dies gilt vor allem in den alten Ländern (40% sind nicht voll berufstätig) und deutlich weniger für die Vergleichsgruppe (19%). Damit einhergehend verfügen die Betreffenden auch am häufigsten nur über sehr kleine eigene Einkommen. Auch die werdenden Väter sind typischerweise noch recht jung, und sofern eine feste Partnerschaft besteht, scheint diese oft nicht tragfähig:

Von den *festen Beziehungen* zwischen den werdenden Eltern (drei Viertel dieser Frauen unterhalten eine solche) wird mehr als die Hälfte in den alten und ein Viertel in den neuen Ländern nicht als "gut" bezeichnet und nicht wenige scheitern bereits während der Schwangerschaft (39% ABL; 24% NBL). In den alten Bundesländern sind die Kinder häufig ungewollt (51%) und die Eltern teilen selten Freude über den Nachwuchs (15%). In den neuen Ländern kommt dieser nicht ganz so ungelegen. Hier hängt die Erwünschtheit deutlich stärker davon ab, ob die Eltern eine Partnerschaft verbindet. Fehlt diese, so verdoppelt sich der Anteil ungewollter Schwangerschaften (von 18 auf 39%).

Die jungen Paare wollen oft später noch heiraten - im Westen findet sich in dieser Teilgruppe am ehesten das Muster "aufgeschobene Ehe" (22%). Allerdings gibt es daneben auch Freundschaften ohne Perspektiven, und ungeeignete Partner bieten bei einem Drittel ein wichtiges Argument gegen eine

Heirat. In den neuen Ländern weichen die Betreffenden dagegen nicht bemerkenswert von den Haltungen der anderen Lebensformen ab. Abgesehen von der Erwünschtheit der Kinder und den beziehungsspezifischen Aspekten unterscheiden sich die in der Herkunftsfamilie lebenden Frauen kaum im Hinblick auf das Vorhandensein einer festen Partnerschaft.

Wer noch bei den Eltern lebt, hat auch ein gutes Verhältnis zu ihnen - dies gilt praktisch für alle jungen Frauen aus den neuen Ländern und mit mehr als 70 Prozent auch für das Gros derjenigen aus dem alten Bundesgebiet. Diesbezüglich nehmen sie die Spitzenposition unter den Lebensformen ein. Viele werden vermutlich auch von den Eltern - oder anderweitig - finanziell unterstützt, da nur bei gut der Hälfte das verfügbare Haushaltsbudget vollständig aus dem eigenen Einkommen bestritten wird.

Sonstige

Eher der Vollständigkeit halber sei abschließend noch auf den kleinen Teil von Frauen eingegangen, der in Wohngemeinschaften oder in anderen größeren Haushalten integriert lebt. In den neuen Ländern haben auch diese meist eine LAT-Beziehung zum werdenen Vater; in den alten Ländern gilt dies nur für gut die Hälfte - beide Male sind diese Freundschaften allerdings von eher unterdurchschnittlicher Güte. Dennoch wird die Reaktion auf die Schwangerschaft eher positiv beschrieben. Sozio-ökonomisch befinden sich die Frauen in weniger guten Verhältnissen, d.h. der Anteil von Berufstätigen ist relativ gering und korrespondiert mit kleinen Einkommen, die allerdings nur selten durch Zuwendungen aufgebessert werden. Diese Frauen sind typischerweise nicht mehr so jung wie die bei den Eltern lebenden und ihr Verhältnis zu den Herkunftsfamilien ist eher schlecht. Da es sich um eine kleine und intern zudem noch heterogene Gruppe handelt, wird auf eine weitere Charakterisierung verzichtet.

2.4 Entwicklung der Lebensformen im Übergang zur Elternschaft

Nachdem die Ausgangslage der Frauen nun grob skizziert wurde, interessiert es, was passiert, nachdem die Schwangerschaft bekannt wird. Als besonders wichtiger Aspekt wird zunächst die Entwicklung der Paarbeziehungen gesondert betrachtet, ehe die konkreten Veränderungen der Lebensformen während und kurz nach dem Übergang zur Elternschaft thematisiert werden.

2.4.1 Die Entwicklung der Beziehungen

Schon die Startbedingungen bei Eintritt der Schwangerschaft sind hinsichtlich der Beziehungsqualität nicht die besten - besonders im früheren Bundesgebiet lassen die Partnerschaften nicht selten zu wünschen übrig und die werdenden Eltern zeigen oft keine einheitliche positive Haltung im Hinblick auf den Nachwuchs. Aber auch im Gebiet der ehemaligen DDR herrscht nicht immer "eitel Sonnenschein".

Daß die bevorstehende Elternschaft die Paarbeziehungen verändert, ist nicht verwunderlich. Daß allerdings bei diesen künftigen Eltern überwiegend Belastungen und negative Entwicklungen registriert werden, erscheint durchaus bemerkenswert. Schon *während der Schwangerschaft* tendiert die Partnerschaftsqualität weiter zum schlechteren. Ganz besonders in den alten Ländern verändert sich die Beziehung der leiblichen Eltern bis zur Geburt des Kindes oft in beklagenswerter Weise. Hier erlebt fast die Hälfte der Frauen eine Verschlechterung der Beziehungsqualität oder sogar eine Trennung. So scheitern feste Partnerschaften ohne gemeinsamen Haushalt zu 36% und NEL zu 24%. Beziehungen, die nicht als feste Partnerschaft bezeichnet werden, haben offenbar kaum eine Chance der Stabilisierung. Für die betroffenen Mütter bedeutet das, daß sie sich nicht nur den grundsätzlichen Anforderungen stellen müssen, die der Übergang zur Elternschaft beinhaltet, sondern zugleich eine Beziehungskrise verarbeiten und sich auf die Bewältigung der Mutterschaft ohne die Unterstützung eines Partners einrichten müssen.

In den neuen Ländern ist die Auflösungstendenz weniger dramatisch. Hier halten immerhin 77% der festen Beziehungen und 89% der NEL solange, bis das Kind geboren ist, und auch Belastungen der Partnerschaft werden wesentlich seltener beklagt.

Bemerkenswert erscheint, daß die Beziehungseinschätzung zeitabhängig ist, insofern als jüngere Eltern eher über ein gutes Verhältnis berichten, während bei Müttern von älteren Kindern der Übergang zur Elternschaft häufiger in einem schlechten Beziehungsklima vollzogen wird.

Auch in der ersten Zeit nach der Geburt zerbrechen noch weitere Beziehungen, so daß ein halbes Jahr danach nur noch 37% der Mütter aus den alten und die Hälfte derjenigen aus den neuen Ländern über eine gute Partnerschaft verfügen, meist in Form einer NEL. Das heißt wenn die Eltern nicht bereits vor der Familiengründung zusammenleben, scheitern die Partnerschaften relativ häufig in dieser Phase - zwischen 40 und 47% der verschiedenen Lebensformen "mit Partnerschaft" sind hiervon betroffen. Die Gegentendenz, daß im Zuge des Übergangs zur Elternschaft die Partnerschaft konsolidiert und eine Lebensgemeinschaft gegründet wird, ist vergleichsweise gering (insgesamt 11%).

Das Trennungsgeschehen ist nicht unabhängig von der Erwünschtheit der Kinder. Partnerschaften, in denen die Schwangerschaft unterschiedlich aufgenommen wurde, scheitern deutlich häufiger. Vor allem wenn der Mann das Kind ablehnt, die Mutter sich aber darauf freut, kann das zu Krisen führen, deren Lösung zugleich das Ende der Beziehung bedeutet.

2.4.2 Die Entwicklung der Lebensformen

Mangelnde Beziehungsqualität und Spannungen, zum Teil aber auch ein Neuüberdenken der Perspektiven der Partnerschaft angesichts der bevorstehenden Verantwortung für ein Kind, bedingen insgesamt eine häufige Auflösung. Mit dieser Beziehungsdynamik geht einher, daß auch die Lebensformen in hohem Maße nicht stabil bleiben. Oder umgekehrt: die Entwicklung der Beziehungen ist der wesentliche Triebmotor für Veränderungen der Lebensform, was sich daran zeigt, daß Frauen ohne Partnerschaft nur selten eine Modifikation der Wohnsituation vornehmen.

Betrachtet man den Index "Lebensform" in der oben vorgestellten Differenziertheit, so verweilt nur die Hälfte der Frauen in derselben Wohn- *und* Partnerschaftskonstellation. Dies gründet sich hauptsächlich auf das Scheitern von Partnerschaften, insbesondere der weniger konsolidierten. Betroffen sind demnach in erster Linie Beziehungen ohne gemeinsame Wohnung, doch auch nichteheliche Lebensgemeinschaften werden in beträchtlichem Ausmaß aufgekündigt. In den neuen Bundesländern halten immerhin vier Fünftel bis zum sechsten Lebensmonat des Kindes, in den alten sind es lediglich 68%, was auf die deutlich schlechtere Beziehungsqualität dieser Partnerschaften zurückgeht. Dies bedingt quasi automatisch eine Veränderung der Haushaltskonstellation. Die Vielfältigkeit der Umstrukturierung sei zunächst in Form einer Übersicht wiedergegeben.

Tabelle 2.4: Entwicklung der Lebensformen von Müttern nichtehelicher Kinder im Zeitraum um die Geburt (Auswahl der wesentlichen Verläufe)

Haushaltskonstellation und Partnerschaft mit Vater des Kindes	ABL	NBL
bleibt SINGLE bzw. wird Alleinerziehende (allein lebend ohne Partnerschaft)	10%	3%
bleibt LAT (allein, allerdings nun mit Kind lebend; mit Partnerschaft bei getrennten Wohnungen)	6%	3%
bleibt bei den Eltern lebend mit Partnerschaft	3%	4%
bleibt bei den Eltern lebend ohne Partnerschaft	3%	6%
bleibt in anderen Wohnformen	8%	7%
bleibt in nichtehlicher Lebensgemeinschaft mit dem Vater zusammen	24%	37%
zieht nach LAT (in versch. Wohnformen) mit dem Vater zusammen	10%	8%
bleibt bei Eltern wohnen, LAT mit Vater scheitert	5%	6%
NEL mit Vater scheitert, wird alleinerziehend	8%	6%
NEL mit Vater scheitert, Mutter lebt in anderer Haushaltsform, wird alleinerziehend	2%	2%
gründet neue Lebensgemeinschaft	3%	4%
findet neuen Partner (diverse Wohnformen)	3%	3%
C.V.= .22 P = .0000		

Quelle: Lebenslage nichtehelicher Kinder

Eine konstante Lebensform behält demzufolge nur rund die Hälfte der Frauen während des Überganges zur Mutterschaft bei, der größere Teil davon lebt mit dem Vater zusammen. Für die Verlaufsmuster ist zu erwähnen, daß in den alten Ländern zwei Drittel der LAT-Beziehungen scheitern, in den neuen Ländern betrifft dies jede zweite. Aber auch von den Lebensgemeinschaften, die zu Beginn der Schwangerschaft noch bestanden, überdauern 22% in den alten und 12% im Vergleichsgebiet nicht bis das gemeinsame Kind sechs Monate alt ist. Neue Beziehungen anzuknüpfen ist in dieser Phase nicht leicht und vermutlich auch nicht das vordringlichste Interesse der Frauen. So sind Entwicklungen neuer Partnerschaften bzw. Lebensgemeinschaften mit je 3% noch sehr selten.

Die mitunter recht deutlichen Unterschiede zwischen den beiden Landesteilen resultieren zum größeren Teil aus den bereits genannten unterschiedlichen Startbedingungen, bei denen sich die neuen Länder durch bessere Beziehungen zwischen den werdenden Eltern, insbesondere einen höheren Anteil nichtehelicher Lebensgemeinschaften, auszeichnen. Allerdings zeugen die Partnerschaftsverläufe von geringerer Tragfähigkeit der Beziehungen der

Frauen aus dem alten Bundesgebiet, d.h. die Auflösungstendenzen sind hier ausgeprägter. Wie sich die verschiedenen Lebensformen in beiden Regionen entwickeln, wird im folgenden detailliert dargestellt.

Singles

Frauen, die schon zu Beginn der Schwangerschaft in dieser Lebensform anzutreffen sind, verändern diese eher selten. 83% in den alten und 70% in den neuen Bundesländern bleiben alleinlebend bis das Kind sechs Monate alt ist. Nur in Einzelfällen ziehen sie zu den Eltern oder finden einen neuen Partner bzw. gründen mit diesem eine NEL. Jeweils 7% ziehen mit dem Vater des Kindes zusammen - eine insgesamt gesehen verschwindend kleine Entwicklungstendenz. Wenn Frauen schon zu Beginn der Schwangerschaft als Singles leben, so behalten sie diese Lebensweise auch für die nähere Zukunft bei, was bedeutet, daß sie nur sehr geringe Chancen bzw. Bereitschaft haben, die Unterstützung eines Partners beim Übergang zur Elternschaft zu gewinnen. Schwangerschaft und die erste Zeit nach der Geburt sind allerdings keine günstige Phase für den Aufbau neuer Beziehungen. Denkbar wäre auch, daß Entlastungen durch eine Reintegration in die Herkunftsfamilie gesucht werden, doch dies wollen oder können die werdenden bzw. jungen Mütter augenscheinlich nicht.

Living apart together

Feste Partnerschaften alleinlebender Frauen bergen in diesem Zeitraum offenbar ein hohes Risiko des Scheiterns. Dabei spielt hier unter anderem die unterschiedliche Akzeptanz der Elternschaft im Paar eine Rolle. So sind nach dem Übergang 48% der Beziehungen beendet. Die Frauen leben fortan meist allein mit dem Kind, nur in Ausnahmen ziehen sie in größere Haushalte oder mit einem neuen Partner zusammen. Eine Verfestigung des Partnersystems erfahren immerhin 22% dieser Beziehungen in der Art, daß die Partner sich entschließen zusammenzuziehen. Damit verbleibt nur rund ein Viertel in dieser Lebensform oder anders: drei Viertel überdauern den Übergang zur Elternschaft nicht.

Frauen, die bei den Eltern leben

und *keine* feste Partnerschaft unterhalten, verändern ihre Haushaltssituation nicht oft und wenn, dann verselbständigen sie sich und leben künftig alleine mit dem Kind (19% ABL; 14% NBL). Die Mehrheit dieser kleinen Teilgruppe behält also die Lebensform unverändert bei.

Ist bei Eintritt der Schwangerschaft eine feste Partnerschaft mit dem leiblichen Vater vorhanden, so wird diese im Übergang zur Elternschaft bei 42% in den alten Ländern gelöst. Die Beziehungen in den neuen Ländern sind hier stabiler: Nur 29% trennen sich, und im Gegenzug gründen ebenso viele Elternpaare eine Lebensgemeinschaft - übrigens nicht alle außerhalb der elterlichen Wohnung. In den alten Ländern liegt dieser Anteil etwas niedriger (21%) und hier gibt es keine NEL-Gründungen mit einem neuen Partner, während im Ostteil einzelne Frauen einen anderen Lebensgefährten finden. Daß die Trennungsrate bei Ost-Partnerschaften, in denen die werdende Mutter noch bei den Eltern lebt, wenig geringer ausfällt, dürfte mit in den größeren Schwierigkeiten der Haushaltsgründung dort zu erklären sein, aufgrund derer diese Haushaltsform etwas anderen Begründungszusammenhängen unterliegt als bei der Vergleichsgruppe. Konstant verweilt nur der kleinere Teil (30% ABL; 27% NBL) in der Konstellation "feste Partnerschaft/bei den Eltern lebend", was aber weniger auf einen fehlenden Ablösungsprozeß vom Elternhaus, sondern viel mehr auf die hohe Trennungsneigung der nichtehelichen Elternpaare zurückzuführen ist.

Sonstige Wohnformen

Markant ist auch hier, daß sofern Beziehungen bestehen, diese oft den Übergang zur Elternschaft nicht überdauern: Im Westen halten 57% die Partnerschaft zum Vater des Kindes aufrecht, darunter sind 40%, die auch mit ihm zusammenziehen. In den neuen Ländern bleiben 18% in unveränderter Weise zusammen, und weitere 28% gründen einen gemeinsamen Haushalt. Aus dieser Gruppe ziehen die Frauen häufiger mit einem neuen Partner zusammen (19% ABL zu 9% NBL), doch auch dies ist insgesamt betrachtet ein verschwindend kleiner Anteil. Zu Alleinlebenden werden 15 bzw. 12%.

Bei fehlender Partnerschaft kommen Veränderungen in der Wohnform häufig vor, sie sollen jedoch aufgrund der äußerst geringen Gruppengröße nicht differenziert beschrieben werden. Doch scheinen im Gegensatz zum Leben in anderen Wohnformen hier mehr Anreize oder auch Druck zur Umgestaltung der Lebensweise mit dem Übergang zur Elternschaft verbunden zu sein.

Nichteheliche Lebensgemeinschaften
Zusammenlebende Paare, die den Übergang zur Elternschaft nicht mit einer Eheschließung verbinden, beenden ihre Lebensgemeinschaft in dieser Phase relativ häufig. So trennen sich 30% in den alten und 19% in den neuen Ländern *noch ehe* das Kind ein halbes Jahr alt ist. Nach Beendigung der NEL wohnen die Frauen in aller Regel alleine mit dem Kind und unterhalten keine Partnerschaft mehr mit dessen Vater. Im früheren Bundesgebiet nehmen 23%, in den neuen Ländern 13% der ursprünglichen NEL dieses Verlaufsmuster. Andere Varianten wie die Rückkehr ins Elternhaus oder Beibehaltung der Beziehung trotz räumlicher Trennung können vernachlässigt werden. Auch bestehenbleibende nichteheliche Lebensgemeinschaften in den alten Bundesländern weisen nur zu 55% ein gutes Verhältnis zwischen den Eltern auf - in den neuen sind es immerhin 78%. Trotz der bereits erfolgten Lösungen treffen wir bei nichtehelichen Eltern hier auf unbefriedigende Paarkonstellationen; dies gilt übrigens im selben Maße auch für LAT-Beziehungen. Mangelnde subjektive Zufriedenheit mit dem Partner stellt wohl einen der Gründe für das Ausbleiben der Heirat dar.

Insgesamt betrachtet sind Veränderungen in den Lebensformen durch die Dynamik der Beziehungen bestimmt. Reine Wechsel der Haushaltskonstellation finden dagegen recht selten statt, was angesichts des Teils an jungen Müttern, die alleine leben, bedeutet, daß sie nicht versuchen oder keine Möglichkeit sehen, über eine Integration in einen größeren Haushalt Unterstützung und Entlastung zu suchen.

2.5 Fazit

Den Übergang zur Elternschaft vollziehen nichteheliche Eltern nur zum Teil als Paar - und in den alten Bundesländern seltener als in den neuen. Doch ist nur der kleinere Teil der Frauen von vornherein allein. Recht oft ist dieser Weg gezeichnet vom Scheitern der Beziehung zwischen den leiblichen Eltern, wobei die Frauen häufiger verlassen werden, als sie aus eigener Initiative die Partnerschaft aufkündigen.

Die Vorstellungen darüber, ob oder wann Nachwuchs erwünscht ist, gehen bei den Partnern nicht selten auseinander. Auf ungewollte Schwangerschaften reagieren die künftigen Väter eher reserviert, während die Frauen sich meist trotzdem freuen oder zumindest mit der neuen Situation arrangieren. Starke Diskrepanzen in der Frage der Elternschaft beeinträchtigen diese Beziehungen und bedingen neben anderen Faktoren, daß letztlich viele Frauen alleine dastehen, wenn das Kind ein halbes Jahr alt wird. Somit müssen rund 40% der Mütter eine belastende Phase mit großen Umstellungen in mehreren Bereichen zugleich bewältigen: Zugleich mit dem Übergang in die Elternschaft verändert sich auch ihre Lebensform bzw. sie gestalten diese um. Bei den meisten bedeutet dies den Verlust der Beziehung zum Vater des Kindes, der in aller Regel nicht durch eine neue Partnerschaft ausgeglichent wird. So werden einige bereits kurz vor oder nach der Geburt zu Alleinerziehenden. Allerdings hat sich ein Teil von ihnen auch dafür entschieden - als das kleinere Übel im Vergleich zu einer unbefriedigenden, nicht tragfähigen Beziehung.

Weiterhin akzeptieren manche von vornherein die Ein-Elternschaft: Kind ja - auch ohne Partnerschaft. Das überdurchschnittliche Alter wie auch diesbezügliche Äußerungen der Betreffenden lassen den Schluß zu, daß sie diese Chance nutzen wollen, Mutter zu werden, selbst wenn die Rahmenbedingungen nicht optimal erscheinen.

Bemerkenswert erscheint die Rolle nichtehelicher Lebensgemeinschaften in diesem Kontext - und dies in verschiedener Hinsicht. Zu Beginn der Schwangerschaft bilden sie die dominante Lebensform, woraus man schließen könnte, daß nichteheliche Geburten nicht typischerweise ein Effekt fehlender oder unverbindlicher Partnerschaften sind. Allerdings kennzeichnet die nichtehelichen Lebensgemeinschaften im alten Bundesgebiet eine eher unterdurchschnittliche Beziehungsqualität, was u.a. das Ausbleiben der Heirat erklärt. In der Folge scheitern die Lebensgemeinschaften in recht hohem Maße im - oder sogar am - Übergang zur Elternschaft, was zusätzliche Belastungen vor allem für die (werdenden) Mütter mit sich bringt. Oft sehen diese vermutlich die Hoffnung auf ein Familienleben enttäuscht und müssen nicht nur dies verarbeiten, sondern zugleich die Verantwortung für das Kind alleine übernehmen. Vor allem für die alten Bundesländern läßt sich demnach festhalten, daß nichteheliche Geburten, die keine Eheschließung nach sich ziehen, in den meisten Fällen vor dem Hintergrund kritischer Partnerschaftskonstellation stehen, und selbst von den Beziehungen mit gemeinsamen Haushalt nur rund zwei Drittel den Übergang zur Elternschaft unbeschadet überstehen.

Für die neuen Bundesländer ergibt sich eine etwas bessere Bilanz - zumindest für Paare, die zusammenleben. Hier scheint ein größerer Teil auf die

Familiengründung eingestellt, und daß dies außerhalb der Ehe erfolgt, ist weniger mit Anzeichen für Schwierigkeiten verknüpft. Allerdings herrscht auch dort nicht überall Konsens und Familien zerbrechen.

3. Lebensläufe dauerhaft nichtehelicher Kinder

Marina Rupp, Harald Rost

Inhalt

Familiengründungen ohne Eheschließung führen in einer Vielzahl der Fälle zu dauerhafter Nichtehelichkeit der Kinder (vgl. Kap.2). Diese Variante nichtehelicher Elternschaft konstituiert sich in unterschiedlichen Lebensformen, was wiederum bedeutet, daß die betreffenden Kinder in verschiedenen Haushalts- und Beziehungskonstellationen aufwachsen. Über diese spezifischen Rahmenbedingungen kindlicher Entwicklung ist bislang wenig bekannt. Die Lebensverhältnisse nichtehelicher Kinder werden - wenn überhaupt - als Untergruppe der Ein-Eltern-Familien thematisiert. In diesem Zusammenhang wird im wesentlichen von einer besonders angespannten sozioökonomische Situation der ledigen Mütter berichtet und, daß die Elternschaft ungeplant eingetreten sei (vgl. Nave-Herz/Krüger 1992). Daneben werden nichteheliche Lebensgemeinschaften mit Kind zwar thematisiert, wenn es darum geht, Argumente für eine Pluralisierung familialer Lebensformen anzuführen, über ihre konkretere Ausgestaltung und vor allem über ihre Dauerhaftigkeit ist bislang kaum etwas bekannt. Gänzlich unbeachtet bleiben bislang weitere Haushaltskonstellationen wie z.B. Drei-Generationen-Familien und ebensowenig wissen wir über Veränderungen dieser Lebensformen im Lebenslauf. Im folgenden werden daher die Lebensbedingungen dauerhaft nichtehelicher Kinder in ihrer Vielfalt und ihrer Entwicklung dargestellt, indem Beziehungs- und Haushaltskonstellationen mit ihren wesentlichen Charakteristika für verschiedene Lebensalter herausgearbeitet sowie Konstanz und Wandel von Lebensformen in der kindlichen Biographie untersucht werden.

Nichteheliche Elternschaft geht mit einem hohen Maße an Beziehungswechseln einher. Wie bereits im vorangehenden Kapitel deutlich wurde, fällt die Entscheidung, den Übergang zur Elternschaft ohne eine Eheschließung zu vollziehen, nicht selten zusammen mit dem Scheitern der Beziehung der leiblichen Eltern. So wird zwar ein großer Teil der Kinder in eine nichteheliche Lebensgemeinschaft geboren, relativ viele aber auch von einer alleinlebenden Frau. Vor allem junge Frauen wohnen während der Schwangerschaft und in der ersten Zeit nach der Geburt bei ihren Eltern. Daß der größere Teil der werdenden Elternpaare die Familiengründung nicht gemeinsam tragen kann, liegt oft an der Qualität ihrer Partnerschaften, die für eine derart weitreichende Verantwortung nicht ausreichend erscheint, wobei neben anderen Faktoren auch unterschiedliche Vorstellungen der Partner zur Familiengründung eine Rolle spielen. Während diese Umstände in den neuen Ländern weniger bedeutsam sind und dort nichteheliche Kinder oftmals als erwünschte Kinder in eine Familiensituation hineingeboren werden, sehen wir nichteheliche Geburten im früheren Bundesgebiet häufiger als Konsequenz nicht zufriedenstellender Paar-Beziehungen und im Kontext ungeplanter Schwangerschaften bzw. divergierender Einstellungen zur Elternschaft. Zwar lebt mehr als ein Drittel der Kleinkinder während der ersten sechs Lebensmonate mit beiden leiblichen Elternteilen zusammen, doch ergeben sich bei den übrigen vielfältige Veränderungen in den Lebensformen beim Übergang zur Elternschaft, die wesentlich vom Zerbrechen der elterlichen Beziehungen bestimmt werden.

In diesem Kapitel wird nun die weitere Entwicklung - zunächst bis zum sechsten Lebensjahr der Kinder - dargestellt und nach der längerfristigen Entwicklung der Lebensverhältnisse nichtehelicher Familien gefragt: Stabilisieren sich die Verhältnisse nach der Geburt des Kindes oder setzt sich die Auflösungswelle bei den Beziehungen der Eltern fort? In welchem Maße bleiben Mutter und Kind alleine, in welchem werden die leiblichen Väter durch soziale ersetzt? Zur Beantwortung dieser Fragen werden im folgenden die Entwicklungen dauerhaft nichtehelicher Kinder während der ersten sechs Lebensjahre untersucht. In Abgrenzung zur Betrachtung des Überganges zur Elternschaft sollen die Lebensumstände nun stärker aus der Perspektive der betroffenen Kinder ins Blickfeld gerückt werden.[14]

Den Ausgang nimmt die Betrachtung kurz nach der Geburt, als das Kind sechs Monate alt war, hinzu genommen werden zwei weitere Meßzeitpunkte: das dritte und das sechste Lebensjahr des Kindes. Die Datenbasis bilden wiederum Informationen von Müttern nichtehelicher Kinder[15], allerdings nun beschränkt auf eine Teilgruppe von Kindern, die zum Befragungszeitpunkt mindestens sechs Jahre alt waren, wodurch sich das Sample auf 587 Fälle reduziert. Alte und neue Bundesländer sind in etwa gleich stark repräsentiert, ebenso die einbezogenen Geburtsjahrgänge der Kinder (sechs- bis zwölfjährige). Es ergibt sich in dieser Hinsicht keine Verzerrung gegenüber dem Gesamtsample. Daß sich die leichte Unterrepräsentation der neuen Bundesländer durch die Ausgrenzung der jüngeren Kinder etwas verstärkt, dürfte u.E.

---

[14] Da pro Haushalt nur ein nichteheliches Kind erfaßt wurde, gleichen sich die Zahl der Kinder und die der Mütter. Demzufolge verändern sich die Relationen nicht, wenn statt der Mütter die Kinder als Bezugsgruppe genommen werden.

[15] Es sollte an dieser Stelle daran erinnert werden, daß es sich hierbei um linkszensierte (vgl. Kap.1) und um zeitpunktbezogene Daten handelt: Es stehen nur Informationen für die jeweils definierten Zeitpunkte zur Verfügung, nicht aber für die Zeiträume dazwischen, d.h. es liegen keine vollständigen biographischen Angaben vor. Die Informationen über die Lebensumstände zu den verschiedenen Meßzeitpunkten wurden retrospektiv erhoben.

nicht zu bedeutsamen Einschränkungen für die Aussagekraft der Ergebnisse führen.

Zu beachten ist allerdings, daß die hier berücksichtigten Kinder ausnahmslos vor 1987 geboren wurden. Veränderungen im Übergangsverhalten zur Elternschaft im Kontext gesellschaftlicher Wandlungsprozesse können daher durchaus zwischenzeitlich eingetreten sein. So zeigt ein Blick auf wesentliche Entwicklungsdimensionen in diesem Kontext nicht nur einen Anstieg nichtehelicher Geburten, zugleich hat sich der Anteil an Eheschließungen von Paaren, die bereits ein gemeinsames Kind haben, erhöht. Seit 1980 hat sich dieser in den alten Bundesländern verdoppelt und liegt nun bei 7,4%, in den neuen Ländern stieg er von 13,6% auf 25% (BMFSFJ 1997, 71). Ungefähr zeitgleich nahmen auch nachträgliche Legitimationen etwas zu: Für die alten Länder von 34% im Jahre 1979 auf 36,6% im Jahre 1994 (BiB 1997, 19), so daß eine Modifikation des Übergangsverhaltens bezüglich Ehe und Elternschaft zu verzeichnen ist, die sich allerdings auf die ersten Lebensjahre der Kinder konzentriert. Kurz gesagt: es gibt in jüngerer Zeit zunehmend Elternpaare, die nicht bereits während der Schwangerschaft, sondern erst nach der Geburt - oder gar nicht mehr - heiraten (vgl. BiB 1997, 20).

Die steigende Neigung zu nichtehelichen Geburten verweist auf gestiegene Akzeptanz und läßt darauf schließen, daß früher geborene Kinder hier unter etwas restriktiveren Bedingungen zur Welt gekommen sein dürften. Das bedeutet z.B., daß diese nichtehelichen Geburten seltener als solche der 90er Jahre in einer nichtehelichen Familie erfolgten. Doch dürften sich aus leicht veränderten Übergangsmodalitäten kaum Einschränkungen für die folgenden Analysen ergeben. Da hier nicht von den Geburten ausgegangen wird, sondern Kinder, die langfristig den Rechtsstatus "nichtehelich" tragen, den Untersuchungsgegenstand bilden, werden durch die Ausgrenzung des Zeitraumes mit hoher Legitimationswahrscheinlichkeit auch Veränderungen im Übergang zu Ehe und Elternschaft, wie Verzögerungen von Eheschließungen in der Kleinkindphase weitestgehend ausgeblendet. Denn für die hier betrachtete Gruppe, bei der das Kind bereits älter ist, besteht nur noch eine sehr geringe Chance für eine spätere Heirat der leiblichen Eltern (vgl. Kap. 1 und 5).

3.1 Lebensverhältnisse in der kindlichen Biographie

Bereits der Zeitraum um die Geburt ist im Hinblick auf die Beziehungs- und Lebenssituation der Eltern nichtehelicher Kinder geprägt von Veränderungen, ja Umbrüchen. Wie gezeigt werden konnte, scheitern viele Partnerschaften im bzw. am Übergang zur Elternschaft, damit verbunden ändert sich teils auch die Haushaltsform der Mutter. Rund jedes dritte Kind wird in eine Ein-Elternteil-Familie hineingeboren. Die Konsequenzen fehlender oder mangelnder Besetzung der Vaterposition sind bekannt: Geringere soziale und materielle Unterstützung, eingeschränkte Optionen der Aufgabenbewältigung und -teilung bedingen unterdurchschnittliche ökonomische Ressourcen und/ oder starke zeitliche Belastungen des alleinerziehenden Elternteils durch gleichzeitige Berufs- und Erziehungstätigkeit. Vor allem in den alten Bundesländern zählen ledige alleinerziehende Mütter mit ihren Kindern zu den am meisten benachteiligten Familienformen. Ohne auf die Folgen für die Sozialisationsbedingungen näher eingehen zu können, kann angenommen werden, daß diese Familien mit stärkeren Belastungen und Anforderungen konfrontiert werden als die traditionale Kernfamilie. Daher ist von Bedeutung, wie lange Mutter und Kind in dieser Situation verweilen, d.h. ob sich das Alleinerziehen als Dauerzustand oder als Übergangsstadium erweist und welche Phasen der Elternschaft in dieser Konstellation durchlebt werden. Damit stellt sich auch die Frage, inwieweit nichteheliche Lebensgemeinschaften der leiblichen Eltern auf Dauer bestehen oder ob die Trennungswelle sich fortsetzt, wann jene scheitern und was in der Folge geschieht. So kann eine spätere Trennung der Eltern durchaus unterschiedlich eingeschätzt werden. Einesteils ist das Kind in höherem Maße betroffen, je älter es ist, je länger es den Vater kennt, je bewußter es die Veränderung erlebt (Fthenakis 1993). Andernteils könnte man vermuten, daß mit zunehmendem Alter des Kindes die Mutter bessere Möglichkeiten hat, ihre Verpflichtungen zu koordinieren, weil sie bei der Erziehungstätigkeit eher auf Entlastungen (wie z.B. Kindergarten) zurückgreifen kann. Eine stützende Funktion kann der Vater - oder ein anderer Partner - auch dann übernehmen, wenn kein gemeinsamer Haushalt geführt wird. Deshalb wird auch die Entwicklung von Paarbeziehungen berücksichtigt und das Vorhandensein bzw. der Wechsel von Partnern der Mutter analysiert. Weiterhin ist auch von Bedeutung, wie sich das soziale Umfeld verhält, was hier anhand der Herkunftsfamilien oder anderer Haushaltsmitglieder betrachtet wird. Da manche Frauen im Zeitraum um die

Geburt bei ihren Eltern leben, ist anzunehmen, daß die Großeltern zu wichtigen Bezugspersonen werden, wenn die Haushaltseinheit für eine gewisse Dauer bestehenbleibt. Lösungen aus diesem sozialen Gefüge können damit auch Verluste und Belastungen für die Kinder bedeuten und eine Neuorientierung erforderlich machen.

Die Abbildung der Lebensverhältnisse wird diesen Erwägungen entsprechend anhand dreier Haupt-Dimensionen erfolgen:

a) der Wohnsituation der Mutter-Kind-Dyade; hier werden vier Haushaltsformen unterschieden:
   - alleine mit Kind im eigenen Haushalt,
   - im Haushalt der Eltern der Mutter (inklusive in seltenen Fällen auch mit anderen Verwandten),
   - in Wohngemeinschaften (inklusive sonstige Haushalte),
   - in einer nichtehelichen Lebensgemeinschaft (welche - in den neuen Ländern - auch im elterlichen Haushalt integriert sein kann);
b) dem Vorhandensein eines Partners der Mutter, der als Bezugsperson in Frage kommt (definiert über die Angabe der Mutter, eine *feste* Beziehung zu unterhalten);
c) ob es sich bei dem Partner oder Lebensgefährten um den leiblichen Vater des Kindes handelt oder um einen anderen Mann.

Demzufolge lassen sich - außer bei nichtehelichen Lebensgemeinschaften - für jeden Haushaltstyp drei Varianten differenzieren: ohne Partner, mit dem leiblichen Vater als Partner, mit einem neuen Freund. Bei den NEL unterschieden wir Lebensgemeinschaften der leiblichen Eltern und solche mit einem anderen Partner der Mutter. In dieser Kombination ergeben sich somit elf verschiedene Lebensformen, deren empirische Verteilung für unterschiedliche Altersstufen der Kinder in einer Übersicht wiedergeben wird.

Im Alter von sechs Monaten leben vier von zehn nichtehelichen Kindern zusammen mit beiden leiblichen Eltern. In den neuen Ländern kommt dies mit 46% häufiger vor als im alten Bundesgebiet (35%). Jedes dritte Kind allerdings wohnt mit der Mutter alleine, was im Westen deutlich häufiger der Fall ist (38% zu 28% NBL). Als bedeutsame Haushaltssituation erweist sich auch die Integration in den großelterlichen Haushalt, wo rund jedes fünfte Kleinstkind anzutreffen ist. Andere Wohnsituationen haben kaum Bedeutung. Einige Kinder leben mit der Mutter in einer WG, nur vereinzelt wohnen Kinder in einer Lebensgemeinschaft der Mutter mit neuem Partner. Auch neue Beziehungen ohne Zusammenleben haben die wenigsten Mütter aufgenommen, d.h. neue Partner der Mütter sind zu diesem Zeitpunkt selten. Deutlich erkennbar wird dies auch am Anteil der nichtehelichen Lebensgemeinschaften der leiblichen Eltern (35% ABL; 46% NBL) im Vergleich zu Gemeinschaften der Mutter mit einem neuen Partner (3% ABL; 2% NBL). Kurz nach der Geburt des Kindes spielen nicht nur neue Partner der Mutter eine sehr untergeordnete Rolle, auch LAT-Beziehungen zum leiblichen Vater kommen eher selten vor. Neben den nichtehelichen Lebensgemeinschaften existiert also zunächst meist kein Partnersystem.

Tabelle 3.1: Gesamtüberblick über die Haushalts- und Beziehungskonstellationen der Mutter nach Alter der Kinder

Lebensformen der Mutter	Alter der Kinder in Monaten*					
	alte Bundesländer			neue Bundesländer		
	6	36	72	6	36	72
alleine wohnend						
Alleinerziehende (ohne Partner)	29%	36%	38%	24%	35%	41%
LAT mit Vater des Kindes	8%	6%	5%	4%	2%	1%
LAT mit neuem Partner	1%	10%	15%	--	4%	8%
Lebensgemeinschaften						
NEL mit Vater des Kindes	35%	18%	13%	46%	30%	20%
Lebensgemeinschaft mit neuem Partner	3%	15%	21%	2%	17%	26%
bei der Herkunftsfamilie wohnend						
Elternhaus ohne Partner	12%	6%	4%	14%	8%	4%
Elternhaus, LAT mit Vater	5%	(0,3%)	--	8%	1%	--
Elternhaus, LAT mit neuem Partner	1%	2%	2%	1%	2%	1%
Wohngemeinschaften						
WG, ohne Partner	4%	3%	1%	1%	1%	--
WG, LAT mit Vater des Kindes	(0,3%)	--	--	(0,4%)	--	--
WG, LAT mit neuem Partner	1%	2%	1%	--	--	--
n =	314	314	310	250	251	252

* Es handelt sich ausschließlich um Querschnittsdaten, d.h. die Tabelle zeigt die Lebensform der Mutter zum jeweiligen Zeitpunkt = Alter des Kindes.

Quelle: Lebenslage nichtehelicher Kinder

Auch in der Folgezeit gelingt es den leiblichen Eltern oft nicht, eine feste Bindung aufzubauen bzw. auf Dauer beizubehalten. So scheitern relativ viele dieser Partner- und Lebensgemeinschaften bereits bis zum dritten Lebensjahr des Kindes. Sie stellen dann schon nicht mehr die dominante Lebensform für nichteheliche Kinder dar und ihren Platz haben zwischenzeitlich die Alleinerziehenden eingenommen. Mütter, die nicht mit dem leiblichen Vater zusammenleben, unterhalten nur selten eine feste Beziehung zu ihm. Meist ist das Verhältnis beendet oder wird als schlecht eingeschätzt, was auch Konsequenzen für die Vater-Kind-Beziehungen haben dürfte. Sie haben nur bei 18% der Kinder in den alten und 30% in den neuen Bundesländern durch eine nichteheliche Lebensgemeinschaft der leiblichen Eltern günstigen Rahmenbedingungen, während die meisten hier eher schlechte Voraussetzungen haben, da ein angespanntes Verhältnis zwischen den Eltern meist auch die Vater-Kind-Bindung beeinträchtigt, wie z.B. die Kontakthäufigkeit (vgl. Kap. 4).

29% der dreijährigen Kinder im Westen und 23% im Osten haben einen Stiefvater, denn die Mutter ist eine neue Beziehung eingegangen; in etwas mehr als der Hälfte der Fälle sogar in Form einer Lebensgemeinschaft, d.h. der neue Mann lebt mit Mutter und Kind zusammen (15% ABL; 17% NBL). Die neuen LAT-Beziehungen wie auch die Mutter-Kind-Dyaden insgesamt finden sich nun vermehrt in einem eigenen Haushalt, was bedeutet, daß auch das Leben in der Herkunftsfamilie der Mutter deutlich weniger Relevanz besitzt als noch im Babyalter. Wie aus der Übersicht hervorgeht, haben die schon anfangs seltenen Wohngemeinschaften weiter abgenommen, sie stellen unter den Lebensverhältnissen der Kleinkinder nur Ausnahmen dar.

Weitere drei Jahre später wohnt mehr als die Hälfte der Kinder alleine mit der Mutter, aber nur bei einem kleinen Teil davon sind Beziehungen zu einem Partner vorhanden, der in der Regel nun nicht mehr der leibliche Vater ist. Nimmt man alle Partnerschaften und Lebensgemeinschaften der leiblichen Eltern zusammen, so ist nur bei ca. einem Fünftel der Sechsjährigen (18% ABL; 21% NBL) ein Kontakt zum Vater über elterliche Beziehungen abgesichert. Als nichteheliches Kind groß zu werden, bedeutet demnach in sehr hohem Maße das Ausbleiben bzw. den Verlust einer Bindung an den leiblichen Vater und mit steigendem Alter das Angewiesensein auf nur eine Bezugsperson, die Mutter. Neue Partner und Lebensgefährten ersetzen nur für ein Drittel der Kinder im Schulalter (möglicherweise) den fehlenden Vater. Auch die Großeltern sind als im selben Haushalt verfügbare Ansprechpartner nur noch sehr selten vorhanden, nur noch wenige Kinder wohnen bei der Herkunftsfamilie der Mutter (6% ABL; 5% NBL). Die Lebensverhältnisse polarisieren sich somit recht klar in zwei Alternativen: alleine mit der Mutter wohnen oder aber in einer Lebensgemeinschaft aufwachsen, wobei es sich zunehmend um das Zusammenleben mit einem neuen Partner der Mutter handelt, d.h. möglicherweise auch die Integration in eine neue Familie.

Bedeutsame Ost-West-Unterschiede bestehen hauptsächlich im Anteil von NEL der leiblichen Eltern. Das wesentliche größere Ausgangspotential in den neuen Ländern bedingt hier zunächst eine geringere Verbreitung der anderen Lebensweisen; ausgenommen hiervon sind nur die Drei-Generationen-Familien. Während die Kinder aus den neuen Ländern eher selten einen Stiefvater außerhalb des Haushaltes erhalten, scheint die LAT mit neuem Partner für die Mütter im Westen attraktiver zu sein, möglicherweise bleiben sie lieber unabhängig. Diese Konstellation bildet nach dem Alleinerziehen und der neuen Lebensgemeinschaft die drittgrößte Kategorie unter den Lebensverhältnissen der Sechsjährigen. Für die Familien mit älteren Kindern ergibt sich in den alten Ländern hierdurch eine etwas größere Pluralität der Lebensformen.

Einen konkreteren Eindruck davon, welche Rahmenbedingungen die verschiedenen Lebensformen den Kindern bereitstellen, vermittelt eine Beschreibung der Lebensumstände der Eltern in den verschiedenen Haushaltskonstellationen.

3.2 Charakteristika der Lebensformen der Eltern dauerhaft nichtehelicher Kinder

Schon aufgrund der geringen Häufigkeit mancher Lebensformen erscheint es wenig sinnvoll, bei der näheren Betrachtung der Lebensverhältnisse auf der eben dargestellten hochdifferenzierten Ebene zu verbleiben. Daher erfolgt die Beschreibung der Lebensumstände anhand von Haushaltstypen (siehe oben), d.h. wir differenzieren danach, mit wem Mutter und Kind zusammenwohnen, und berücksichtigen LAT-Partnerschaften nur nachgeordnet. Zur Charakterisierung dieser Haushalte werden im folgenden ihre sozio-ökonomische Situation, insbesondere die Einkommensverhältnisse und die Berufstätigkeit der Mütter, ihre Wohnverhältnisse sowie die sozialen Beziehungen der Mütter zu ihren Partnern und ihrer Herkunftsfamilie eingehender untersucht.

Obgleich einzelne Merkmale sich als recht generelle Kennzeichen für bestimmte Lebensformen erweisen, ist hierbei zu bedenken, daß sich zusätzlich zu den Größenordnungen auch bzw. damit einhergehend verschiedene Charakteristika der Lebensformen im Zeitablauf verändern: So sind z.B. NEL der leiblichen Eltern bei älteren Kindern nicht nur deutlich seltener anzutreffen, auch ihr Binnenverhältnis unterscheidet sich von dem der Lebensgemeinschaften mit ganz kleinen Kindern. Da außerdem viele Aspekte, wie z.B. Raum- oder Betreuungsbedarf, vom Alter der Kinder abhängen, kann die Beschreibung der Lebensverhältnisse nicht ohne Differenzierung nach den drei verschiedenen Zeitpunkten bzw. Stadien im Leben der Kinder erfolgen.[16]

Alleinwohnende Mutter mit Kind

Bilden Mutter und Kind einen eigenständigen Haushalt, so tragen die Frauen typischerweise auch die ökonomische Verantwortung weitgehend alleine, d.h. das Haushaltsbudget wird überwiegend aus den Einkünften der Mutter gespeist. Generell überschreiten die verfügbaren Haushaltseinkommen die persönlichen Nettoeinkünfte der Mutter eher geringfügig. Die Differenzen lassen sich leicht durch Kindergeld und Unterhaltsleistungen erklären, so daß es kaum zusätzliche finanzielle Hilfen der Eltern oder des Vaters geben dürfte. So verwundert es nicht, daß diese Mütter häufiger als solche in Lebensgemeinschaften einer Erwerbstätigkeit nachgehen. Bereits sechs Monate nach der Geburt sind 28% in den alten bzw. 40% in den neuen Ländern wieder voll berufstätig, zusätzlich arbeiten 9% der Mütter im früheren Bundesgebiet in Teilzeit (NBL 1%). Die Erwerbsbeteiligung liegt lediglich bei der Drei-Generationen-Familie noch höher. Dennoch kehrt mehr als die Hälfte der Mütter offenbar nicht so bald nach der Geburt an den Arbeitsplatz zurück. Die Nicht-Erwerbstätigen sind im Westen hauptsächlich."Hausfrauen" (27%) und Mütter in Erziehungspausen (22%)[17], während in der früheren DDR sehr viele (49%) Erziehungszeiten in Anspruch nehmen. Die Folge davon sind - vor allem im Westen - fehlende Einkünfte und eine angespannte materielle Situation, während die berufstätigen Mütter im Vergleich zu anderen Lebensformen eher gute Verdienste erzielen. Mit zunehmenden Alter der Kinder steigt der Anteil berufstätiger Mütter an. Unterschiede zu anderen Haushalts-

---

[16] Es soll darauf aufmerksam gemacht werden, daß es sich hierbei nicht um eine Verlaufsanalyse handelt, sondern lediglich die verschiedenen Haushaltstypen zu den drei Meßzeitpunkten beschrieben werden.

[17] Unter Hausfrauen sind auch Frauen subsumiert, die wegen der Kinderbetreuung nicht erwerbstätig sind. Bei den Erziehungspausen handelt es sich hier nur zum Teil um den Bundeserziehungsurlaub, da der Großteil der Kinder vor 1986 geboren wurde, also vor Einführung der Maßnahme.

typen finden sich vor allem in den alten Bundesländern, während in den neuen Ländern die Rückkehr zur Vollberufstätigkeit grundsätzlich dem Normalfall entspricht.

Infolge der baldigen Berufsrückkehr der Mütter muß für das Gros der Kinder frühzeitig eine zusätzliche Betreuung bereitgestellt werden, die allerdings im Gegensatz zu den Verhältnissen im Osten in den alten Ländern weder günstig noch flächen- und bedarfsdeckend und auch nicht garantiert ist. Die meisten Mütter unterhalten allerdings ein gutes Verhältnis zu ihren Eltern, so daß hier zumindest gelegentliche Entlastungen zu erwarten sind, was jedoch von der räumlichen Nähe bzw. der Berufsintegration der Großelterngeneration abhängig sein dürfte.

Wenn Mutter und Kind alleine eine Haushaltseinheit bilden, bedeutet dies insoweit auch alleinerziehen, als die Mehrheit der Mütter über keine Partnerschaft verfügt. Schon kurz nach der Geburt verbindet nur noch wenige der alleinwohnenden Mütter (20% ABL; 15% NBL) eine feste Partnerschaft mit dem Vater des Kindes, die außerdem nicht immer "gut" ist. Gute Beziehungen zwischen den leiblichen Eltern finden sich zu späteren Meßzeitpunkten noch seltener. Erst mit höherem Alter der Kinder gehen diese Mütter neue Partnerschaften ein, ohne die Wohnsituation zu verändern. Wenn das Kind das Schulalter erreicht, haben ein Viertel der alleinwohnenden Mütter im Westen und 17% im Osten einen neuen Freund. Diese Beziehungen sind in der Mehrheit zufriedenstellend.

Die Wohnraumversorgung dieser Haushalte ist vor allem im Kleinkindalter eher bescheiden - mit deutlichen Ost-West-Unterschieden. Für Babys steht meist noch *kein* Kinderzimmer zu Verfügung (kein Kinderzimmer: 47% ABL; 70% NBL). Erst im Laufe der Zeit treten diesbezüglich Verbesserungen ein und Sechsjährige verfügen schließlich zum größten Teil über ein "eigenes Reich". Im Unterschied zu Lebensgemeinschaften können die alleinwohnenden Mütter erst später mehr Raum bereitstellen. Allerdings sind diese Familien vor allem in den ersten Jahren deutlich besser ausgestattet als solche in anderen größeren Haushalten (WG).

Nichteheliche Lebensgemeinschaften der leiblichen Eltern

Mit zunehmender Zeit reduziert sich der Anteil der nichtehelichen Lebensgemeinschaften stark. Obgleich die NEL im Osten stets stärker vertreten sind, scheitern sie proportional gesehen in ähnlichem hohem Maße wie im Westen: Kaum mehr als ein Drittel besteht nach dem sechsten Geburtstag des

Kindes noch. Wenn hier über ihre spezifischen Lebensbedingungen in verschiedenen Stadien der kindlichen Entwicklung berichtet wird, ist zu bedenken, daß durch die Verkleinerung der Bezugsgruppe auch inhaltliche Aspekte tangiert werden: So "überleben" typischerweise NEL der leiblichen Eltern mit besserer Beziehungsqualität und mit größerer wirtschaftlicher Gemeinsamkeit (z.B. gemeinsamen Haushaltskassen).

Die Mütter in dieser Konstellation sind am häufigsten *nicht* berufstätig. Dennoch arbeitet gut ein Fünftel der Mütter schon sechs Monate nach der Geburt (wieder) vollzeit und weitere 9% (ABL) bzw. 4% (NBL) sind in eingeschränktem zeitlichem Umfang erwerbstätig. Während im Osten kaum Auswirkungen der Lebensformen auf die Berufstätigkeit der Mütter feststellbar sind, zeigen die NEL-Mütter im Westen den geringsten Umfang an Erwerbsintegration - nur jede vierte arbeitet ganztags -, was für alle Meßzeitpunkte in ähnlicher Weise gilt. Die Verteilung familialer Aufgaben erfolgt damit anscheinend auch in diesen Familien eher geschlechtsspezifisch.

Die ökonomische Situation dieser Gruppe einzuschätzen, ist nicht leicht, denn es fehlt bemerkenswert oft die Angabe zum Haushaltseinkommen. Dabei verfügen relativ viele West-Frauen, aber nur wenige Ost-Frauen, nicht über einen eigenen Verdienst. Frauen mit eigenem Einkommen stellen oft den größeren Anteil des Haushaltsbudgets. Angesichts dieser Umstände sowie der fehlenden zusätzlichen Haushaltseinkommen kann vermutet werden, daß ein Teil der Väter eher geringe Beiträge zum Familienerhalt beisteuert oder seine Ressourcen nicht in einen "gemeinsamen Topf" einbringt. Bei nichtehelichen Lebensgemeinschaften wird nur in knapp der Hälfte der Fälle die Unterhaltsleistung formal, also in Form einer konkreten Zahlung erbracht. Berücksichtigt man dies, so vermindert sich der Anteil, den die Väter zum Erhalt der Familie leisten, in der Relation noch etwas mehr.

Bezeichnend erscheint, daß die Qualität der Beziehung der Elternpaare in den alten Ländern häufig zu wünschen übrig läßt: Kurz nach der Geburt berichten nur 40% der Mütter von einem guten Verhältnis. Ganz anders sieht das in den neuen Ländern aus, wo "nur" 28% der Mütter, die mit dem Vater des Kindes zusammenleben, schon so frühzeitig keine gute Beziehung zu ihm zu unterhalten. Vor allem im früheren Bundesgebiet scheinen diese Familienkonstellationen nicht auf einer sehr soliden Basis gegründet, was ihre Instabilität mitbedingt. Die Beziehungen zwischen den zusammenbleibenden Eltern werden zu späteren Meßzeitpunkten besser, was darauf hindeutet, daß die nichtehelichen Lebensgemeinschaften nur bei relativ befriedigender Partnerschaft dauerhaft aufrecht erhalten wird. Doch äußern sich auch nach sechs Jahren gemeinsamer Elternschaft noch vier von zehn Müttern nicht sehr positiv zur Partnerschaft. Im Gegensatz zu den mit Vorhalten behafteten Lebensgemeinschaften im Westen werden die Beziehungen in den neuen Bundesländern stets besser beurteilt und erhalten zu diesem Zeitpunkt zu drei Vierteln das Attribut "gut".

Ausgehend von eher bescheidenen Bedingungen können diese Familien - bzw. die verbleibenden - ihre Wohnverhältnisse verbessern. Ab dem Kindergartenalter lassen die Durchschnittswerte des verfügbaren Wohnraumes nicht auf einen Mangel schließen denn nahezu alle Kinder im Westen bzw. zwei Drittel im Osten haben ein eigenes Zimmer.

Lebensgemeinschaften der Mutter mit einem neuen Partner[18]

Stieffamilien etablieren sich typischerweise erst nach und nach; bedeutsam werden sie erst ab dem dritten Lebensjahr des Kindes. In dieser Phase gleichen die Lebensverhältnisse dieser neuen Familien denen der NEL mit leiblichem Vater, mit dem Unterschied, daß die Partnerschaft zwischen Mutter und neuem Partner zufriedenstellender bewertet wird. Für Familien mit älteren Kindern ergeben sich nennenswerte Differenzen zu den NEL im Bereich Finanzen: Die Einkünfte der Mütter wie auch die Haushaltseinkommen der neuen Lebensgemeinschaften sind im Mittel niedriger. Die sozio-ökonomische Situation der Haushalte ist insgesamt gesehen zwar nicht schlecht, aber auch nicht besonders gut. In den alten Bundesländern fällt an dieser Familienform der hohe Anteil von Hausfrauen auf (37%). Offenbar wird das Vorhandensein eines Lebenspartners von einigen Müttern genutzt, um sich mehr Zeit für die Familie zu nehmen; teils geschieht dies im Kontext der Erweiterung derselben, also wenn weitere Kinder hinzukommen. Daneben arbeitet aber auch ein Drittel dieser Mütter vollzeit und weitere 29% teilzeit. Die Lebensgemeinschaften mit neuem Partner zeigen sich somit recht heterogen.

Wenn ein neuer Lebensgefährte vorhanden ist, existieren nur selten gute Beziehungen zwischen der Mutter und dem Vater des Kindes. Neun von zehn Müttern bezeichnen das Verhältnis dann als mehr oder weniger belastet.

---

[18] Es wurde bei dieser Gruppe nicht weiter differenziert, ob die Lebensgemeinschaft durch eine Ehe legitimiert ist.

Leben in der Herkunftsfamilie der Mutter

Noch deutlicher als die Alleinwohnenden kennzeichnet diese Familienkonstellation eine hohe Erwerbsintegration der Mütter. Auch sind diese Frauen oft schon kurz nach der Geburt (wieder) berufstätig. Dies betrifft in erster Linie die alten Bundesländer, wo 44% der Frauen schon sechs Monate nach der Geburt ganztags und weitere 5% halbtags oder geringfügig arbeiten. Gemessen daran ist der Durchschnittsetat der Gruppe zu diesem Zeitpunkt niedrig. Dies geht darauf zurück, daß es sich häufiger um recht junge Frauen handelt und ein Teil noch in Ausbildung steht, was mit fehlenden bzw. sehr geringen Einkünften einhergeht. Ein hoher Grad an Erwerbsintegration bleibt auch bei den späteren Meßzeitpunkten kennzeichnend für die Haushaltskonstellation im Westen, allerdings verbessert sich der damit verknüpfte Verdienst. Längerfristig eher hoch liegt in dieser Lebensform auch der Anteil von Müttern, die noch in der Ausbildung stehen. Erst nach sechs Jahren hat die kleine Gruppe, die dann noch bei den Großeltern lebt, mit den Alleinwohnenden gleichgezogen. In den neuen Bundesländern zeigt die Berufstätigkeit (wie stets) keine Varianz, dennoch sind die Verdienste der Frauen im Vergleich zu den anderen Lebensformen leicht unterdurchschnittlich, was aber aufgrund der geringen Fallzahl nicht bewertet werden kann. Zu bedenken ist wiederum, daß Mutter und Kind nicht sehr lange in der Herkunftsfamilie wohnen bleiben, ihr Anteil hat sich nach drei Jahren bereits halbiert.

Das Familien-Klima ist dafür offenbar *nicht* verantwortlich, denn dieses wird überwiegend als gut beschrieben. Es lassen sich praktisch keine schlechten Beziehungen zwischen den leiblichen Eltern und den Kindern finden, auch im früheren Bundesgebiet bilden solche Fälle eher die Ausnahme. Das Verhältnis der Mutter zum Vater ihres Kindes ist demgegenüber meist mangelhaft, weshalb zu späteren Zeitpunkten kaum noch funktionierende Partnerschaften zwischen den leiblichen Eltern in dieser Konstellation anzutreffen sind.

Die Wohnsituation der Drei-Generationen-Haushalte einzuschätzen, ist nicht einfach. Als Anhaltspunkt kann hier die Verfügbarkeit eines Kinderzimmers dienen, die zu Beginn deutlich unterdurchschnittlich ist: Nur für jedes dritte Baby aus den alten Bundesländern gibt es ein eigenes Zimmer und in den neuen Ländern gilt das lediglich für 12%. Hier teilen sich Mutter und Kind offenbar sehr häufig einen Raum - ein Umstand der zwar angesichts der deutlich beengteren Wohnverhältnisse in der ehemaligen DDR nicht unbedingt als Mangel gedeutet werden muß, aber im Vergleich mit der

Ausstattung der übrigen Familien doch auf eine relative Schlechterstellung dieser Gruppe nicht nur in finanzieller Hinsicht schließen läßt.

Während Mutter und Kind im früheren Bundesgebiet vorzugsweise dann in der Herkunftsfamilie verweilen, wenn entsprechender Raum verfügbar ist bzw. gemacht werden kann, trifft dies im Westen nicht zu. Die verbleibende kleine Gruppe lebt beengt und nur für ein Viertel der Schulkinder steht ein eigenes Zimmer bereit. Im Westen dagegen liegt der Anteil an Kinderzimmern dann bei 78% und Mutter und Kind können zwei bis drei Räume für sich beanspruchen.

Die übrigen Haushalts- und Beziehungskonstellationen sind aufgrund ihrer geringen Häufigkeiten kaum interpretierbar. Auffällig erscheint jedoch, daß das Leben in einer WG deutlich von mangelhaften Ressourcen gezeichnet ist, d.h. von geringen Einkünften der Mütter infolge eines niedrigen Grads an Erwerbstätigkeit, der wiederum oft auf die Ausbildungssituation zurückgeht. Zudem bedingt ein angespanntes Verhältnis zur Herkunftsfamilie vermutlich, daß diese eher nicht interveniert. Es gibt allerdings nur sehr wenige Kinder, die dauerhaft in diesen Lebensverhältnissen heranwachsen.

Die Lebensumstände von Familien mit nichtehelichen Kindern unterscheiden sich demnach in verschiedener Hinsicht. In Abhängigkeit von gesellschaftlichem Rahmen, der Haushaltskonstellation und dem Alter variieren verschiedene Merkmale der Lebenslage. Diesbezüglich konnte die situative Charakteristik wichtige Eindrücke vermitteln. Da jedoch die Familienkonstellationen im Zeitablauf verändert werden, kann ein Gesamteindruck über die Lebensverhältnisse nichtehelicher Kinder nur entstehen, wenn auch die hieraus resultierenden Entwicklungsverläufe nachgezeichnet werden.

3.3 Wesentliche Entwicklungslinien aus kindlicher Perspektive

Die bisherige Betrachtung der Lebensformen zeigte sowohl starke Verschiebungen in ihrer Häufigkeit als auch Unterschiede zwischen den Konstellationen. Welche Konsequenzen dies für die kindliche Biographie hat, wird zunächst anhand verschiedener Entwicklungslinien geschildert. Indem hierbei typische, für die kindliche Entwicklung bedeutsame biographische Muster nachgezeichnet werden, kann die Perspektive der Kinder erschlossen werden. Anschließend zeigt ein Gesamtüberblick über die Abfolge von Lebensverhältnissen in der Biographie, welche Dynamik sich in den Lebensläufen ergibt.

Schließlich machte schon die erste Bestandsaufnahme deutlich, daß sich nach dem Übergang zur Elternschaft viel verändert: Sind nichteheliche Lebensgemeinschaften der Eltern bei Eintritt der Schwangerschaft und kurz nach der Geburt noch die dominante Lebensweise, so sieht das sechs Jahre später ganz anders aus und die Ein-Eltern-Familie hat längst ihren Platz eingenommen. Bemerkenswerterweise bedeutet dies insofern tatsächlich alleinerziehen, als bei den meisten Müttern, die alleine mit dem Kind leben, auch keine Partnerschaft besteht. Sehr stark reduziert hat sich durch das Scheitern von LAT-Beziehungen der Eltern auch die Verfügbarkeit des leiblichen Vaters außerhalb des gemeinsamen Haushalts. "Bloße" Partnerschaften der leiblichen Eltern zeigen noch geringere Überlebenschancen als Lebensgemeinschaften. Der Bestand an nichtehelichen Lebensgemeinschaften wird zwar durch neue ergänzt, so daß zu jedem Zeitpunkt ähnlich viele Mütter einen Lebenspartner besitzen, doch geht damit einesteils der Verlust des Vaters und andernteils die Einstellung auf eine neue Bezugsperson einher, möglicherweise tritt ein Wechsel der Vaterfigur ein.

Das Leben in der Herkunftsfamilie erweist sich gleichfalls nicht als Dauerlösung. Je älter die Kinder werden, um so seltener wohnen sie noch im Haushalt der Großeltern; bei sechsjährigen bildet dies schon die absolute Ausnahme. Deutlich werden aus den obigen Ausführungen wie auch aus dem Überblick, daß bestimmte Tendenzen vorherrschen:

- Partnerschaften und nichteheliche Lebensgemeinschaften der leiblichen Eltern lösen sich zum großen Teil auf, d.h. die Kinder verlieren in gewisser Weise den leiblichen Vater,
- noch stärker ist der Rückgang von Haushaltsgemeinschaften mit den Eltern der Mutter, und ganz drastisch die Reduktion von sonstigen größeren Haushalten, also auch hier ist eine Veränderung im kindlichen Beziehungsgefüge typisch;
- stark zunehmend sind die Kinder allein auf die Mutter angewiesen, das gilt in erster Linie für die Haushaltssituation, aber großteils auch für Eltern-Kind-Beziehungen insgesamt;
- mit steigendem Alter der Kinder gehen die Mütter neue Partnerschaften und Lebensgemeinschaften ein. Daraus ergibt sich die Anforderung, neue Beziehungen in die Familie zu integrieren.

Daraus ergeben sich verschiedene mögliche Zugangsweisen zur Betrachtung der Entwicklungen: Man kann einesteils fragen, was aus bestimmten Konstellationen wird, ob sie beendet werden, in welche anderen sie münden etc. Ebenso wie von den Ausgangssituationen her, könnte aber auch der Fokus auf den "Endzustand" gelegt werden, um herauszuarbeiten, wohin die Entwicklungen führen. Sehr komplex, aber ebenso interessant ist die Abbildung von Verlaufsmustern, also die Betrachtung des Gesamtzeitraumes mit allen (bekannten) Zwischenstufen.

Allerdings legen die Trends bei den einzelnen Konstellationen eine bestimmte Blickrichtung nahe: Für die Partnerschaften und Lebensgemeinschaften der leiblichen Eltern ist, wenn sie nicht zur Ehe führen, der Abbruch wesentlich häufiger als die Erhaltung. Hier scheint es daher die interessantere Frage zu sein, ob und wann sie enden. Das gleiche gilt für die Drei-Generationen-Familie und die WG. Während demgegenüber Stiefväter meist erst später bedeutsam werden bzw. für einen kurzen Zeitraum relevant sind, kann eine so eindeutige Zuordnung für alleinerziehende Mütter nicht vorgenommen werden. Diese Lebensform stellt sowohl eine Ausgangsform dar, die von anderen abgelöst wird, bildet aber auch eine (vorläufige) "Zielform" nach Beendigung anderer Lebensformen[19] und ist zusätzlich manchmal ein Zwischenstadium.

Für die kindliche Entwicklung ist es nicht unerheblich, wie lange das Kind in bestimmten Kontexten aufwächst und wann Wechsel stattfinden. Aufgrund der Vielfalt der Veränderungen werden hier zunächst einzelne Dimensionen herausgegriffen und weitgehend isoliert besprochen, ehe der Versuch unternommen wird, das Puzzle der Entwicklungen zusammenzufügen.

Die eintretenden Veränderungen lassen sich ausgehend von der Startsituation im Babyalter folgendermaßen grob charakterisieren:

- Lebensgemeinschaften der leiblichen Eltern enden oft schon früh. So erleben insgesamt rund ein Fünftel aller dauerhaft nichtehelichen Kinder die Trennung ihrer leiblichen Eltern, zwei Drittel von ihnen bereits vor dem dritten Geburtstag, ein Drittel zwischen dem dritten und dem sechsten Lebensjahr, also in einer Zeit, in der sie diesen Vorgang bewußt mitvollziehen und nachdem sie zu ihrem Vater über längere Zeit eine Bindung entwickeln konnten.

---

[19] Es ist zu beachten, daß hier die Lebensläufe nur bis zum sechsten Lebensjahr betrachtet werden und daher weitere Veränderungen erfolgen können.

- Nichteheliche Kinder wachsen nur selten langfristig bei den Großeltern auf (3,4% ABL; 4,1% NBL). Gut 10% aller Kinder verlassen diesen Haushalt zwischen einem halben und dem dritten Lebensjahr, weitere 5% dann bis zum Schuleintritt.
- Wohnen Mutter und Kind schon frühzeitig allein, so erleben die Kinder recht selten eine Veränderung der Lebensform: fast zwei Drittel hiervon verweilen bis zum sechsten Lebensjahr in dieser Situation. Das heißt etwa ein Fünftel aller Kinder des Samples lebt dauerhaft mit der Mutter alleine (23,4% ABL, 16,5% NBL). Rund die Hälfte der Mütter hat allerdings zumindest zeitweise eine Partnerschaft, so daß diese Haushaltsform nicht ausschließlich bzw. generell mit "Alleinerziehenden" gleichgesetzt werden kann. Der Wechsel in eine größere Haushaltskonstellation erfolgt für 10% aller Kinder vor dem dritten und für weitere 3% vor dem sechsten Geburtstag. Da alleinwohnende Mutter-Kind-Dyaden auch als Zwischenstadien auftreten, leben zwei von drei Kindern irgendwann einmal in dieser Haushaltsform. Im Anschluß an andere Lebensformen wachsen 18% der Kinder recht lange Zeit (mehr als drei Jahre) in einer Ein-Eltern-Familie auf, weitere 16% wechseln vor dem sechsten Lebensjahr in diese Familienform, wobei an dieser Stelle offen bleiben muß, wie dauerhaft diese sein werden (vgl. hierzu 3.5).

Fragt man nach weiteren wichtigen Ereignissen in der kindlichen Biographie, so scheint es sinnvoll, die Entwicklung der Beziehungen zu männlichen Bezugspersonen ins Auge zu fassen.

- Wie bereits angeführt erlebt rund ein Fünftel der Kinder das Scheitern der Lebensgemeinschaft der leiblichen Eltern. Ohne gemeinsame Haushaltsführung haben die meisten Kinder demnach nur selten diese Stütze für einen Kontakt zu ihrem Vater; 8% bis maximal zum dritten Lebensjahr, bei weiteren 2,6% wird die Beziehung der Eltern vor dem sechsten Lebensjahr gelöst und ebenso wenige überdauern die gesamte betrachtete Zeitspanne. Nach dem Ende der Lebensgemeinschaft bleiben die Kinder meist eine Weile mit der Mutter alleine. Nur 5% finden sich längstens drei Jahre später in einer neuen Lebensgemeinschaft wieder. Weitere 2% lernen einen neuen Partner der Mutter kennen.
- Neue Lebensgefährten der Mutter, die in den Haushalt integriert werden, finden sich teils vor (3%), etwas häufiger aber erst ab dem Kindergartenalter (12%). Neue LAT-Beziehungen der Mutter findet man nach sechs Jahren bei 17% der Kinder im Westen. Wie bereits erwähnt gibt es diese

Konstellation in den neuen Ländern deutlich seltener; so haben dort bis zum 6. Lebensjahr nur 9% einen Stiefvater außerhalb des Familienhaushalts.

- Betrachtet man Partnerschaften und Lebensgemeinschaften zusammen, so erfahren 18% der Kinder, die langfristig den Rechtsstatus "nichtehelich" tragen, die Ablösung des leiblichen Vaters durch einen Stiefvater - gemessen an den vielfältig aufgefundenen Veränderungen erscheint dies fast noch gering. Aus der kindlichen Perspektive stellt es allerdings eine sehr bedeutsame Veränderung dar, daß nahezu jedes dritte Kind in seinen ersten Lebensjahren den Verlust eines leiblichen Elternteils *und* das Hinzukommen einer neuen Bezugsperson erlebt.
- Einige Kinder wachsen offenbar ohne Vaterfigur heran, da zu keinem Zeitpunkt ein fester Partner oder Lebensgefährte der Mutter vorhanden ist. Bei 36% kommt im Beobachtungszeitraum ausschließlich der leibliche Vater für diese Rolle in Frage, bei 28% unterhält die Mutter nach der Geburt lediglich zu einem anderen Mann eine Beziehung.
- Daß Kinder quasi zwei väterliche Bezugspersonen haben, kommt wahrscheinlich nur sehr selten vor. Nur bei 6% der dreijährigen Kinder aus den alten Bundesländern unterhält die Mutter trotz bzw. neben einer neuen Partner- oder Lebensgemeinschaft ein gutes Verhältnis zum leiblichen Vater, in den neuen Ländern trifft dies auf 5% zu. Während diese für die sechsjährigen West-Kinder konstant bleibt, sinkt der Anteil bei den Kinder aus den neuen Ländern offenbar mit steigendem Alter etwas. Hier leben Sechsjährige nur noch zu 3,8% in einer Konstellation, die auf gute Beziehungen zu "beiden Vätern" schließen läßt.

Da die eben beschriebenen Entwicklungslinien, je nach dem welche Perspektive man einnimmt, d.h. aus der Sicht der Haushaltskonstellation oder des Partnersystems, sich zum Teil überlappen, soll im folgenden der Versuch unternommen werden, einen Gesamtüberblick über die Verlaufsmuster zu geben. Allerdings führt eine exakte Abbildung der gesamten Entwicklung anhand der oben eingeführten Kriterien (Haushaltsform und Stiefvater oder leiblicher Vater als Bezugsperson), zu einer großen Heterogenität verschiedener Sequenzmuster: Wenn man die konkreten biographischen Verläufe in dieser Differenziertheit nachzeichnet, ergeben sich insgesamt mehr als 120 Varianten.

Tabelle 3.2: Lebensformen nichtehelicher Kinder: Verlaufsmuster bis zum sechsten Lebensjahr

Abfolge von Haushaltskonstellationen in der kindlichen Biographie	ABL (in %)	NBL (in %)
Dauerhafte Konstellationen	zus. 38	zus. 38
bei alleinerziehender Mutter (durchgehend ohne Partnerschaft)	10,6	10,9
allein mit Mutter wohnend (LAT-Beziehung bei mindestens einem Meßzeitpunkt vorhanden)	12,8	5,6
auf Dauer NEL der leiblichen Eltern	9,7	15,8
auf Dauer im Haushalt der Großeltern	3,4	4,1
seit Beginn in Lebensgemeinschaft der Mutter mit neuem Partner	1,2	1,5
Bedeutsame einmalige Wechsel	zus. 33*	
Großeltern zu NEL der leiblichen Eltern	1,1	
Großeltern, ab 3. Lj. neue NEL	3,4	
Großeltern, ab 6. Lj. neue NEL	1,9	
Großeltern, ab 3. Lj. allein mit Mutter	5,6	
Großeltern, ab 6. Lj. allein mit Mutter	2,7	
NEL der leiblichen Eltern, vor 3. Lj. neue Lebensgemeinschaft	2,4	
NEL der leiblichen Eltern, vor 6. Lj. neue Lebensgemeinschaft	1,2	
NEL der leiblichen Eltern, vor 3. Lj. allein mit Mutter	2,9	
NEL der leiblichen Eltern, vor 6. Lj. allein mit Mutter	1	
allein mit Mutter, vor 3. Lj. NEL der leiblichen Eltern	0,9	
allein mit Mutter, vor 6. Lj. NEL der leiblichen Eltern	0,3	
allein mit Mutter, vor 3. Lj. neue Lebensgemeinschaft	6,6	
allein mit Mutter, vor 6. Lj. neue Lebensgemeinschaft	4,3	
Mehrere Wechsel oder seltene Wechsel (z.B. zu Großeltern/ WG)	zus. 28*	
NEL der leiblichen Eltern endet vor 3, diverse Lebensformen	7	
NEL der leiblichen Eltern irgendwann, diverse Lebensformen	4,6	
diverse Lebensformen, enden vorläufig (meist spät) in neuer Lebensgemeinschaft	0,9	
Großeltern bis vor 3. Lj., diverse Lebensformen	2,6	
Großeltern bis vor 6. Lj., diverse Lebensformen	0,3	
allein mit Mutter bis vor 3. Lj., diverse Lebensformen	4,4	
allein mit Mutter bis vor 6. Lj., diverse Lebensformen	0,5	
diverse Lebensformen, ab 3 allein mit Mutter	2,9	
diverse Lebensformen, ab 6 allein mit Mutter	4,3	

* Aufgrund der äußerst geringen Besetzung vieler Verlaufsmuster nun zusammengefaßt.
Quelle: Lebenslage nichtehelicher Kinder

Selbst bei dem Versuch einer Reduktion dieser Komplexität durch weitgehende Vernachlässigung der Partnerschaftssituation bleibt noch immer eine enorme Spannbreite von Entwicklungsmustern. Da diese Vielfalt ganz augenscheinlich ein Spezifikum der Lebensverläufe dauerhaft nichtehelicher Kinder darstellt, wird sie anhand der nachstehenden Zusammenstellung (Tabelle 3.2) zumindest annäherungsweise wiedergegeben. Durch die Zusammenfassung können sich die bisher dargestellten Größenordnungen etwas verschieben.

Differenziert man die Entwicklungsverläufe vornehmlich nach der Haushaltskonstellation, so bleiben insgesamt bei 38% der Kinder des Samples die Verhältnisse während der ersten sechs Jahre konstant: 9,7% im Westen und 15,8% im Osten leben die ganze Zeit über mit den leiblichen Eltern zusammen, 23,4% (ABL) bzw. 16,5% (NBL) wohnen alleine mit der Mutter, 4% mit ihr bei den Großeltern und circa 1% hat seit dem sechstem Lebensmonat mit dem Lebensgefährten der Mutter einen Stiefvater. Mehr als die Hälfte der Kinder mit konstanten Lebensverhältnissen verfügt allerdings auch nur über *einen* im Haushalt anwesenden Elternteil. Berücksichtigt man alle drei Meßzeitpunkte, so haben dieser Zuordnung entsprechend knapp zwei Drittel der nichtehelich bleibenden Kinder bis zum Schuleintritt Erfahrungen mit mehr als einer Familienform und es ergibt sich eine Vielfalt von Entwicklungsverläufen.

Als wichtige konstante Muster sind die nichtehelichen Lebensgemeinschaft beider Eltern und das Aufwachsen bei einer alleinerziehenden Mutter ohne Partner zu nennen - allerdings mit typischen Ost-West-Differenzen, d.h. ersteres kommt in den neuen Bundesländern häufiger vor, letzteres in den alten.

Obgleich Mütter, die durchwegs alleine mit dem Kind wohnen, bei der Geburt des Kindes älter sind und über höhere Einnahmen verfügen als Frauen in anderen Lebensformen, ist die sozio-ökonomische Situation dieser Familien vor allem in der Kleinkindphase eher schwierig. Diese Kinder sind in den alten Bundesländern aufgrund der erhöhten Berufstätigkeit ihrer Mütter früher auf Betreuung außer Haus bzw. durch Dritte angewiesen, während diesbezüglich in der früheren DDR weniger Unterschiede feststellbar sind im Hinblick auf das Erwerbsverhalten der Mütter einesteils und den Rückgriff auf institutionelle Betreuung andernteils. Die Abwesenheit einer männlichen Erziehungsperson wird von den Müttern insofern problematisiert, als sie sich einer Dreifachbelastung durch Beruf, Kinderbetreuung und Haushalt sowie teilweise auch schwierigen Rollenanforderungen gegenüber sehen, da sie auch den Part des Vaters zu übernehmen versuchen (vgl. Vaskovics/Rost/ Rupp 1997). Eine Hilfe stellen diesbezüglich die Großeltern dar, die nicht nur in zeitlicher oder materieller Hinsicht, sondern auch als zusätzliche Interaktionspartner eine Entlastung bieten. Obgleich Kinder, die in dieser Konstellation aufwachsen, oft die jüngsten und finanziell am schlechtesten gestellten Mütter haben, muß die Integration in die Herkunftsfamilie nicht mit negativen Vorzeichen versehen sein, zumal dann, wenn sie auf Dauer gestellt wird, da diese Haushalte typischerweise nicht (mehr) räumlich beengt leben und auch die Einkünfte der Mütter sich konsolidieren, wenngleich nicht auf hohem Niveau.

Auch für die sechs Jahre überdauernden nichtehelichen Lebensgemeinschaften der leiblichen Eltern gilt, daß hier ein Selektionsprozeß stattgefunden hat, den nur diejenigen mit besseren Paar-Beziehungen und besseren sozio-ökonomischen Rahmenbedingungen "überleben". Für den insgesamt kleinen Teil der Kinder in dieser Konstellation bedeutet das, daß sie unter recht ähnlichen Bedingungen wie in einer "Normalfamilie" heranwachsen.

Mehr als jedes vierte Kind erlebt mehr als einen Wechsel in der Lebensform, wobei Veränderungen bei Betreuungspersonen außerhalb des Haushaltes noch nicht berücksichtigt sind. Insgesamt werden damit die ersten sechs Lebensjahre nichtehelicher Kinder von vielschichtigen Veränderungen geprägt.

3.4 Charakteristik ausgewählter Verlaufsmuster

Um eine weitere Untersuchung von Entwicklungslinien zu ermöglichen, ist es erforderlich, sich auf einige wesentliche zu konzentrieren. Hierzu wurden Verlaufsmuster so zusammengefaßt, daß nur noch *zwei* Zeitpunkte, d.h. bei der Geburt und im 6. Lebensjahr einbezogen wurden und außer bei alleinwohnender Mutter-Kind-Konstellation und nichtehelichen Lebensgemeinschaften auf eine Binnendifferenzierung der Partnerschaft nach leiblichem Vater und anderem Partner verzichtet wurde, ebenso blieben sehr seltene Lebensformen (wie WG) unberücksichtigt. Aus dieser - trotzdem noch immer recht komplexen - Zuordnung wurden die dominanten Muster ausgewählt:

- dauerhaft bei alleinerziehender Mutter ohne männliche Bezugsperson am Anfang und an Ende des Zeitraums (14%)

- von alleinerziehender Mutter zu NEL mit Stiefvater (6%)
- von NEL der leiblichen Eltern zu alleinlebend (13%)
- dauerhaft mit den leiblichen Eltern in einer NEL zusammenlebend (13%)
- Übergang von NEL der leiblichen Eltern zur Lebensgemeinschaft mit Stiefvater (7%)
- vom Großelternhaus zur Lebensgemeinschaft mit Stiefvater (5%)

Diese repräsentieren allerdings nur die Lebensumstände von rund 60% der Kinder - vier von zehn erleben bis zum Schuleintritt andere, oft turbulentere Entwicklungsverläufe.

Zunächst ist zu bemerken, daß die meisten hier betrachteten Verlaufsmuster in beiden Landesteilen ähnlich stark vertreten sind, mit der Ausnahme dauerhafter Lebensgemeinschaften der leiblichen Eltern (15,8% NBL zu 9,7% ABL) und dem Wechsel vom leiblichen zum Stiefvater als Haushaltsmitglied (9% NBL zu 5% ABL). Die Stärkung dieser Muster in den neuen Ländern geht fast ausschließlich zu Lasten "sonstiger Verlaufsvarianten", so daß seltener weitere, hier nicht berücksichtigte Verläufe auftreten (32% NBL zu 48% ABL). Die Entwicklungen im Osten sind somit etwas weniger variantenreich.

Was ist kennzeichnend für bestimmte Verlaufsmuster? Zur Charakterisierung analysieren wir verschiedene, teils an anderer Stelle bereits thematisierte Dimensionen wie das Alter der Mutter bei der Geburt, die Erwünschtheit der Kinder, die Berufsverläufe der Mütter sowie die Beziehungen zu für die Kinder wichtigen Personen.

Dabei zeigen sich deutliche Unterschiede in der Einflußnahme der betrachteten Einflußfaktoren: Manche sind in erster Linie für die Startsituation von Bedeutung, andere besitzen darüber hinaus auch für die weitere Entwicklung weichenstellenden Charakter.

Zu letzteren zählt das Alter der Mütter bei der Geburt des Kindes. Von Anfang an alleinerziehende Mütter bilden mit Abstand die älteste Gruppe; sie sind im Mittel schon 25 (NBL) bzw. 29 (ABL) Jahre alt, wenn sie das Kind bekommen. Auf der anderen Seite findet man Frauen die nach der Geburt ihres Kindes im Großelternhaus leben, sie sind bei der Geburt ihres Kindes oft gerade 20 Jahre alt. Dauerhafte Lebensgemeinschaften der leiblichen Eltern betreffen typischerweise Mütter im Alter um 24- 25 Jahre. Kinder mit eher jungen Müttern erleben häufiger einen Wechsel in der Stiefvaterposition (21 Jahre NBL; 22 ABL), bzw. das Scheitern der Lebensgemeinschaft mit anschließendem Alleinleben mit der Mutter (23 Jahre NBL; 24 ABL). Die

Zusammenhänge zeigen sich somit in gleicher Art für beide Landesteile bei Konstanz der generell unterschiedlichen Altersniveaus der Mütter.

Ein wichtiger Indikator für die Entwicklungsverläufe ist zudem die Beziehung der leiblichen Eltern. Das Scheitern von Lebensgemeinschaften zeichnet sich teils durch weniger gute Beziehungen bereits kurz nach der Geburt ab. Insbesondere wenn die Eltern nie zusammenwohnen, waren bereits frühzeitig die Beziehungen durch mäßige bis schlechte Qualität gekennzeichnet.

Ob ein Kind von der Mutter als gewünscht worden bezeichnet wird oder nicht, hängt viel stärker von der situativen Konstellation um den Geburtszeitraum als von der langfristigen Entwicklung ab. Die Reaktion des Vaters auf die Schwangerschaft bestimmt stark das Verhalten nach der Geburt und in der weiteren Entwicklung. Nimmt man allerdings die Reaktionen der beiden Elternteile zusammen, so zeigt sich ein sehr deutlicher Effekt: Nur wenn *beide* eine positive Haltung zur bevorstehenden Elternschaft einnehmen, haben die Kinder eine gute Chance, längerfristig mit beiden leiblichen Eltern aufzuwachsen. Niedrige Anteile an Übereinstimmung in diesem Punkt führen dazu, daß die Eltern sich bald trennen. Sehr geringer Konsens in diesem Punkt steht dafür, daß Lebensgemeinschaften der leiblichen Eltern erst gar nicht zustande kommen. Die beschriebene Tendenz ist in den alten Bundesländern stark ausgebildet und relativ einheitlich, weniger klar in den neuen Ländern.

Abschließend sei noch auf die Berufsverläufe der Mütter im Kontext der Entwicklung der Lebensverhältnisse eingegangen. Wie bereits anhand der situativen Betrachtung (vgl. 3.2) deutlich wurde, ergeben sich neben generellen Unterschieden in der Erwerbsbeteilung weitere Ost-West-Differenzen. Im Gebiet der früheren DDR sind die Berufsverläufe eher unabhängig von Beziehungs- und Haushaltssituation und relativ gleichförmig. Hier nehmen die Dauer der gesetzlich zugestandenen Erziehungsphase und nach der Wende die zunehmende Arbeitslosigkeit größeren Einfluß als die Form der privaten Lebensführung. Demgegenüber variiert die Erwerbstätigkeit der Frauen in den alten Ländern mit der Haushaltskonstellation. So neigen die Mütter aus dem früheren Bundesgebiet eher dazu, ihre Berufstätigkeit zu reduzieren oder aufzugeben, sofern die Haushaltssituation dies zuläßt, d.h. sofern ein Lebenspartner vorhanden ist, der sie entlastet.

Im folgenden werden ausgewählte Entwicklungsverläufe anhand der aufgeführten Dimensionen kurz beschrieben.

Dauerhaft alleinerziehend

Bei diesem Verlaufstyp ist die Mutterschaft eher gewollt eingetreten, häufig hat sich aber der Mann damit lediglich "arrangiert", d.h. wir finden viele Paare, bei denen die Frau der Elternschaft positiver gegenüberstand als der werdende Vater. In den alten Ländern erlebten fast zwei Drittel dieser Gruppe diese Situation, womit der Zusammenhang hier deutlicher ausgeprägt ist als in den neuen Bundesländern. Die Kinder haben relativ "alte" Mütter; trotz erheblicher Unterschiede zwischen Ost und West liegt das Alter der Frauen bei der Geburt des Kindes mit 29 (ABL) bzw. 25 Jahren (NBL) weit über dem Durchschnitt. Weiterhin geht diesem Entwicklungsverlauf ein ziemlich schlechten Verhältnis zwischen den leiblichen Eltern voraus: Jede dritte Mutter bezeichnet es bereits kurz nach der Geburt ihres Kindes als unbefriedigend. Kinder aus den alten Bundesländern, die langfristig in dieser Haushaltskonstellation verweilen, haben überdurchschnittlich häufig eine vollzeit berufstätige Mutter, da nur ein Teil den Arbeitsumfang reduziert. Nur 16% der Kinder können eine Rundumbetreuung durch ihre Mutter erhalten, weil diese "Hausfrau" (geworden) ist, was allerdings i.d.R. mit restriktiven ökonomischen Bedingungen einher geht. In den neuen Ländern finden sich wie erwähnt keine signifikanten Differenzen in den Berufsverläufen. Hier verbleiben demnach dauerhaft Alleinerziehende - wie die übrigen Frauen auch - typischerweise in einer konstanten Vollzeit-Beschäftigung, oft unterbrochen durch eine kürzere Erziehungspause. Einerseits ist hierbei zu bemerken, daß zumal zu DDR-Zeiten eine Grundversorgung der Kinderbetreuung in Institutionen gewährleistet war, andererseits bedeutet dies für die Kinder, daß sie meist recht wenig "von ihrer Mutter haben", da diese durch lange Arbeitszeiten und die zusätzliche alleinige Belastung mit der Haushaltsführung stark beansprucht wird.

Der Wechsel vom Alleinerziehen zu einer neuen Lebensgemeinschaft

Dieser Entwicklungsverlauf wird vor allem in den alten Ländern nicht selten mit dem Rückzug aus dem Erwerbsleben gekoppelt. 22% dieser Mütter wechseln erst relativ spät zum Hausfrauendasein, was bedeutet, daß diesen Kindern die Mutter dann in weitaus größerem Maße zur Verfügung steht. Weitere 17% reduzieren den zeitlichen Umfang ihrer Tätigkeit. Allerdings bleibt bzw. wird auch ein recht großer Teil voll berufstätig (44%). Doch scheint mit der Gründung einer neuen Lebensgemeinschaft eine Entlastung der Frauen von beruflicher Tätigkeit verbunden zu werden, teils im Kontext einer (geplanten) Erweiterung der Familie. Obwohl in den neuen Ländern von Stieffamilien-Gründungen keine Einflüsse auf die berufliche Situation der Frauen ausgehen, kann doch angenommen werden, daß durch das Hinzukommen eines Lebenspartners für die Mütter eine gewisse Entlastung eintritt und für die Kinder eine zusätzliche Betreuungsperson verfügbar wird.

Bezeichnend für diesen Verlauf ist weiterhin, daß die Mutterschaft häufiger als bei der ersten Gruppe ungewollt eingetreten ist. Die Frauen, die später eine Lebensgemeinschaft eingehen, hatten weniger positive Vorstellungen davon, in einer Ein-Elternteil-Familie zu leben, und waren wohl eher bereit, eine neue Partnerschaft einzugehen. Allerdings hatten sie angesichts ihres geringeren Alters möglicherweise auch bessere Chancen, neue Kontakte zu knüpfen.

In den alten Bundesländern steht die nicht geplante Schwangerschaft in Zusammenhang mit bereits anfänglich schlechten Paarbeziehungen der Eltern - nicht jedoch in den neuen Ländern. Noch häufiger als bei den dauerhaft Alleinerziehenden waren sich die Partner aus dem früheren Bundesgebiet in ihrer Haltung zur Elternschaft uneins - nur fünf Prozent reagierten übereinstimmend erfreut auf den Nachwuchs. Auch im Gebiet der früheren DDR sind positive Reaktionen unterdurchschnittlich häufig vertreten, allerdings mit weniger deutlichen Unterschieden zu den anderen Gruppen.

Von der NEL zur Ein-Eltern-Familie

Wenn nach dem Scheitern einer nichtehelichen Lebensgemeinschaft der leiblichen Eltern Mutter und Kind alleine bleiben, so gleichen einige Mütter offenbar Budgetmängel durch eine Ausweitung ihrer Berufstätigkeit aus (18%) und kehren zur Vollzeitarbeit zurück. Weitere 23% sind durchwegs vollzeit beschäftigt und rund ein Viertel hat den Arbeitsumfang eingeschränkt bzw. ist in reduziertem Umfang (wieder-) eingestiegen. Dies gilt wiederum nur für die alten Bundesländer.

Diese Frauen sind eher jung Mutter geworden, bedeutsamerweise jünger als jene, die die Lebensgemeinschaft mit dem leiblichen Vater aufrechterhalten. Das Verhältnis zwischen den leiblichen Eltern war zwar anfangs deutlich besser als bei den vorangegangenen Gruppen, doch weist die Beziehungsqualität - wiederum vor allem in den alten Ländern - teilweise frühzeitig Mängel auf, die den späteren Bruch bereits ankündigen. Hinzu kommt, daß sich die Eltern relativ häufig nicht einhellig auf das Kind freuten (59%). In den neuen Ländern setzt eine Verschlechterung der Beziehungen oft erst später ein, d.h. kurz nach dem - meist beiderseits erwünschten - Übergang zur Elternschaft finden wir dort zufriedene Familien. Hier beginnt die Krise demnach seltener schon beim Übergang zur Elternschaft.

Nichteheliche Familien auf Dauer

In den westdeutschen nichtehelichen Lebensgemeinschaften der leiblichen Eltern, die das sechste Lebensjahr des Kindes überdauern, finden wir den niedrigsten Anteil dauerhaft vollzeit beschäftigter Mütter. Rund 30% haben reduziert bzw. sind auf Halbtagsstellen eingestiegen oder zurückgekehrt. Jedes zehnte Kind wächst in einer Hausfrauen-Familie auf. Damit genießen die Kinder in dieser Konstellation über den gesamten Zeitraum hinweg betrachtet wohl die größte Präsenz der Mutter - in den alten Ländern. Für die neuen Bundesländer läßt sich zwar kaum eine Beeinflussung der Berufstätigkeit der Mütter feststellen, aber die Vermutung liegt nahe, daß sich in dieser Konstellation für Mutter und Kind am ehesten Vorteile durch den Lebenspartner, insbesondere durch das Teilen der Elternverantwortung einstellen. Darauf verweist auch das hohe Maß, in dem die Elternschaft dort beiderseits erwünscht eintrat (78%). Im Vergleich dazu sah ein Drittel der westdeutschen Eltern dem Kind skeptischer entgegen, obgleich auch hier diese Gruppe eindeutig die positivste Haltung zeigte. Im Gesamtvergleich, wenn auch mit graduellem Unterschied zugunsten der Ost-Familien, hatten und haben diese Elternpaare das beste Verhältnis zueinander. Dabei ist zu bedenken, daß dies einem starkem Selektionsprozeß geschuldet wird, in dessen Verlauf ein Großteil der ursprünglichen NEL gescheitert ist.

Die Frauen in dieser Konstellation sind nach den dauerhaft Alleinerziehenden die ältesten, was möglicherweise über Dauer der Lebensgemeinschaften und Verfestigung der Lebensplanung Einfluß auf die Stabilität dieser Familien nimmt.

Wechsel des Lebensgefährten der Mutter

Ähnlich wie bei Neugründungen von Lebensgemeinschaften nach dem Alleinerziehen kommt es bei einem Wechsel der Lebensgemeinschaft in den alten Bundesländern relativ häufig zu einer temporären Aufgabe der Berufstätigkeit (18%), hinzu gesellt sich ein kleiner Teil Dauerhausfrauen. Dies wird möglicherweise damit erklärt, daß in solchen Familien (später) häufiger ein zweites Kind lebt (vgl. 3.5). Allerdings haben in dieser Gruppe auch recht viele Frauen in der Zwischenzeit eine Vollzeitbeschäftigung *wieder* aufgenommen, d.h. vermutlich im Kontext der Trennung vom leiblichen Vater ihren beruflichen Einsatz verstärkt. Rund 30% arbeiten nur teilzeit. Analog zum bereits Ausgeführten wirkt sich das Hinzukommen eines neuen Lebenspartners in den neuen Bundesländern hauptsächlich über andere Entlastungen (z.B. finanzieller Art, bei der Betreuung), kaum jedoch auf die Erwerbstätigkeit aus.

Auch bei diesem Verlaufsmuster kündigt sich das Scheitern der Lebensgemeinschaft der leiblichen Eltern im alten Bundesgebiet eher frühzeitig an, während in den neuen Ländern deren Beziehungen weniger bald kriseln. Kinder mit dieser Familienentwicklung waren am zweithäufigsten gewollt, was allerdings in den alten Ländern nur heißt, daß 53% der leiblichen Eltern sich gemeinsam über den Nachwuchs freuten. Im Gebiet der früheren DDR wird immerhin ein Anteil von 68% erreicht. Deutlich wird wiederum, daß die Lebensgemeinschaften im Westen stärker vorbelastet waren und sich die Trennung früher andeutet - allerdings kann bei rund jeder zweiten kein deutliches "Warnzeichen" gefunden werden. Für sie gilt wie für die Mehrheit der Familien aus den neuen Ländern, daß sie erst zu einem späteren Zeitpunkt Beeinträchtigungen erfahren, an denen sie zerbrechen. Das heißt ein Wechsel des Lebensgefährten der Mutter ist weniger durch die Bedingungen bei der Schwangerschaft vorgezeichnet als das Scheitern mit anschließendem Alleinleben von Mutter und Kind.

Bedeutsam für die Kinder in diesen Lebensumständen ist, wie sie Stiefvater akzeptieren und inwieweit sie Kontakte zum leiblichen Vater pflegen können. Während wir über das Verhältnis zum neuen Lebensgefährten der Mutter zumindest aus der qualitativen Studie (vgl. Vaskovics/Rost/ Rupp 1997) schließen können, daß in der Mehrzahl der Familien gute Beziehungen bestehen, kann auf mögliche Kontakte zum leiblichen Vater nur über das Verhältnis der leiblichen Eltern zueinander geschlossen werden. Da die Beziehungen zwischen diesen meist belastet sind, treffen wir hier auf eher ungünstige Rahmenbedingungen. Nur selten pflegt die Mutter ein gutes Verhältnis zum Vater ihres Kindes. Die Integration in eine neue Familie geht vermutlich zu Lasten von Beziehungen zwischen dem Kind und seinem leiblichen Vater. Allerdings ist hier zu bedenken, daß auch die Väter mit zunehmender Zeit in einen anderen Familienkontext eingebunden sind und damit zum Teil ihr Interesse an dem nichtehelichen Kind nachläßt (vgl. Kap. 4).

Aus dem Haushalt der Großeltern in eine neue Familie

Da nur wenige Kinder dauerhaft im Haus ihrer Großeltern aufwachsen, wird hier die typischere Verlaufsvariante, der Wechsel in eine neue Lebensgemeinschaft, betrachtet. Die Mütter dieser Gruppe sind sehr jung, im Mittel 20 Jahre alt, als die Kinder zur Welt kommen. Damit verknüpft sind eher schwierige Lebensumstände wie geringe Einkünfte, fehlende Berufsausbildung oder -tätigkeit; dies gilt besonders in den alten Ländern, weniger stark für das Gebiet der früheren DDR. Typischerweise werden Kinder unter solchen Lebensumständen nicht eingeplant - und so sind diese Kinder am seltensten Wunschkinder und werden in aller Regel auch nicht von beiden Elternteilen freudig erwartet. Divergierende Haltungen prägen somit den Übergang zur Elternschaft, der die Mütter relativ oft vor Probleme stellt, zumal nur rund jede vierte auf ein gutes Verhältnis zum werdenden Vater bauen kann. Da die Beziehung zwischen der Mutter und ihren Eltern geringe Varianzen zeigt und überwiegend gut bewertet wird, mag es von den eher beengten Lebensverhältnissen gefördert werden, daß die kleine Familie sich (spätestens) bei Hinzukommen eines Stiefvaters verselbständigt. Denn wie bereits gezeigt wurde, überdauern von den Drei-Generationen-Haushalten vorzugsweise die gut ausgestatteten langfristig.

In den alten Bundesländern ergeben sich wiederum typische Berufsverläufe der Frauen, die gekennzeichnet sind durch den Wechsel zum Hausfrauendasein, die Reduktion bzw. Berufseinstiege zu Teilzeit und den geringen Anteil von Voll-Erwerbstätigkeit.

Für die Kinder bedeutet diese Entwicklung zwar einerseits den Wechsel wichtiger Bezugspersonen, andererseits aber auch eine weitgehende Verfügbarkeit von zusätzlichen Betreuungspersonen im Haushalt und zwar im Westen oft zusätzlich zu einer zeitlich relativ präsenten Mutter.

Nach diesen ausführlichen Darstellungen der Lebensläufe nichtehelicher Kinder bis zu ihrem sechsten Lebensjahr wollen wir abschließend noch einen kurzen Eindruck davon geben, wie es weitergeht.

3.5 Die weitere Entwicklung und die Lebenssituation älterer nichtehelicher Kinder

Die bisherigen Ausführungen dokumentieren, daß die Lebensverläufe nichtehelicher Kinder bis zu ihrem sechsten Lebensjahr sehr vielfältig und teilweise recht turbulent sind. Berücksichtigt man sowohl die Haushalts- als auch die Partnerschaftskonstellationen der Mutter, so ergibt sich eine große Heterogenität von Verlaufsmustern. Diese bestimmen die Lebensumstände, in denen die Kinder aufwachsen, so daß beides wie gezeigt nicht unabhängig voneinander, sondern im Kontext gesehen werden sollte. Entsprechend den Möglichkeiten der Stichprobe (es wurden nichteheliche Kinder bis zum zwölften Lebensjahr einbezogen), können wir über diesen Lebensabschnitt hinaus auch einige Informationen zu den Lebensumständen älterer nichtehelicher Kinder geben. Wenn in diesem Kapitel die weitere Entwicklung für neun- bis zwölfjährige Kinder nachvollzogen wird, ist darauf hinzuweisen, daß es sich hierbei nur noch um eine Teilgruppe der eingangs vorgestellten Stichprobe handelt. Die hier dargestellten Lebensumstände sind nun nicht mehr retrospektiv erfaßt, sondern geben die aktuell bei der Befragung vorgefundenen Verhältnisse für diese Altersgruppe wieder. Da mit zunehmendem Alter die Wahrscheinlichkeit einer Legitimation weiter sinkt, kann für diese Kinder festgehalten werden, daß sie sehr wahrscheinlich "nichteheliche Kinder" bleiben, denn die Chance für einen Wechsel des rechtlichen Status ist nun sehr gering (vgl. Kap. 1 und 5).

Diese Gruppe der langfristig nichtehelichen Kinder ist zwar in den alten Bundesländern quantitativ noch eher unbedeutend, da sie maximal 8% aller Kinder umfaßt (zwei Drittel aller nichtehelich Geborenen), in den neuen Ländern steht sie allerdings schon für eine relevante Entwicklungslinie familialen Lebens, das rund ein Fünftel aller Kinder betrifft. Aus unserer Sicht ist sie zudem jedoch von hohem inhaltlichen Interesse.

Verfolgt man die weitere Entwicklung der oben vorgestellten Lebensformen, so ergibt sich, daß auch im weiteren Zeitablauf die Übergänge zwischen den Haushalts- und Lebensformen stark variieren; es sind jedoch einige dominante Muster erkennbar:

- wenn Mutter und Kind die ersten sechs Jahre dauerhaft alleine leben, so ist die Wahrscheinlichkeit hoch, daß sie auch weiterhin in dieser Haushaltssituation bleiben, zumindest in unserem Beobachtungszeitraum;
- hatte die nichteheliche Lebensgemeinschaft beider Eltern bis zum Schuleintritt Bestand, so liegt die Wahrscheinlichkeit bei 50%, daß sie auch noch die nächsten Jahre überdauert; im Falle einer Auflösung bleibt die Mutter in der Regel alleinerziehend; die Auflösungstendenz nichtehelicher Lebensgemeinschaften (beider Eltern) setzt sich somit weiter fort;

- trennten sich die Eltern erst nach der Geburt aber bis zum sechsten Lebensjahr des Kindes, so wohnen ältere nichteheliche Kinder überwiegend (85%) alleine mit der Mutter;
- ging die Mutter nach einer frühen Trennung vom Vater bis zum Schuleintritt des Kindes eine neue Lebensgemeinschaft ein, so bleiben drei Viertel dieser Stieffamilien bis zum neunten bzw. zwölften Lebensjahr des Kindes bestehen, wovon die Hälfte in eine Ehe überführt wird; ein Viertel scheitert in diesem Zeitraum, d.h. die betroffenen Kinder erleben zweimal den Verlust einer männlichen Bezugsperson.

Diese Entwicklungen gehen, wie später (Kap. 4) noch näher ausgeführt wird, zu Lasten der Kontakte zwischen dem nichtehelichen Kind und seinem leiblichen Vater. Diese nehmen nach der Trennung der Eltern mit zunehmendem Alter der Kinder ab, insbesondere dann, wenn ein neuer Lebenspartner der Mutter auftritt.

Wie die nachstehende Tabelle zeigt, ergibt sich aus diesen Entwicklungslinien, daß nurmehr ca. 9% der 9-12jährigen nichtehelichen Kinder mit beiden Eltern zusammenleben. Im Vergleich zum Schulalter ist der Anteil an Ein-Eltern-Familien in etwa konstant geblieben. In recht unterschiedlichem Maße ergeben sich neue Partnerschaften bei Mutter-Kind-Haushalten: Mütter von 9-12jährigen unterhalten in den alten Bundesländern doppelt so oft wie in den neuen Ländern eine Partnerschaft ohne gemeinsamen Haushalt. Zugenommen haben die Stieffamilien: Ca. 28% der älteren Kinder wohnen mit einem "neuen Vater" zusammen, wobei knapp die Hälfte dieser neuen Partner auch mit der Mutter verheiratet ist. Weiterhin nur eine sehr untergeordnete Rolle spielen die Fälle, in denen das nichteheliche Kind zusammen mit der Mutter bei deren Herkunftsfamilie oder in einer Wohngemeinschaft lebt.

Als signifikanter Unterschied zwischen den beiden Landesteilen fällt zunächst auf, daß nichteheliche Lebensgemeinschaften beider Eltern in den alten Bundesländern noch seltener vorkommen als in den neuen. Weiterhin ist bedeutsam, daß Stieffamilien in etwa gleich häufig vertreten, aber in den alten Bundesländern in höherem Maße durch Eheschließung legitimiert sind. Zudem erscheint es bemerkenswert, daß Mütter aus den alten Ländern mit zunehmendem Alter der Kinder häufiger eine LAT-Beziehung mit einem neuen Partner führen. Da diese nicht lediglich Übergangslösungen darstellen (vgl. Kap. 5), finden wir hier ein vom Kindesalter abhängiges spezifisches Muster der Lebensgestaltung. Ob damit seitens der neuen Partner eine

"Elternschaft auf Distanz" intendiert ist oder die Mütter eine eigenständige Haushaltsführung bevorzugen, entzieht sich leider unserer Kenntnis.

Tabelle 3.3 Haushaltskontext nichtehelicher Kinder im Alter von 9 bis 12 Jahren

Lebensform der Mutter	ABL	NBL
Alleinerziehende	39%	42%
Alleinwohnende mit Partnerschaft	21%	10%
Nichteheliche Lebensgemeinschaft beider Eltern	6%	12%
Nichteheliche Lebensgemeinschaft mit einem neuen Partner	10%	22%
Ehe mit einem neuen Partner	15%	10%
bei der Herkunftsfamilie lebend	8%	4%
in einer Wohngemeinschaft lebend	1%	-
n =	215	172

Quelle: Lebenslage nichtehelicher Kinder

Bei näherer Betrachtung der Lebensverhältnisse älterer nichtehelicher Kinder zeigen sich für Lebensgemeinschaften der leiblichen Eltern im Vergleich zu Stieffamilien insoweit etwas ungünstigere Bedingungen, als bei ersteren die Partnerschaft recht oft unbefriedigend ist: Rund die Hälfte der Mütter aus den alten Bundesländern ist eher unzufrieden mit der Beziehung zum Vater des Kindes, daher erwägen sie auch recht oft eine Trennung. Von solchen Krisensymptomen sind in den neuen Ländern deutlich weniger betroffen, da nur rund jede zehnte Frau Unzufriedenheit äußert. Aber auch die jüngeren Lebensgemeinschaften mit einem anderen Partner werden in den alten Ländern skeptisch betrachtet, wenn auch nicht im selben Maße wie die leiblicher Eltern. In den neuen Ländern ist das Verhältnis umgekehrt und die NEL der leiblichen Eltern schneiden etwas besser ab. Deutlich befriedigender und solider zeigen sich demgegenüber die neu geschlossenen Ehen. Konstant feststellbar sind deutliche Ost-West-Unterschiede, denn die Zufriedenheit liegt in den neuen Ländern generell höher.

Für die Mütter bedeutet die Verfügbarkeit eines Mannes im Haushalt in der Regel eine wichtige Entlastung, schließlich übernimmt dieser in den meisten Fällen auch Verantwortung für das Kind. Bemerkenswert ist, daß die Stiefväter in Ehen, den leiblichen Vätern darin nicht nachstehen; aber auch die nichtehelichen Lebensgefährten der Mutter fühlen sich überwiegend sehr stark für das Kind zuständig. Das Engagement der leiblichen Väter wird etwas geringer wahrgenommen, vielleicht weil es bei den leiblichen Vätern als selbstverständlich erscheint, daß sie sich um ihr Kind bemühen, während das Engagement eines neuen Partners wohl vor einem anderen Hintergrund wahrgenommen und positiv bewertet wird. Hier kann zudem eine Rolle spielen, daß Frauen in neuen Lebensgemeinschaften meist die Erfahrung des Alleinerziehens gemacht haben und daher die Entlastung deutlicher spüren, denn alleinlebende Mütter fühlen sich stets in wesentlich höherem Maße überfordert als Frauen in einer Lebensgemeinschaft. Ein Partner außerhalb des Haushaltes bietet offenbar nur geringfügige Hilfestellung bei der Bewältigung der vielfältigen Anforderungen der Ein-Elterschaft. Dabei variiert das Belastungsempfinden insgesamt sehr stark, so daß die Mütter aus den neuen Ländern weitaus seltener Grund zu Klage sehen als jene aus den alten Bundesländern.

Aus der Perspektive der Kinder interessiert, inwieweit ihnen zusätzlich zu den neuen Partnern der Mutter die Beziehung zum Vater erhalten bleibt. Auf zwei männliche Bezugspersonen können allerdings nur sehr wenige Kinder zurückgreifen. In den alten Ländern haben 14% sowohl einen neuen Vater außerhalb des Haushaltes als auch Kontakt zum Vater, in den neuen Ländern leben lediglich 6% der älteren Kinder in einer solchen Beziehungskonstellation. Deutlich weniger Umgang mit dem leiblichen Vater pflegen Kinder, die mit einem neuen Partner der Mutter zusammenwohnen. Diese Gruppe macht - Lebensgemeinschaften und Ehen zusammengenommen - in beiden Landesteilen jeweils 6% aus. Dabei zeigt sich wie stets bei der Betrachtung der Vater-Kind-Beziehungen, daß sie mit zunehmender Verfestigung neuer Beziehungssysteme der Mutter seltener werden (vgl. Kap 4).

Für die aktuelle Lebenssituation sind auch Informationen über die Familiengröße verfügbar. So hat ein Teil der nichtehelichen Kinder dieser Altersgruppe mittlerweile Geschwister bekommen, was allerdings stark mit der Lebensform der Mutter variiert. Während der Anteil bei Alleinerziehenden (28%) und bei Drei-Generationen-Familien (26%) noch vergleichsweise gering ist, sind dann häufiger Geschwister vorhanden, wenn es sich um eine nichteheliche Lebensgemeinschaft beider Eltern handelt (47%) oder die Mutter unverheiratet mit einem neuen Partner zusammenlebt (40%). Heiratet die Mutter den neuen Partner, so steigt die Wahrscheinlichkeit, daß weitere Kinder geboren werden deutlich (78%). Familienerweiterungen hängen demnach in starken Maße vom Konsolidierungs- und Instititutionalisierungsgrad der Beziehungen ab. Dies gilt ganz besonders für die alten Bundesländer, wo weitere Geburten vorzugsweise im Rahmen einer Ehe stattfinden.

Verbessert hat sich aus der Sicht des Kindes auch die Wohnsituation: Knapp drei Viertel haben jetzt ein eigenes Zimmer zur Verfügung, 18% müssen sich das Kinderzimmer mit einem Geschwister teilen und nur bei 8% der Haushalte ist in der Wohnung kein Kinderzimmer vorhanden.

Die meisten Mütter älterer Kinder gehen einer Erwerbstätigkeit nach (69%), 11% sind arbeitslos, 8% in Ausbildung, weitere 8% bezeichnen sich als Hausfrauen und 4% sind aus sonstigen Gründen nicht berufstätig. Unterschiede ergeben sich dahingehend, daß in den neuen Bundesländern der Anteil der Arbeitslosen deutlich höher ist, während fast alle Hausfrauen aus den alten Bundesländern kommen. Angestiegen ist auch der Umfang der Berufstätigkeit, d.h. die Quote der vollzeit berufstätigen Mütter. Von den erwerbstätigen Frauen gehen 60% einer ganztägigen Arbeit nach, 36% arbeiten teilzeit und 4% sind geringfügig beschäftigt. Auch hier zeigt sich ein Ost-West-Unterschied dahingehend, daß in den neuen Bundesländern Teilzeitarbeit bei den Müttern 9-12jähriger nichtehelicher Kinder wesentlich seltener vorkommt, als dies in den alten Bundesländern der Fall ist. Diesbezüglich hat sich die Erwerbsneigung offenbar seit der Vereinigung nicht deutlich geändert, doch ihre Realisierungsmöglichkeit ist nun eingeschränkt.

Der Blick auf die aktuelle Situation zeigt, daß die Biographie dauerhaft nichtehelicher Kinder auch langfristig von Veränderungen im Familiensystem geprägt ist. Die bereits beschriebenen Tendenzen des Scheiterns der Lebensgemeinschaften der leiblichen Eltern und der Zunahme alleinlebender Mutter-Kind-Familien setzen sich weiterhin fort. Daß neue Familien gegründet werden, bildet gleichfalls eine wichtige Entwicklungslinie, die den Schwund an Lebensgemeinschaften der leiblichen Eltern annähernd ausgleicht. Allerdings ist zu bedenken, welche Familien-Karrieren dahin führen. Ein Teil der Mütter heiratet den neuen Lebenspartner - vor allem in alten Bundesländern. Dies geschieht offenbar insbesondere, wenn weitere Kinder gewünscht bzw. geboren werden. In allen Fällen jedoch übernimmt der neue Partner auch Verantwortung für das Kind.

3.6 Zusammenfassung

Als deutlichstes Ergebnis der vorangegangenen biographischen Betrachtungen bleibt festzuhalten, daß Kinder, die den Rechtsstatus "nichtehelich" dauerhaft tragen, häufig die Trennung der leiblichen Eltern erleben. Dies bedeutet, sie haben zu ihrem leiblichen Vater nur eingeschränkte Beziehungen, die vom getrennten Wohnen bis zum vollkommenen Beziehungsabbruch reichen. Im Gegensatz zu ehelich geborenen Kindern wachsen sie im Regelfall nicht in einer vollständigen Familie auf. Oft gedeihen die Beziehungen der Eltern gar nicht so weit, daß eine gemeinsame Wohnung bezogen wird, kleineren Teils aber erleben die Kinder recht bewußt das Scheitern der elterlichen Lebensgemeinschaft mit. Obgleich getrennt lebende Elternpaare noch seltener ihre Partnerschaft aufrecht erhalten und damit ungünstige Rahmenbedingungen für die Vater-Kind-Beziehung schaffen, dürfte die Auflösung des gemeinsamen Haushaltes für die Kinder schwieriger zu verarbeiten sein, weil sie darin eine eigenständige und sicherlich auch intensivere Beziehung zum Vater aufbauen konnten. Allerdings zerbricht auch der größere Teil von den Nichtehelichen Lebensgemeinschaften mit gemeinsamem Haushalt. Die Hintergründe liegen in den alten Bundesländern oft in längerfristigen Unzufriedenheiten mit der Beziehung, verstärkt durch unterschiedliche Einstellungen der Partner zur Elternschaft. Es entsteht der Eindruck, daß manche Paare aufgrund der Elternschaft versucht haben, ihre Beziehung trotz Unzulänglichkeiten aufrecht zu erhalten, aber damit letztlich doch gescheitert sind. Diese Tendenzen sind in den neuen Ländern weniger ausgeprägt. Und obschon von den unverheirateten Familien anteilig ähnlich viele zerbrechen, wie im Westen, wird der Übergang zur Elternschaft harmonischer vollzogen und Krisensymptome stellen sich meist erst später ein.

Nichteheliche Lebensgemeinschaften erweisen sich somit als weniger stabile Lebensform im Vergleich mit durch Heirat legitimierten Familien, und dies gilt offenbar - wenngleich in eingeschränktem Maße - auch für die neuen Bundesländer. Zudem haben Kinder in dieser Lebensform deutlich seltener Geschwister und häufiger eine berufstätige Mutter. In den alten Bundesländern sind damit strukturelle Unterschiede zu verheirateten Familien feststellbar. Im Gegenzug wachsen nichteheliche Kinder oft für längere Zeit mit einer alleinerziehenden Mutter auf und erfahren somit die Nachteile dieser oft von Restriktionen betroffenen Familienform. Dabei ist anzumerken, daß LAT-Beziehungen den Müttern nur wenig Entlastungen zu bieten scheinen.

Wenn Frauen bereits den Übergang zur Elternschaft ohne den leiblichen Vater bewältigen, so geht der größere Teil auch in Zukunft keine Lebensgemeinschaft ein. Einerseits haben diese Frauen die Mutterschaft akzeptiert oder sogar gewollt und sich frühzeitig mit dem Alleinerziehen arrangiert und sie besitzen oft aufgrund hoher Berufsintegration und überdurchschnittlichen

Alters grundsätzlich auch die sozialen Kompetenzen, die Aufgaben zu bewältigen. Dennoch durchleben diese Familien vor allem kurz nach der Geburt oft in sozio-ökonomischer Hinsicht schwierige Phasen. Andererseits haben diese Frauen vermutlich gerade aufgrund ihres Alters und ihrer Lebensumstände auch geringe Chancen, einen neuen Partner zu finden. Übernehmen die Frauen die Verantwortung für ein Kind jedoch eher unverhofft und in jüngeren Jahren, so gelingt es häufiger oder sie sind eher bereit, den Versuch zu unternehmen, mit einem anderen Mann die Familie zu "vervollständigen". In den alten Bundesländern geht damit auch eine Tendenz zur traditionalen Aufgabenteilung einher, insbesondere dann, wenn die Familie erweitert wird.

Mit zunehmendem Alter erhalten einige nichteheliche Kinder somit eine Ersatzfamilie, was nicht nur heißt, daß eine neue väterliche Bezugsperson hinzukommt, sondern oft auch bedeutet, daß sie Geschwister bekommen. Für die sozio-ökonomischen Lebensbedingungen, vor allem aber die Betreuungszeit der West-Mütter wirkt sich diese Entwicklung eher positiv aus.

Ein Teil der Kinder wird - vor allem, wenn ihre Mütter sehr jung sind - in die Familie der Großeltern hineingeboren. In den meisten Fällen aber bleiben Mutter und Kind nicht dauerhaft dort integriert, sondern verselbständigen sich; teils bleiben sie nicht alleine, sondern gründen eine Stieffamilie.

Die Entwicklungsverläufe zeigen in Ost und West zwar ähnliche Hauptlinien, doch sind die damit verbundenen Wirkungen recht unterschiedlich. Zum einen ist nochmals hervorzuheben, daß die Berufsverläufe der Mütter in den neuen Ländern und vor allem der früheren DDR weitaus gleichförmiger sind und konstante Berufstätigkeit - oft mit kurzer Erziehungspause - für alle Haushaltskonstellationen das dominante Modell darstellt. Abweichungen hiervon werden in geringerem Umfang durch differentielle Entwicklungen der Lebensformen bedingt, sie kommen eher im Zuge sozialstruktureller Veränderungen zustande. Stärkere Abhängigkeiten zeigen die Berufsverläufe in den alten Ländern: Hier wird augenscheinlich häufiger auf das Ernährer-Modell zurückgegriffen, sofern dies möglich ist. D.h. wenn ein Partner im Haushalt lebt, der zumindest teilweise diese Aufgabe übernehmen kann, modifizieren viele Mütter ihren Arbeitsumfang. Hintergründe für diese Tendenzen liegen sowohl in den gesellschaftlichen Rahmenbedingungen wie auch in den normativ gestützten Vorstellungen von Mutterschaft. So entscheiden sich auch Alleinerziehende an ihrer Lebenssituation gemessen eher häufig dafür, weniger zu arbeiten und mehr Zeit mit dem Kind zu verbringen, was allerdings auch vor dem Hintergrund einer schwierigen Versorgungslage bei der institutionellen Betreuung zu sehen ist.

Zieht man abschließend einen Vergleich zwischen dauerhaft nichtehelichen Kindern und solchen, die ehelich geboren oder frühzeitig legitimiert werden, so ergeben sich folgende wesentliche Besonderheiten: Während eheliche Kindern großteils bis ins Jugendalter mit beiden Elternteile aufwachsen (vgl. Kap. 5), zeigt sich seitens der nichtehelichen Kinder ein anderes Bild, das allerdings in vielen Aspekten von den Bedingungen der alten Bundesländern geprägt ist:

- schon die Entscheidung für ihre Geburt war konflikthafter und belasteter; die Eltern erleben die Schwangerschaft häufiger in einem Spannungszustand (vor allem in den alten Bundesländern);
- ihre Mütter sind im Durchschnitt jünger, was auf verschiedene Lebensumstände zurückwirkt;
- die Rahmenbedingungen für eine Familiengründung waren oftmals nicht ideal, die Eltern wenig darauf vorbereitet;
- sie leben häufiger in Familien mit unterdurchschnittlichen sozio-ökonomischen Verhältnissen;
- sie haben eine geringere zeitliche Verfügbarkeit von wichtigen Bezugspersonen, einmal durch die weitgehende Absenz der Väter, zum anderen durch die höhere Erwerbstätigkeit der Mütter (vor allem in den alten Bundesländern);
- selbst wenn sie langfristig in nichtehelichen Familien aufwachsen, zeigen sich strukturelle Unterschiede: es gibt seltener Geschwister, die Mütter sind in den alten Bundesländern in höherem Maße berufstätig;
- sie erleben häufiger den Wechsel oder Verlust der Vaterfigur, in seltenen Fällen sogar mehrfach;
- sie leben teils dauerhaft - oft jedoch zumindest phasenweise - mit nur einer Erziehungsperson, d.h. bei einer alleinerziehenden Mutter.

Trotz einer Optionalität verschiedener Formen der privaten Lebensführung und der Elternschaft zeigt sich bislang, daß in den Fällen, in denen Eltern langfristig nicht heiraten, sich meist auch keine stabilen Familienstrukturen entwickeln. Als dauerhafte Familienform dürfte die nichteheliche Lebensgemeinschaft (leiblicher Eltern) mit Kind die absolute Ausnahme darstellen, in der weniger als 1% aller Kinder in den alten und maximal 3% der Kinder aus den neuen Ländern langfristig aufwachsen. Rund jedes dritte der dauerhaft nichtehelichen Kinder wird in eine neue Familie integriert. Da dies aber häufiger erst mit zunehmendem Alter geschieht, leben viele über größere Zeiträume und einige zumindest vorübergehend in einer Ein-Eltern-Familie. So ist Nichtehelichkeit auf Dauer insofern nachteilig als (vor allem in dem früheren Bundesgebiet) die gesellschaftlichen Rahmenbedingungen sich noch immer am Modell der klassischen Zwei-Elternfamilie (mit männlichem Ernährer) orientieren, und andere Lebensformen mit Kind/ern demzufolge auf ungünstigere Bedingungen treffen. In der Folge ergeben sich aus den damit einhergehenden Lebensverhältnissen oftmals - zusätzlich zu den Auswirkungen der bis vor kurzem geltenden Rechtslage - besondere Belastungen. Dies dokumentiert sich in schwierigen sozio-ökonomischen Phasen, welche vor allem bei ledigen Ein-Eltern-Familien auftreten. Auch die Problematik der Vereinbarkeit von Beruf und Mutterschaft tritt hier besonders stark zu Tage und die Mütter fühlen sich oftmals überfordert, weil sie zusätzlich beide Elternrollen übernehmen müssen. Dies wiederum bleibt wohl kaum ohne Folgen für die Kinder, die neben teils ungünstigen materiellen Lebensbedingungen auch schwierigere soziale Entwicklungen durchleben. Einige können gar keine Bindung zu ihrem leiblichen Vater aufbauen, viele erleben die Trennung der Eltern und damit verbunden Veränderungen der Vater-Kind-Beziehungen, teils bis zum völligen Abbruch. Auch die Einstellung auf einen neuen Lebensgefährten oder Freund der Mutter - und in seltenen Fällen das Leben mit "zwei Vätern" - setzt sie spezifischen Anforderungen aus. Insgesamt ist ihre Biographie deutlich stärker von Veränderungen geprägt als die von ehelichen Kindern, was insofern als nachteilig erscheint, als das Wohlbefinden von Kindern von Instabilität und kritischen Ereignissen ebenso wie von sozio-ökonomischen Restriktionen oft negativ beeinflußt wird (z.B. Wilk et al. 1994).

4. Die Beziehungen nichtehelicher Kinder zum leiblichen Vater

Harald Rost

Inhalt

Die sozialen Beziehungen zwischen nichtehelichen Kindern und deren leiblichen Vätern waren, im Gegensatz zu denen ehelicher Kinder, bis zur Reform des Kindschaftsrechts in weitaus stärkerem Maße von einer Gesetzgebung tangiert, die, zumindest aus der Sicht der Väter, als restriktiv bewertet wurde.[20]

Ausgangspunkt für diesen Sachverhalt war zunächst das bürgerliche Gesetzbuch in der Urfassung, nach dem der Vater mit seinem nichtehelichen Kind als nicht verwandt galt. Obwohl diese Bestimmung durch das Gesetz zur Neuregelung des Rechts der nichtehelichen Kinder im Jahr 1970 aufgehoben wurde, obliegt dem Vater bis zum Inkrafttreten der Neuregelung (1. 7. 1998) im wesentlichen nur eine Unterhaltspflicht (vgl. Limbach 1991). Die rechtliche Grundlage für den Kontakt des Vaters mit seinem nichtehelichen Kind ist für die alten Bundesländer im BGB verankert. Nach §1711 BGB hat der nichteheliche Vater zunächst keinen prinzipiellen Anspruch darauf, persönlichen Kontakt mit seinem Kind zu pflegen, sondern es steht im Ermessen der Mutter, ob und in welchem Maße sie den Umgang mit dem Vater zuläßt. Allerdings ist der Grundsatz festgeschrieben, daß auch im Falle der Nichtehelichkeit eines Kindes beide Elternteile dazu angehalten werden, alles zu unterlassen, was das Verhältnis des Kindes zum anderen Elternteil beeinträchtigen könnte. In der ehemaligen DDR war der Anspruch des Kindes auf Kontakt und Beziehungen zu beiden Elternteilen rechtlich im FGB verankert. Ist es dem sorgeberechtigten Elternteil nicht möglich, sich über die Modalität des Umgangs mit dem anderen Elternteil zu einigen, sieht die Gesetzgebung vor, daß sich die zuständige Behörde zur Herbeiführung einer Klärung einschaltet. Als weiterführender Schritt ist vom Gesetzgeber die Anrufung des Vormundschaftsgerichtes vorgesehen, welches ein Umgangsrecht festsetzen kann.

Nachdem das Bundesverfassungsgericht mit Beschluß vom 7. 5. 1991 (BverfGE 84, 168) den Gesetzgeber aufgefordert hat, diesen Mißstand zu beseitigen und die gemeinsame Sorge auch nicht miteinander verheirateter Eltern zuzulassen, stand die gleichberechtigte Verantwortlichkeit im Mittelpunkt der rechtspolitischen Diskussion (vgl. Strempel 1995). Im Zuge der Reformdebatte wurde dabei immer wieder auf das Familienrecht in den Ländern Skandinaviens hingewiesen. Dort können unverheiratete Eltern seit langem, ebenso wie in Frankreich, auf Antrag die gemeinsame Sorge erhal-

[20] Der Rechtsbezug für dieses Kapitel ist das Kindschaftsrecht vor 1. 7. 1998, das auch die Grundlage für das Projekt Lebenslage nichtehelicher Kinder darstellte (vgl. Kap.1).

ten. Gleichzeitig soll mit der verabschiedeten Neuregelung auch die bisher unterschiedliche Rechtslage in den alten und neuen Bundesländern vereinheitlicht werden.

Die Forderungen nach einer Reform des Kindschaftsrechts basierten zum einen auf gesellschaftlichen Wandlungsprozessen, die häufig unter dem Schlagwort "Pluralisierung familialer Lebenswelten" subsumiert werden und sich, in einer für dieses Thema relevanten Weise, beispielsweise in der Zunahme des dauerhaften Zusammenlebens der Eltern nichtehelicher Kinder zeigen. Weiterhin haben sich auch die Vorstellungen vom "Kindeswohl" geändert: Kinder sollen nicht mehr generell vom Kontakt zu einem Elternteil ausgeschlossen werden (vgl. Willenbacher 1995). Letztendlich erfuhren auch die Erwartungen an die Vaterschaft einen Wandel. Nicht nur der "neue Vater", wie er häufig in den Medien präsentiert wird, und neuere familienpolitische Maßnahmen, die auch Väter einbeziehen (z.B. Erziehungsurlaub, Arbeitsbeurlaubung bei Erkrankung eines Kindes), dokumentieren die Veränderungen im Vaterbild. Eine neue pädagogische Rollenerwartung verlangt nach einer "aktiven Vaterschaft", d.h. nach einer direkten Beziehung der Väter zu ihren Kindern und einen aktiven Beitrag zu ihrer Versorgung und Erziehung (vgl. Knijn 1995). Viele Väter wollen bewußt Vaterschaft und Familienleben von Anfang an erleben. Sie begleiten ihre Partnerin zu Vorsorgeuntersuchungen und Vorbereitungskursen und 87% sind heute bei der Geburt anwesend (vgl. Nave-Herz 1994). Viele Väter erfahren die Geburt ihres Kindes "als eine persönlichkeitsbereichernde Herausforderung; sie erleben sich als Folge ihrer Elternschaft als reifer und verantwortlicher; sie behaupten, mit mehr Respekt behandelt zu werden und jetzt erst "richtige Erwachsene" zu sein; ihr Selbstkonzept verändert sich also" (Nave-Herz 1994, 52).

4.1 Stand der Forschung

Obwohl das Verhältnis zwischen nichtehelichem Kind und leiblichem Vater seit langem im Mittelpunkt der rechtspolitischen Diskussion steht, gibt es kaum empirische Forschungen zu dem Thema. Dies liegt im wesentlichen darin begründet, daß bei nahezu allen Studien zu den Auswirkungen der Vaterabwesenheit auf die Entwicklung des Kindes nicht zwischen nichtehelichen Kindern und Kindern aus geschiedenen Ehen unterschieden wird. Aufgrund dieser mangelnden Differenzierung wird im folgenden auch kein vollständiger Überblick über den Forschungsstand gegeben, sondern nur das, aus meiner Sicht, Wesentliche kurz skizziert.

Die Forschungsinteressen an der Einelternfamilie im allgemeinen wurden nach dem 2. Weltkrieg vor allem durch das enorme Ansteigen von Mutter-Kind-Familien geweckt. Zielsetzungen der damaligen Studien waren die Auswirkungen der Vaterlosigkeit. Ausgehend von der psychoanalytischen Entwicklungstheorie, der klassischen Sozialisationstheorie und der Theorie sozialen Lernens wurde die vollständige Familie als Voraussetzung für eine normale Persönlichkeitsentwicklung angesehen und von vornherein für vaterlos aufwachsende Kinder eine defizitäre Entwicklung prognostiziert (vgl. Fthenakis 1985, Sander 1993). Mittlerweile haben viele Studien (vgl. zusammenfassend bei Fthenakis 1985) die Ergebnisse der ersten Forschungsarbeiten, die solche Hypothesen noch bestätigten, teils widerlegt, teils wurde nachgewiesen, daß in Wirklichkeit andere Faktoren dafür verantwortlich gemacht werden müssen (z.B. eine dauerhafte sozio-ökonomische Deprivation) und, daß eine monokausale Betrachtung der Auswirkungen der Vaterlosigkeit nicht zulässig ist (Sander 1993, 420 f.). Insbesondere systemtheoretisch-familienorientiert ausgerichtete Studien, die den komplexen familiären Interaktionsprozessen eher gerecht werden, kommen zu dem Ergebnis, daß eine Familie ohne Vater nicht per se als defizitär angesehen werden kann (Fthenakis 1985, 373). Für das Thema dieses Beitrags ist noch ein weiteres Ergebnis dieser Studien von Bedeutung: Einigkeit besteht weitgehend darin, daß sich Kinder soziale Beziehungen zu dem Elternteil wünschen, der nicht mehr mit ihnen zusammenlebt. Dies ist selbst dann der Fall, wenn es zu erheblichen Konflikten der leiblichen Eltern kommt (vgl. Fthenakis 1993).

Die Häufigkeit und Ausgestaltung der Kontakte zwischen nichtehelichem Kind und seinem Vater sind bislang kaum untersucht worden. Verwunderlich ist auch, daß zwar in Studien über Alleinerziehende oftmals das soziale Netz Untersuchungsgegenstand ist, meistens der Vater des Kindes aber nicht dazu gezählt wird, sondern lediglich über soziale Kontakte zur Herkunftsfamilie, zu Verwandten, zu Freunden und Bekannten, zur Nachbarschaft und zu Arbeitskollegen berichtet wird. Lediglich im Rahmen der Studie von Napp-Peters wird die Beziehung zwischen dem nichtehelichen Kind und seinem Vater thematisiert. Die Untersuchung offenbart, daß bei fast zwei Drittel der untersuchten Ein-Elternteil-Familien der Kontakt zwischen Mutter und Vater noch vor der Geburt oder im ersten Lebensjahr abbricht und nur 28% der

Mütter dem Vater Umgang mit dem Kind einräumen (Napp-Peters 1987, 89). Drei kleinere Studien, die sich jeweils nur auf die Situation eines Bundeslandes beziehen, kommen zu ähnlichen Ergebnissen, d.h. die Mehrzahl der Kinder von Alleinerziehenden hat keinen Kontakt zu ihrem Vater und nur sehr wenige sehen ihn regelmäßig. Allerdings wurde auch bei diesen Studien wiederum nur teilweise nach nichtehelichen Kindern und Kindern aus geschiedenen Ehen differenziert (vgl. Die Landesbeauftragte für Frauenfragen bei der Niedersächsischen Landesregierung (Hrsg.) 1988, Verband alleinstehender Mütter und Väter e.V. 1992, Cornelius/Eggen/Goeken/Vogel 1994).

4.2 Datenbasis

Mit den Daten der Studie "Lebenslage nichtehelicher Kinder" werden im folgenden erstmals repräsentative Ergebnisse über die Beziehungen nichtehelicher Kinder zum leiblichen Vater vorgestellt. Durch das spezielle Untersuchungsdesign (vgl. zur Anlage der Studie Vaskovics/Rost/Rupp 1997) können bestimmte Aspekte dieses Themas dabei aufgrund der Angaben der Mütter nicht nur einseitig, sondern auch mittels der Ergebnisse einer Väterbefragung von beiden Seiten beleuchtet werden.

Überwiegend (bei 90%) ist der Vater eines nichtehelichen Kindes heute bekannt, und die meisten Väter (mehr als drei Viertel) bekennen sich freiwillig zu ihrer (nichtehelichen) Vaterschaft (vgl. Strempel 1995). Diese Größenverhältnisse aus der amtlichen Statistik treffen auch auf die zugrundeliegende Studie zu: nur 3 von 1.498 befragten Müttern gaben an, daß der Vater unbekannt sei, und in 10 Fällen ist der leibliche Vater bereits verstorben. Die Quote der freiwilligen Anerkennung der Vaterschaft liegt bei 86%. Die Angaben zu den Vätern und zum Kontakt zwischen ihnen und ihren nichtehelichen Kindern können somit als repräsentativ angesehen werden.

Ein zentrales Ergebnis dieser Studie ist, daß nichteheliche Kinder in sehr verschiedenen Haushalts- und Familienformen leben und, daß die soziale Lage nichtehelicher Kinder nach der Lebensform der Mutter stark variiert (vgl. Vaskovics/Buba/Rost/Rupp 1994, Vaskovics/Rost/Rupp 1997). Da in der folgenden Beschreibung der Beziehungen nichtehelicher Kinder zum leiblichen Vater die Lebensform der sorgeberechtigten Mutter ein wichtiges Differenzierungskriterium darstellt, bietet die folgende Tabelle (Tab.4.1) zunächst einen Überblick über den Haushaltskontext nichtehelicher Kinder in unserer Stichprobe.

Tabelle 4.1: Haushaltskontext nichtehelicher Kinder

Lebensform der Mutter	Gesamt	alte Bundesländer	neue Bundesländer
Alleinlebende	51%	56%	44%
Nichteheliche Lebensgemeinschaft beider Eltern	24%	18%	31%
Nichteheliche Lebensgemeinschaft mit einem neuen Partner	10%	7%	14%
Ehe mit einem neuen Partner	5%	7%	4%
bei der Herkunftsfamilie lebend	8%	9%	7%
in einer Wohngemeinschaft lebend	2%	3%	-
n =	1498	812	654

Quelle: Lebenslage nichtehelicher Kinder

Etwa die Hälfte der nichtehelichen Kinder lebte zum Zeitpunkt der Befragung bei alleinerziehenden oder alleinwohnenden Müttern und knapp jedes vierte nichteheliche Kind in einer nichtehelichen Lebensgemeinschaft der leiblichen Eltern. Bei diesen beiden Haushaltsformen waren drei Viertel der Kinder Einzelkinder, nur ein Viertel von ihnen hatte Geschwister. Bei etwa jedem siebten nichtehelichen Kind wohnte die Mutter mit einem neuen Lebenspartner zusammen, wobei ein Drittel dieser neuen Partnerschaften durch Eheschließung legitimiert war, und bei zwei Dritteln handelte es sich um nichteheliche Lebensgemeinschaften. Bei der Hälfte dieser Familien waren noch weitere Kinder im Haushalt. Weiterhin lebte ein kleiner Teil der nichtehelichen Kinder zusammen mit der Mutter bei deren Herkunftsfamilie und in einigen wenigen Fällen wohnte die Sorgeberechtigte in einer Wohngemeinschaft. Als Unterschied zwischen den Bundesländern ist auffällig, daß in den alten Bundesländern ein höherer Anteil an lebenden zu verzeichnen war, während in den neuen Bundesländern mehr nichteheliche Lebensgemeinschaften in der Stichprobe waren.

Bevor die Ergebnisse zu den Beziehungen zwischen nichtehelichem Kind und leiblichem Vater präsentiert werden, muß an dieser Stelle eine Vorbemerkung eingeschoben werden, die auch der eilige Leser nicht übersehen sollte. Wie aus den beiden vorangegangenen Kapiteln (Kap. 2 und 3) deutlich wird, sind die Lebensverhältnisse nichtehelicher Kinder häufig einem raschen Wandel unterworfen. Daher muß stets berücksichtigt werden, daß es sich hier, wenn über die Beziehungsstrukturen nichtehelicher Kinder zum Vater berichtet wird, um eine Querschnittsanalyse handelt, d.h. nur ein Ausschnitt der Realität beschrieben werden kann, und zwar so, wie er sich zum Zeitpunkt der Befragung darstellte.

4.3 Kontakte zwischen nichtehelichem Kind und leiblichem Vater

Wie aus der Tabelle 4.1 hervorgeht, lebten knapp ein Viertel der nichtehelichen Kinder zum Zeitpunkt der Befragung zusammen mit dem Vater, d.h. diese Kinder haben dadurch selbstverständlich Kontakt mit ihm. Bei den nichtehelichen Kindern, die nicht mit dem Vater zusammenleben, hat die Mehrheit keine Beziehung zum Vater (mehr): 58% dieser Kinder haben keinerlei persönlichen Kontakt zum leiblichen Vater. Bezogen auf alle nichtehelichen Kinder der Stichprobe ergibt sich damit folgende Situation:

- Etwa ein Viertel der nichtehelichen Kinder lebten zusammen mit dem Vater,
- knapp ein Drittel der nichtehelichen Kinder lebten zwar nicht zusammen mit dem Vater, hat jedoch Kontakt zu ihm und
- ca. 44% der nichtehelichen Kinder haben keinen Umgang (mehr) mit dem Vater.

Ein Ost-West Unterschied zeigt sich dahingehend, daß die Kontakte, wenn Vater und Kind nicht zusammenleben, in den neuen Bundesländern noch seltener sind (67%) als in den alten Bundesländern (51%). Allerdings ist dafür in den neuen Bundesländern der Anteil an nichtehelichen Lebensgemeinschaften in der Stichprobe mit 31% etwas höher als in den alten Bundesländern (24%).

Bei der folgenden Darstellung der Ergebnisse zu den Beziehungen nichtehelicher Kinder zu ihrem Vater werden bei bestimmten Fragestellungen (zum Kontaktverhalten und zur -häufigkeit) die Kinder ausgeschlossen, die mit dem Vater zusammenleben, da die Auswertungen gezeigt haben, daß es sich hierbei um eine, der "Normalität" entsprechende Familienstruktur handelt und in der Regel "eheähnliche Verhältnisse" vorliegen, d.h. auch "normale", alltägliche Kontakte zwischen Vater und Kind gegeben sind. Entsprechend reduziert sich die Stichprobe bei diesen Themen auf 1.139 Kinder.

Auffällig ist zunächst, daß nur selten formale Regelungen über den Umgang des Vaters mit seinem nichtehelichen Kind existieren: nur bei 1% existieren gerichtliche Festlegungen über das Besuchsrecht des Vaters und ein Zehntel der Mütter hat darüber feste Absprachen direkt mit dem Vater, wobei letzteres in den alten Bundesländern fast doppelt so häufig vorkommt (13%) als in den neuen (7%). Leider können dem Datensatz keine weiteren Informationen über die Hintergründe dieser Zahlen entnommen werden.

Die Optionen sozialer Kontakte zwischen dem nichtehelichen Kind und seinem Vater hängen zunächst von der räumlichen Distanz zwischen dem Haushalt, in dem das nichteheliche Kind lebt, d.h. in der Regel die Wohnung der Mutter, und dem Wohnort des Vaters ab. Einer kleinen Gruppe von Müttern (8%) ist der Wohnort des leiblichen Vaters nicht bekannt, hier besteht auch kein Kontakt zwischen ihm und dem Kind. Die meisten Väter wohnen in einer Entfernung, die regelmäßige Kontakte ermöglicht: 38% leben im selben Ort wie Mutter und Kind und ein Viertel wohnt in der näheren Umgebung, d.h. in einer Entfernung bis zu 50 km. Knapp ein Viertel der Väter leben in größerer Entfernung zu ihrem Kind und 6% befinden sich im Ausland. Unterschiede zwischen den Bundesländern zeigen sich dahingehend, daß die Väter in den neuen Bundesländern etwas häufiger in der gleichen Ortschaft wohnen (44%) als in den alten (30%). Der vermutete Zusammenhang mit der räumlichen Distanz bestätigt sich auch: Je größer die Entfernung zwischen dem Wohnort der Mutter und dem des leiblichen Vaters ist, desto häufiger ist der Kontakt abgebrochen.

Das Verhältnis zwischen leiblichem Vater und Kind ist, neben der räumlichen Distanz, am stärksten von der Lebensform der Eltern abhängig. Kontakte sind dann am seltensten, wenn ein Elternteil oder beide einen neuen Lebenspartner haben: Wohnt die Mutter mit einem neuen Lebenspartner zusammen, sehen nur knapp ein Viertel der Kinder in den alten und ein Fünftel in den neuen Bundesländern ihren Vater überhaupt. Dabei spielt der Grad der Legitimation dieser "neuen" Partnerschaften, wie die Tabelle 4.2 zeigt, eine wichtige Rolle.

Die Kontakte sind am häufigsten dann abgebrochen, wenn die Mutter verheiratet ist: 84% der nichtehelichen Kinder, die einen Stiefvater haben, sehen ihren biologischen Vater nicht mehr. Ähnlich ist die Situation, wenn der Vater mit einer neuen Partnerin zusammenlebt; auch dann sind Beziehungen seinerseits zum Kind am seltensten. Deutlich wird anhand der Tabelle auch der Ost-West Unterschied: In den neuen Bundesländern sind über alle Lebensformen der Mutter hinweg seltener Kontakte vorhanden.

Tabelle 4.2: Anteil der nichtehelichen Kinder, die persönlichen Kontakt zum leiblichen Vater haben, nach der Lebensform der Mutter

Lebensform der Mutter	Gesamt		alte Bundesländer		neue Bundesländer	
	%	n	%	n	%	n
Alleinlebende	49	741	56	449	37	292
Nichteheliche Lebensgemeinschaft mit einem neuen Partner	30	139	35	52	26	87
Ehe mit einem neuen Partner	16	82	21	56	4	26
bei der Herkunftsfamilie lebend	31	104	31	71	30	33
in einer Wohngemeinschaft lebend	63	27	60	25	100	2

Quelle: Lebenslage nichtehelicher Kinder

Wie bereits in Kapitel 3 beschrieben sind diese Zusammenhänge nicht unabhängig vom Alter des Kindes zu sehen. Mit zunehmendem Alter des Kindes wird die Entfernung zum Vater größer. Gleichzeitig variiert die räumliche Distanz zwischen den Eltern auch mit deren Lebensform: Lebt die Mutter mit einem neuen Lebenspartner zusammen, besteht auch häufig eine große Entfernung zum Vater. Diese Zusammenhänge sind Ausdruck der Lebensverläufe der Eltern, wie sie bereits im vorangegangenen Kapitel beschrieben wurden. In dem Maße, in dem nach der Trennung der leiblichen Eltern Vater und Mutter neue Partnerschaften eingehen - und dies geschieht in der Regel, wie aufgezeigt, mit zunehmenden Alter des Kindes, wächst scheinbar auch die räumliche Mobilität, und es kommt in vielen Fällen zu einer großen räumlichen Distanz, die sich wiederum auch auf das Verhältnis zwischen dem nichtehelichen Kind und seinem Vater auswirkt. Aufgrund dieser Kovariationen ergibt sich als Resultat, daß insbesondere bei älteren nichtehelichen Kindern der Anteil, der keine Beziehung (mehr) mit dem Vater hat, sehr hoch ist: Während bei den bis Dreijährigen über alle Bundesländer hinweg knapp die Hälfte keinen persönlichen Kontakt zu ihm haben, ist er bei den über Zehnjährigen bereits bei zwei Dritteln erloschen. Etwas häufiger wird der Umgang aufrecht erhalten, wenn die Mutter bei der Herkunftsfamilie wohnt, dann hat gut ein Drittel der nichtehelichen Kinder Umgang mit dem Vater. Stark unterschiedlich ist die Situation wiederum wenn die Mutter alleinerziehend oder alleinwohnend ist: In den neuen Bundesländern haben mit 37% deutlich weniger Kinder dieser Gruppe dann Kontakt mit dem Vater als in den alten Bundesländern, wo sich 56% mit ihm treffen können.

Zusammenfassend verdeutlichen die Ergebnisse, daß die sozialen Kontakte zwischen nichtehelichem Kind und seinem leiblichen Vater mit zunehmendem Alter des Kindes abnehmen. Dies hängt vor allem damit zusammen, daß neue Lebenspartner der Mutter oder des Vaters in die Triade und damit in das Beziehungsgefüge eintreten. Es führt dazu, daß, ausgehend von einem relativ niedrigen Ausgangsniveau, die Kommunikation im Zeitverlauf weiter abnimmt und nur noch wenige ältere nichteheliche Kinder einen persönlichen Kontakt zum leiblichen Vater haben.

Im folgenden wird bei den Kindern, die (noch) eine Beziehung zum leiblichen Vater haben, dieses Verhältnis anhand der Häufigkeit und Intensität der Kontakte näher beleuchtet.

4.3.1 Kontaktfrequenz

Die Häufigkeit bestehender Kontakte zum Vater ist, wie die Tabelle 4.3 veranschaulicht, sehr unterschiedlich. Jeweils ein Zehntel der Kinder, die nicht mit ihm zusammenleben, ihn aber trotzdem sehen, trifft sich mit dem Vater täglich oder mehrmals in der Woche, d.h. bei insgesamt gut einem Fünftel besteht ein intensiver Kontakt zwischen Vater und Kind. Knapp ein Viertel der Kinder trifft sich ein- bis zweimal pro Woche mit dem Vater und bei weiteren 14% liegen die Zusammenkünfte bereits zeitlich weiter auseinander, d.h. Besuche erfolgen 14-tägig. Bei einem relativ großen Teil (41%) finden nur sporadische Begegnungen mit dem Vater statt: 13% der Kinder sehen den Vater nur einmal im Monat und 28% sogar noch seltener.

Die Unterschiede zwischen alten und neuen Bundesländern erwiesen sich als nicht signifikant. Für die Intensität der Kontakte zwischen Vater und Kind spielt wiederum, wie nicht anders zu erwarten, die räumliche Distanz zu ihm eine wichtige Rolle: Je geringer die Distanz, desto häufiger sind die Kontakte, wobei sich dieser Zusammenhang für die alten Bundesländer noch stärker zeigt als für die neuen. Falls der Vater weiter weg wohnt (über 50 km Entfernung), haben drei Viertel der Kinder nur sporadischen Kontakt zu ihm, wohnt er in der näheren Umgebung, sinkt dieser Anteil auf 35% und falls er im gleichen Ort wohnt, ist dies nur noch bei 20% der Kinder der Fall. Für die neuen Bundesländer ist dieser Zusammenhang weniger signifikant. Zwar ist auch hier der Kontakt bei großer räumlicher Distanz eher selten, aber ein relativ großer Teil der nichtehelichen Kinder (40%) trifft sich auch dann sehr selten mit dem Vater, wenn er am gleichen Ort wohnt.

Tabelle 4.3: Häufigkeit der bestehenden Kontakte zwischen nichtehelichem Kind und seinem Vater

Kontaktfrequenz	Gesamt	alte Bundesländer	neue Bundesländer
täglich	10%	8%	15%
mehrmals pro Woche	12%	12%	13%
1-2 mal pro Woche	23%	27%	13%
alle 14 Tage	14%	15%	14%
1 mal pro Monat	13%	13%	13%
seltener	28%	26%	32%
n =	454	311	143

Quelle: Lebenslage nichtehelicher Kinder

Neben der räumlichen Distanz spielt wiederum auch der Haushaltskontext des Kindes eine Rolle. Es zeigt sich, daß die Zusammenkünfte zwischen Vater und Kind dann rarer sind, wenn das Kind in einer Stieffamilie lebt, d.h. die Beziehung zwischen Vater und Kind ist dann am stärksten beeinträchtigt, wenn die Mutter mit einem neuen Partner zusammenlebt. Dieses Resultat korrespondiert mit den Ergebnissen zur Partnerschaftsbiographie (vgl. Kapitel 3), die offenbaren, daß die soziale Distanz zwischen leiblichem Vater und nichtehelichem Kind mit zunehmendem Alter des Kindes größer wird, wenn ein neuer Partner der Mutter die Position des Vaters einnimmt. Dadurch wird auch die negative Korrelation zwischen der Kontakthäufigkeit und dem Alter des Kindes erklärt.

4.3.2 Regelmäßigkeit der Kontakte

Für die Ausgestaltung und Qualität der sozialen Beziehungen zwischen leiblichem Vater und Kind ist nicht nur die Häufigkeit der Zusammenkünfte bedeutsam, sondern auch die Regelmäßigkeit dieser Treffen ist mit entscheidend. Auch hier zeigt sich ein sehr unterschiedliches Bild. Ein Drittel der nichtehelichen Kinder, die nicht mit dem Vater zusammenwohnen, sehen ihn nur sehr unregelmäßig, bei 18% ist dies sehr unterschiedlich, 14% treffen ihn eher regelmäßig und nur bei einem Drittel finden die Besuche mit großer Regelmäßigkeit statt. Unterschiede zwischen den neuen und alten Bundesländern bestehen hier nicht. Ähnlich wie bei der Kontakthäufigkeit weisen die Zusammenkünfte von Kind und Vater bei den Alleinerziehenden und Alleinwohnenden eine etwas höhere Regelmäßigkeit auf als bei den Stieffamilien. Wiederum eine Rolle spielt die räumliche Distanz: Die Zusammenkünfte finden dann regelmäßiger statt, wenn der Vater in der Nähe wohnt.

4.3.3 Zeiträume und zeitlicher Umfang der bestehenden Kontakte

Für die Qualität der sozialen Kontakte ist weiterhin wichtig, zu welchen Zeiten sich das Kind und der Vater sehen, d.h. es muß unterschieden werden, ob z.B. das Kind nur ein paar Stunden mit dem Vater zusammen verbringt, ob es bei ihm auch übernachtet, ob die Treffen nur in den Ferien stattfinden oder auch während der ganzen Woche. Auch bei dieser Fragestellung zeigt sich in der Realität eine große Heterogenität, d.h. es kommen, wie in der Tabelle 4.4 sichtbar wird, viele Varianten vor.

Tabelle 4.4: Zeiträume der Kontakte zwischen nichtehelichem Kind und seinem Vater

Zeiträume	Gesamt	alte Bundesländer	neue Bundesländer
während der ganzen Woche	32%	31%	33%
nur am Wochenende	18%	21%	12%
nur werktags	7%	8%	3%
nur in den Ferien/im Urlaub	3%	3%	3%
ist nicht festgelegt/verschieden	16%	12%	26%
nach spontaner Verabredung	24%	25%	22%
n =	452	307	143

Quelle: Lebenslage nichtehelicher Kinder

Bei knapp einem Drittel der Kinder finden diese Treffen sowohl unter der Woche als auch an den Wochenenden statt, 7% sehen ihren Vater nur während der Woche und knapp ein Fünftel der Kinder trifft sich ausschließlich am Wochenende mit ihm. Nur selten (3%) kommt es vor, das ein nichteheliches Kind nur in den Ferien oder im Urlaub Umgang mit seinen Vater hat. Ein Viertel der Mütter gibt an, daß die Treffen nach spontaner Verabredung stattfinden und bei 16% ist dies nicht festgelegt und wird sehr verschieden gehandhabt. Auch hier zeigen sich keine gravierenden Ost-West-Unterschiede bei der Ausgestaltung bestehender Beziehungen zwischen Vater und Kind.

Für die soziale Beziehung zwischen Vater und nichtehelichem Kind spielt auch der zeitliche Umfang der Begegnungen eine zentrale Rolle, d.h. wieviel Zeit sie miteinander verbringen, wenn sie zusammenkommen. Wie der nachfolgenden Übersicht entnommen werden kann, variieren auch hier die jeweiligen Arrangements stark:

Bei jeweils *(Mehrfachnennungen waren möglich)*

- 35% verbringen Vater und Kind in der Regel einige Stunden gemeinsam,
- 13% verbringen sie einen halben Tag zusammen,
- 12% sind sie den ganzen Tag zusammen,
- 10% bleibt das Kind die Nacht über,
- 24% bleibt das Kind über das Wochenende beim Vater,
- 13% verbringen sie längere Zeit gemeinsam,
- 27% ist das sehr unterschiedlich.

Teils verbringen Vater und Kind nur einige Stunden miteinander, teils bleiben beide auch öfter das Wochenende zusammen, wobei weder nach Bundesländern noch nach den verschiedenen Haushaltskontexten der Eltern signifikante Unterschiede nachgewiesen werden können.

Bemerkenswert ist, daß die gemeinsame Zeit nicht von der Häufigkeit der Kontakte abhängt. Faßt man die beiden Variablen zusammen, zeigt sich eine breite Streuung, d.h. es gibt sowohl Fälle, in denen sich der Vater alle 14 Tage mit dem Kind trifft und sie dann das Wochenende gemeinsam verbringen als auch solche, bei denen Vater und Kind 14-tägig nur ein paar Stunden zusammen sind. Hier finden sich praktisch alle denkbaren Varianten in der Realität wieder - zwar nicht mit der gleichen Häufigkeit, aber auch nicht so verteilt, daß bestimmte Muster eindeutig dominant wären.

Das gleiche gilt bei Einbeziehung der Regelmäßigkeit der Kontakte. Es gibt ebenso viele nichteheliche Kinder, die sich regelmäßig stundenweise mit dem Vater treffen wie Kinder, die regelmäßig bei ihm übernachten. Und unter Kindern, die nur stundenweise mit ihrem Vater zusammen sind, ist der Anteil derer, bei denen dies regelmäßig stattfindet, ebenso hoch wie der Anteil derjenigen, bei denen diese Treffen unregelmäßig stattfinden.

Zusammenfassend kann festgehalten werden, daß die Beziehungen zwischen leiblichem Vater und nichtehelichem Kind, sofern sie überhaupt dauerhaft bestehen bleiben, sehr unterschiedlich angelegt sind. In der Realität finden wir eine breite Palette der Beziehungsformen zwischen Vater und Kind, ohne daß bestimmte Konstellationen typisch wären. Sie reichen vom intensiven, regelmäßigen Kontakt bis zu unregelmäßigen, sporadischen Begegnungen, wobei zwischen alten und neuen Bundesländern kaum Unterschiede bestehen.

4.3.4 Einflußfaktoren auf die Kontakte zwischen Vater und nichtehelichem Kind

Der Umgang zwischen dem Vater und seinem nichtehelichen Kind wird, wie bereits aufgezeigt, in erster Linie von der räumlichen Distanz und der Lebensform der Mutter bestimmt. Daneben wird er aber auch stark vom persönlichen Verhältnis zwischen den leiblichen Eltern beeinflußt. Die Abbildung 4.1 veranschaulicht, daß ein Großteil der Väter (94%), die nicht mit der Mutter zusammenleben, dann Kontakt zum Kind hat, wenn das persönliche Verhältnis zwischen den Eltern gut ist. Ist es eher schlecht, reduziert sich dieser Anteil auf 22%. Damit wird der starke Zusammenhang der elterlichen Beziehung in der Beziehungstriade Mutter-nichteheliches Kind-Vater deutlich.

Das Verhältnis der Eltern zueinander korreliert auch positiv mit der Intensität der Vater-Kind Kontakte, d.h. je besser das Verhältnis, desto häufiger und auch regelmäßiger sind die Treffen. Die Zusammenhänge zeigen sich gleichermaßen für alte und neue Bundesländer.

Weiterhin zeigen die Ergebnisse, daß auch sozialstrukturelle Merkmale eine Rolle spielen: Je höher die Schulbildung der Mutter, desto häufiger hat das Kind Kontakt zum Vater, und zwar unabhängig vom Haushaltskontext. Wahrscheinlich legen Mütter mit höherer Schulbildung aus beiden Teilen Deutschlands mehr Wert darauf, daß das Kind auch nach ihrer Trennung vom Vater mit diesem noch eine Beziehung unterhält. Der Einfluß dieser Variable bezieht sich allerdings nur auf die Frage, ob generell das Kind den Vater (noch) sieht, für die inhaltlichen Ausgestaltungen dieser Kontakte (Häufigkeit, Regelmäßigkeit, Zeiträume der Treffen) zeigen sich keine signifikanten Korrelationen.

Abbildung 4.1: Einfluß der Qualität der Beziehung zwischen den Eltern auf die Kontakte zwischen Vater und nichtehelichem Kind

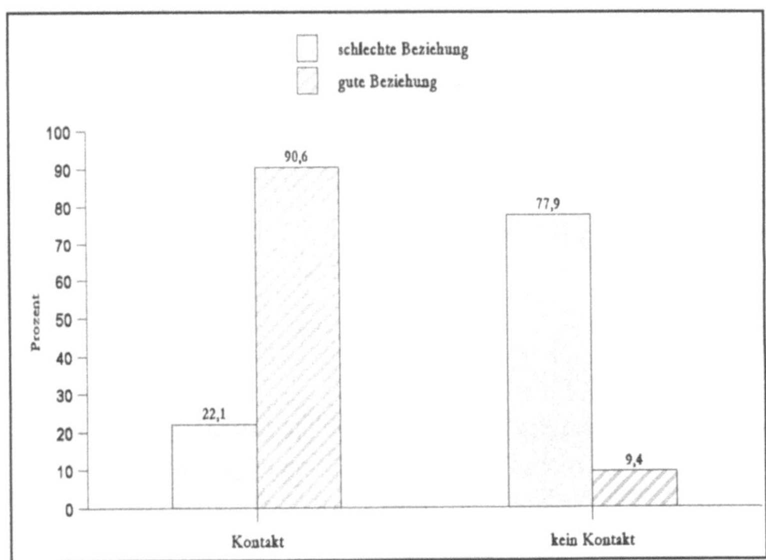

Quelle: Lebenslage nichtehelicher Kinder

Keine Zusammenhänge ergaben sich mit dem Alter der Mutter bei der Geburt ihres nichtehelichen Kindes, d.h. die spätere Beziehung zwischen Vater und Kind ist unabhängig davon, wie alt die Mutter beim Übergang zur nichtehelichen Elternschaft war; dies gilt für alte und neue Bundesländer gleichermaßen.

Eine große Rolle auf das Vater-Kind Verhältnis spielt jedoch die Art der Partnerschaft bei Eintritt der Schwangerschaft und die Entwicklung der elterlichen Beziehung danach. Unabhängig von der Erwünschtheit der damaligen Schwangerschaft aus der Sicht der Mutter besteht ein Zusammenhang zwischen den heutigen Vater-Kind Kontakten und der damaligen Reaktion des Vaters. Je ungelegener die Schwangerschaft damals für ihn war und je schlechter er sich damit arrangieren konnte, desto seltener sieht er heute sein Kind. Dieser Sachverhalt korreliert auch mit der Qualität der Partnerschaft damals und der Beziehungsentwicklung: Je besser die Beziehung der leiblichen Eltern damals war und je länger sie nach der Geburt des nichtehelichen Kindes anhielt, desto eher ist auch nach der Trennung der Eltern noch eine

Beziehung zwischen Kind und Vater vorhanden. Ausschlaggebend ist hier im Wesentlichen die Qualität der Partnerschaft und weniger ihre damalige Lebensform: Ob die Eltern zu Beginn der Schwangerschaft zusammenlebten oder getrennt wohnten hat auf die späteren Kotakte kaum einen Einfluß. Die Partnerschaftsentwicklung der Eltern korreliert allerdings in erster Linie mit der Frage, ob Kontakte zwischen Vater und Kind bestehen und weniger mit der Ausgestaltung dieser Kontakte.

4.4 Beteiligung des leiblichen Vaters an wichtigen Entscheidungen

Nachdem bislang aufgezeigt wurde, wie sich die Beziehungen zwischen nichtehelichen Kindern und ihren leiblichen Vätern gestalten, befassen wir uns im folgenden damit, inwieweit diese Väter auch eine gewisse Verantwortung für das Kind übernehmen und sich bei wichtigen Entscheidungen beteiligen, die das Kind betreffen. Hier werden, aus Vergleichsgründen, wieder alle Kinder einbezogen, d.h. auch diejenigen, die in einer nichtehelichen Lebensgemeinschaft der beiden leiblichen Eltern wohnen. Bei der Interpretation der folgenden Ergebnisse muß auch berücksichtigt werden, daß keine weiteren Informationen über die dahinter liegenden Gründe vorhanden sind, d.h. ob sich der Vater von sich aus nicht einbringt oder ob ihm die Mutter eine Entscheidungsbefugnis verweigert.

Nach Auskunft der Mütter beteiligt sich die Mehrheit der leiblichen Väter (64%) überhaupt nicht und 9% nur ab und zu bei wichtigen, das Kind betreffenden Entscheidungen. In den neuen Bundesländern liegt die Quote der regelmäßigen Einbeziehung mit 33% zwar höher als in den alten Bundesländern (22%), dies erklärt sich jedoch durch den höheren Anteil an nichtehelichen Lebensgemeinschaften. Wie die Tabelle 4.5 zeigt, variiert das Ausmaß der Beteiligung der Väter stark nach der Lebensform der Mutter.

Nur insgesamt 9% derjenigen Väter, die nicht mit Mutter und Kind zusammenwohnen, zeigen diesbezüglich regelmäßig eine Verantwortungsbereitschaft. Bei den Stieffamilien liegt die Beteiligung des leiblichen Vaters am niedrigsten. Dies gilt insbesondere, wenn die Mutter mit dem neuen Lebenspartner verheiratet ist. Es kann angenommen werden, daß dort der neue Partner der Mutter einen Teil der Verantwortung übernimmt. Aber auch über 80% der Alleinerziehenden oder Alleinwohnenden müssen die alleinige Verantwortung für das Kind tragen, d.h. der von der Mutter und dem Kind getrennt lebende Vater beteiligt sich nie, wenn es darum geht, wichtige Entscheidungen zu treffen, die die Zukunft und Entwicklung des Kindes mitbestimmen. Das bedeutet, daß die Mütter dieser Kinder allein die Last der Verantwortlichkeit tragen müssen und in dieser Hinsicht keine Unterstützung vom Vater des Kindes bekommen.

Tabelle 4.5: Anteil der Väter, die sich regelmäßig an wichtigen Entscheidungen (das nichteheliche Kind betreffend) beteiligen, nach Lebensform der Mutter

	Gesamt		alte Bundesländer		neue Bundesländer	
Lebensform der Mutter	%	n	%	n	%	n
Alleinlebende	8	735	8	444	8	291
Nichteheliche Lebensgemeinschaft mit dem Vater	85	348	84	144	85	204
Nichteheliche Lebensgemeinschaft mit einem neuen Partner	9	149	9	55	9	94
Ehe mit einem neuen Partner	0	81	0	57	0	24
bei der Herkunftsfamilie lebend	18	115	10	72	33	43
in einer Wohngemeinschaft lebend	20	30	21	28	0	2

Quelle: Lebenslage nichtehelicher Kinder

Das Ausmaß seiner Partizipation an wichtigen Entscheidungen ist neben der Lebensform der Mutter auch von der räumlichen Distanz zwischen ihm und der Mutter abhängig: je größer die Entfernung, um so geringer das Engagement des Vaters.

Einen wichtigen Faktor stellt auch die Beziehung der leiblichen Eltern dar. Sie wirkt nicht nur, wie bereits beschrieben, auf den Umgang zwischen Vater und Kind ein sondern korreliert auch signifikant mit seiner Beteiligung an wichtigen Entscheidungen: Je besser das Verhältnis ist, desto regelmäßiger wird der Vater hinzugezogen, wenn es darum geht, Grundsatzfragen zu beschließen. Für die neuen Bundesländer ist dieser Zusammenhang noch stärker ausgeprägt als für die alten Bundesländer.

4.5 Unterhaltszahlungen

Im folgenden wird der Frage nachgegangen, inwieweit der Vater für den Unterhalt seines nichtehelichen Kindes aufkommt, in welcher Form dies zwischen den leiblichen Eltern geregelt ist und aufgrund welcher Basis er finanziell bemessen ist.

4.5.1 Unterhaltstitel und individuelle Vereinbarungen zum Unterhalt

Der Unterhalt für nichteheliche Kinder ist überwiegend durch Unterhaltstitel festgeschrieben, wobei der Anteil dieser Fälle in den alten Bundesländern mit 86% über dem in den neuen Bundesländern liegt (75%). Dies erklärt sich daraus, daß in den alten Bundesländern gemäß § 1706 Nr. 2 BGB das Jugendamt als Amtspfleger den Unterhaltstitel erwirkt. Das bedeutet aber gleichzeitig, daß bei einem Viertel der nichtehelichen Kinder in den neuen und bei ca. jedem zehnten Kind in den alten Bundesländern keine Unterhaltstitel oder individuelle Vereinbarungen zum Unterhalt für das Kind bestehen. Von entscheidender Bedeutung bei dieser Frage ist, ob der leibliche Vater mit der Mutter zusammenlebt oder nicht. Während bei der großen Mehrheit (90%) der Mütter, die nicht mit dem Vater zusammenleben, Regelungen zum Unterhalt vorliegen, ist dies bei nichtehelichen Lebensgemeinschaften beider Eltern deutlich seltener der Fall (58%).

Falls Unterhaltstitel vorhanden sind, handelt es sich in der Regel um eine vom Jugendamt beurkundete Unterhaltsverpflichtung. Dies ist bei drei Viertel derjenigen Fälle, bei denen eine Regelung oder Vereinbarung existiert, in den alten und bei zwei Drittel in den neuen Bundesländern der Fall. Daneben ist bei jeweils 13% der Unterhalt durch ein Urteil geregelt. Weiterhin gibt es auch teilweise individuelle, außergerichtliche und nicht beurkundete Absprachen zwischen Mutter und Vater, die in den neuen Bundesländern mit 17% häufiger vorkommen als in den alten (8%). Nur in Einzelfällen wird ein Unterhaltstitel vom Notar beurkundet und noch seltener basiert die Unterhaltsregelung auf einem vor Gericht geschlossenen Vergleich.

Bei einer Differenzierung nach dem Haushaltskontext wird klar erkennbar, daß es deutlich mehr individuelle Absprachen zwischen Elternteilen gibt, wenn sie zusammenleben, wobei dies in den neuen Bundesländern noch öfter der Fall ist als in den alten Bundesländern. Dieses Ergebnis deutet darauf hin, daß es bei einem Teil dieser Fälle scheinbar keinen Bedarf für eine Titulierung unter Mitwirkung Dritter gibt.

Sofern Regelungen zum Unterhalt bestehen, stellt sich weiterhin die Frage, auf welcher Basis dieser bemessen ist. Aufgrund der vorliegenden Daten (vgl. Tab. 4.6) erhält das nichteheliche Kind überwiegend den gesetzlichen Regelunterhalt.

Tabelle 4.6: Bemessungsgrundlage der Regelungen zum Unterhalt nichtehelicher Kinder, nach alten und neuen Bundesländern

Bemessungsgrundlage der Regelungen zum Unterhalt	Gesamt	alte Bundesländer	neue Bundesländer
freiwilliger Unterhalt*	11%	6%	18%
Regelunterhalt	70%	72%	68%
Regelunterhalt mit Zuschlägen	10%	15%	4%
Regelunterhalt mit Abschlägen	2%	2%	2%
individuell bemessener Unterhalt	7%	5%	8%
n =	1157	690	467

* Der Unterhalt wird im Rahmen des Zusammenlebens von Eltern und Kind ohne ziffernmäßige Festlegung vereinbart.
Quelle: Lebenslage nichtehelicher Kinder

Für die neuen Bundesländer wird daneben bei 18% der Unterhalt im Rahmen des Zusammenlebens von Eltern und Kind ohne ziffernmäßige Festlegung vereinbart. Dies trifft nur für 6% der nichtehelichen Kinder in den alten Bundesländern zu. Demgegenüber steht dort in 15% der Fälle dem Kind der gesetzliche Regelunterhalt mit Zuschlägen zu, was in den neuen Bundesländern nur vereinzelt vorkommt. Für beide Gebiete wiederum gilt, daß nur sehr selten dem Kind der gesetzliche Regelunterhalt mit Abschlägen zusteht (jeweils 2%). Etwas häufiger, aber immer noch relativ selten (alte Bundesländer: 5%, neue: 8%), hat das Kind einen individuell bemessenen Unterhalt zugesprochen bekommen.

Differenziert man wiederum nach der Lebensform der Mutter, wird sichtbar, daß individuelle, freiwillige Vereinbarungen gerade dann häufiger bestehen, wenn die leiblichen Eltern eine nichteheliche Lebensgemeinschaft bilden, insbesondere in den neuen Bundesländern. Weiterhin werden Unterschiede zwischen Alleinerziehenden/Alleinwohnenden und Stieffamilien auf der einen Seite und nichtehelichen Lebensgemeinschaften der beiden Eltern auf der anderen Seite deutlich: Für letztere kann eindeutig nachgewiesen werden, daß bezüglich des Unterhalts wesentlich seltener Regelungen existieren und daß, falls es solche gibt, diese auch seltener formalisiert sind, sondern eher auf freiwilligen, individuellen Absprachen mit dem Partner basieren.

Die formalen Regelungen wurden bei etwas über der Hälfte der bestehenden Unterhaltstitel bereits geändert, wobei ein Drittel einmal und etwa ein Fünftel bereits mehrmals geändert wurde. Mehrmalige Änderungen finden sich dabei in den alten Bundesländern etwas häufiger als in den neuen Bundesländern. Dies beruht darauf, daß die neuen Länder von der Ermächtigung zur Festsetzung des Regelbedarfs nichtehelicher Kinder überwiegend erstmals 1991 Gebrauch gemacht haben und hier der Regelbedarf nur einmal - nämlich 1992 - neu festgesetzt wurde. Weiterhin wird deutlich, daß Änderungen besonders dann erfolgen, wenn die Sorgeberechtigte mittlerweile mit einem neuen Partner zusammenlebt, was damit zusammenhängt, daß wir in dieser Familienform häufig ältere nichteheliche Kinder vorfinden. Für die Fälle, in denen ein Unterhaltstitel vorliegt und dieser auch schon einmal geändert worden ist, wurde auch erfaßt, auf welchem Weg diese Änderung des Unterhaltstitels herbeigeführt wurde. Dabei zeigen sich signifikante Unterschiede zwischen den alten und neuen Bundesländern. In den neuen Bundesländern tritt die Änderung häufiger als Folge einer Neufestsetzung ein (66%, im Vergleich zu 43% im Westen), während es sich in den alten Bundesländern häufiger um eine Anpassung im vereinfachten Verfahren handelt. Diese Verfahren konnten in den neuen Bundesländern aufgrund der Maßgabe nach Kap. III Sachgebiet A Abschnitt III Nr. 5 e des Einigungsvertrages erst seit etwa dem Jahre 1991 angewandt werden; sie waren deshalb in diesen Bundesländern deutlich weniger verbreitet (22%, im Vergleich zu 41% im Westen). Eine Anpassung des Unterhaltstitels durch eine Abänderungsklage wurde in 11% der Fälle in den neuen und zu 4% in den alten Bundesländern erreicht.

Wenn in den alten Bundesländern immerhin 12% der Sorgeberechtigten nicht wissen, wie die Änderung des Unterhaltstitels zustande kam, dann liegt das daran, daß nicht die Sorgeberechtigten diese Änderung herbeigeführt haben, sondern das Jugendamt als Amtspfleger. In den neuen Bundesländern ist das dagegen mangels Überleitung der Amtspflegschaft Sache der Sorgeberechtigten, die deshalb auch besser darüber Bescheid wissen. Signifikante Unterschiede nach dem Haushaltskontext ergeben sich nicht.

4.5.2 Regelmäßigkeit und Höhe der Unterhaltszahlungen

In den Fällen, bei denen zum Unterhalt für das nichteheliche Kind formale Regelungen oder individuelle Vereinbarungen bestehen, werden die Unterhaltszahlungen in der Regel auch vom Vater selbst geleistet. Insgesamt übernimmt die Unterhaltsvorschußkasse bei 24% der Mütter in den alten und 16% in den neuen Bundesländern die Zahlungen. Während dies bei nichtehelichen Lebensgemeinschaften beider Eltern praktisch so gut wie gar nicht vorkommt (2%), wird die Unterhaltsvorschußkasse von den Müttern, die bei der Herkunftsfamilie wohnen, am häufigsten in Anspruch genommen (32%). Weiterhin zeigt sich ein Zusammenhang mit dem Alter des nichtehelichen Kindes bei den Alleinerziehenden und Alleinwohnenden: Für sie übernimmt die Unterhaltsvorschußkasse mit zunehmendem Alter des Kindes die Unterhaltszahlungen immer seltener.

Falls die Unterhaltszahlungen von behördlicher Seite aus geleistet werden, kann davon ausgegangen werden, daß die Zahlungen auch regelmäßig erfolgen. Wie ist jedoch die Situation, wenn der Vater die Zahlungen direkt leistet? Die Ergebnisse zeigen, daß auch dann die meisten Sorgeberechtigten in den alten und neuen Bundesländern mit regelmäßigen Zahlungseingängen rechnen können. Es zeigen sich, allerdings schwache, Korrelationen dahingehend, daß ein Teil der Alleinlebenden in den neuen (16%) und Stieffamilien in den alten Bundesländern (13%) von sehr unregelmäßigen Zahlungen betroffen sind.

Dennoch kann das Ausbleiben der Unterhaltszahlungen gerade bei Müttern, die finanziell schwächer gestellt sind, zum Problem werden. Die Hälfte der Sorgeberechtigten, die die Unterhaltszahlungen vom Vater des Kindes nur unregelmäßig erhalten, empfindet dies auch als große Belastung, ein Drittel empfindet es als geringe Belastung und nur einem Fünftel der Mütter bereitet das keinerlei Schwierigkeiten.

Wie bereits aufgezeigt, gibt es bei einem Teil der Sorgeberechtigten keine Unterhaltstitel und auch keine nicht formalisierten individuellen Absprachen über den Unterhalt. Eine entsprechende Frage, ob hier die Unterhaltsverpflichtung durch eine an Stelle des Unterhalts tretende Abfindung abgegolten wurde, zeigt als Ergebnis, daß derartige Abfindungen äußert selten auftreten. Von insgesamt 283 Müttern, die keine Unterhaltsregelungen haben, wurde nur in 3 Fällen die Unterhaltsverpflichtung durch eine entsprechende Abfindung abgegolten.

Über die Höhe der Unterhaltszahlungen können nur eingeschränkt Aussagen getroffen werden, da bei unserer Stichprobe nur die Summe aller Unterhaltszahlungen für die Kinder im Haushalt der Mutter erfaßt wurde. Deshalb können valide Aussagen darüber nur bei den Haushalten mit einem Kind getroffen werden, da hier die Summe dem Betrag der Unterhaltszahlung für das Kind entspricht. Weiterhin zeigt sich, daß nicht alle Mütter für ihr nichteheliches Kind Unterhaltszahlungen erhalten: nur 76% in den alten und 59% in den neuen Bundesländern machten entsprechende Angaben, wobei hier berücksichtigt werden muß, daß eventuell auch einige Mütter hierzu keine Auskunft geben wollten. Allerdings variiert diese Quote nicht nur nach Ost-West, sondern auch stark nach der Lebensform der Mutter: Während bei den nichtehelichen Lebensgemeinschaften in beiden Landesteilen nur ca. ein Viertel der Mütter Unterhaltszahlungen erhält, liegt der Anteil bei den Alleinlebenden am höchsten (88% ABL und 76% NBL). Lebt die Mutter mit einem neuen Partner unverheiratet zusammen erhalten 82% im Westen und 77% im Osten Unterhalt für ihr Kind, allerdings sind es dann signifikant weniger, wenn die Mutter mit ihm verheiratet ist (75% ABL und 57% NBL). Lebt sie bei der Herkunftsfamilie liegen die Prozentsätze bei 84% für die alten und 65% für die neuen Bundesländer.

Die Höhe des Unterhalts richtet sich in erster Linie nach dem Regelunterhalt, der für 72% der Fälle in den alten und 68% in den neuen Bundesländern als Bemessungsgrundlage dient (vgl. Tab. 4.6). Die restlichen Unterhaltszahlungen weichen, wie bereits aufgezeigt, aufgrund von Zu- oder Abschlägen bzw. individuellen Bemessungen und freiwilligen Vereinbarungen davon ab. Der Regelunterhalt nichtehelicher Kind entspricht dem Mindestbedarf des Unterhalts für eheliche Kinder (nach § 1610 III 1 BGB). Als Anhaltspunkt für die monetäre Bewertung kann für die alten Bundesländer die Düsseldorfer Tabelle herangezogen werden, nach der der Regelunterhalt für nichteheliche Kinder bei monatlich DM 349 für Kinder bis zur Vollendung des sechsten Lebensjahres und DM 424 für Kinder vom siebten bis zur Vollendung des zwölften Lebensjahres liegt (vgl. NJW 1995, Heft 45, 2972). In unserer Stichprobe erhielten die Mütter insgesamt in den alten Bundesländern durchschnittlich DM 341 im Monat, für die neuen Bundesländer betrug der Mittelwert DM 199. Differenziert nach dem Alter der Kinder analog zur Düsseldorfer Tabelle bezogen die westdeutschen Mütter mit Kindern unter 7 Jahren im Mittel DM 319, für die Ostdeutschen lag der Wert bei 195 DM. Für ältere Kinder (7 -12 Jahre) lagen die Beträge bei DM 375 für die alten und DM 208 für die neuen Bundesländer. Anhand dieser Zahlen wird deutlich, daß für beide Altersgruppen in den alten Bundesländern die Durchschnittswerte in unserer Stichprobe deutlich unter den Richtwerten liegen, d.h. die Zahlungen der Väter für ihre nichtehelichen Kinder bewegen sich eher am "untersten Limit". Dies wird auch dadurch untermauert, daß nur ein Viertel der Mütter monatliche Unterhaltszahlungen erhält, die dem Betrag nach über den Werten der Düsseldorfer Tabelle liegen.

Unabhängig davon, ob Unterhaltstitel oder nicht formalisierte individuelle Absprachen über den Unterhalt zwischen der sorgeberechtigten Mutter und dem leiblichen Vater vorhanden sind, gibt es insgesamt bei einem Zehntel der Fälle darüber hinaus sonstige Vereinbarungen finanzieller oder materieller Art zwischen den leiblichen Eltern. Solche Vereinbarungen bestehen bei einem Viertel der nichtehelichen Lebensgemeinschaften beider Eltern und teilweise auch bei Alleinlebenden (7%), jedoch kaum bei Stieffamilien. Die jeweiligen Abkommen zielen auf unterschiedliche Inhalte. Relativ oft schließt der Vater Versicherungen ab (Aussteuer-, Ausbildungsversicherungen), übernimmt Geldanlagen (Sparbuch, Festgeld) für das Kind oder beteiligt sich bei größeren Anschaffungen (Kinderzimmer, Kleidung, Geschenke zu Weihnachten oder zum Geburtstag). Zum Teil bestehen diese Vereinbarungen auch darin, daß der Vater einen Anteil der Lebenshaltungskosten (Haushaltszuschuß, Übernahme der Mietkosten) übernimmt.

4.6 Konflikte zwischen der Mutter und dem leiblichen Vater

Die Beziehung zwischen dem nichtehelichen Kind und seinem leiblichen Vater wird zwar in erster Linie von den sozialen Kontakten bestimmt, die zwischen den beiden bestehen (oder nicht bestehen), aber auch das Verhältnis zwischen den leiblichen Eltern kann sich auf die Vater-Kind-Beziehung auswirken und es ist anzunehmen, daß insbesondere Streitigkeiten zwischen beiden Elternteilen von den Kindern oft sehr sensibel wahrgenommen werden und auf das Kind einwirken können. Im Rahmen der Studie "Lebenslage nichtehelicher Kinder" wurde nach Auseinandersetzungen in Bezug auf folgende Bereiche gefragt: Besuchsregelung und Umgang des Vaters mit dem Kind, d.h. Gestaltung der gemeinsamen Zeit, Erziehungsstil, schulische Ausbildung und Unterhaltszahlungen.

Streit wegen Besuchsregelungen tritt relativ selten auf, nur 3% der Mütter aus den neuen und 8% aus den alten Bundesländern berichten über regelmäßige Konflikte diesbezüglich, wobei allerdings auch nur selten Vereinbarungen über das Besuchsrecht des Vaters existieren (vgl. 4.3). Auch der Umgang des Vaters mit dem Kind wird von der Mehrheit der Mütter (73%) als wenig konflikthaft bewertet. Nur wenige (6%) von ihnen klagen über häufige Konflikte bezüglich der Besuchsregelung und ein Fünftel hat gelegentliche Auseinandersetzungen mit dem Vater über seinen Umgang mit dem Kind, wobei diese Streitigkeiten in den alten Bundesländern etwas häufiger vorkommen als in den neuen. Bezogen auf den Haushaltskontext haben Alleinerziehende und Alleinwohnenden hier die häufigsten Konflikte.

Auseinandersetzungen mit dem leiblichen Vater über den *Erziehungsstil* hat insgesamt gut ein Drittel der Mütter, wobei über diese Art von Konflikten die Mütter aus den alten Bundesländern wiederum etwas häufiger berichten als die aus den neuen Bundesländern. Allerdings sind dies in der Regel keine Dauerkonflikte, sondern sie kommen nur ab und zu vor. Am häufigsten berichten Mütter aus nichtehelichen Lebensgemeinschaften mit dem Vater über diesbezügliche Querelen, was nicht verwunderlich ist, da hier regelmäßige Kontakte zwischen Vater und Kind gegeben sind. Mütter, die mit einem neuen Partner zusammenleben, unabhängig davon ob sie mit ihm verheiratet sind oder nicht, haben kaum Konflikte mit dem Vater in puncto Erziehungsstil. Dies läßt sich am ehesten dadurch erklären, daß in diesen Fällen, wie aufgezeigt, auch seltener überhaupt soziale Kontakte zwischen ihm und dem nichtehelichen Kind bestehen und sein Interesse am Kind nachläßt.

Über die *schulische Ausbildung* können aufgrund der Altersverteilung der Kinder in der Stichprobe bei gut der Hälfte gar keine Konflikte entstehen, da die Kinder noch zu jung sind. Aber auch bei älteren Kindern zeigt sich, daß es nur in Einzelfällen zu Streitigkeiten zwischen den beiden Elternteilen über den schulischen Werdegang des Kindes kommt.

Knapp ein Drittel der Mütter hat Auseinandersetzungen mit dem Vater über die *Unterhaltszahlungen*, die Hälfte davon häufig und die andere Hälfte gelegentlich. Die Mütter in den neuen Bundesländern berichten öfter von regelmäßigen Streitigkeiten (21%) mit dem Vater des nichtehelichen Kindes als die Mütter in den alten Bundesländern (12%). Weiterhin zeigt sich, daß insbesondere Alleinlebende und Stieffamilien davon betroffen sind und die häufigsten Konflikte dann auftreten, wenn die Mutter eine neue Ehe eingegangen ist. Fast die Hälfte der Mütter aus dieser Lebensform hat Differenzen mit dem Vater ihres nichtehelichen Kindes über seine Unterhaltszahlungen.

4.7 Die Beziehung zwischen leiblichem Vater und nichtehelichem Kind aus der Sicht der Väter

Im folgenden wird aus der Sicht der Väter kurz dargestellt, in welcher Beziehung der Vater zu seinem nichtehelichen Kind steht, welches Verhältnis er zu dessen Mutter hat und welche Bereiche für ihn konfliktbehaftet sind. Väter aus nichtehelichen Lebensgemeinschaften werden wiederum ausgenommen, da wir davon ausgehen können, daß es sich um eine eheähnliche Familienkonstellation handelt. Die folgenden Ausführungen können jedoch nicht als repräsentativ angesehen werden, da aufgrund der Stichprobenverteilung der Väterbefragung und durch den Ausschluß der nichtehelichen Lebensgemeinschaften zum einen alle Väter aus den neuen Bundesländern herausfallen. Für die Stichprobe der alten Bundesländer (252 Väter) hat sich herausgestellt, daß - auch bedingt durch die Freiwilligkeit der Teilnahme - vor allem Väter befragt wurden, die in besonderem Maße Interesse an ihrem Kind haben und bereit sind, sich überdurchschnittlich zu engagieren. Damit sind zum anderen Väter unterrepräsentiert, die in gar keiner oder nur losen Beziehung zu ihrem Kind stehen (vgl. zur Anlage der Studie: Vaskovics/Rost/Rupp 1997). Daraus resultiert auch eine starke Reduktion der Bezugsgröße, und zum Teil basieren die Ergebnisse auf kleinen Fallzahlen, die einen eher illustrierenden Charakter haben und nicht ohne Berücksichtigung dieses Sachverhaltes verallgemeinert werden sollten. Da die Belange der Väter zwar ein wichtiger, aber bislang oft vernachlässigter Punkt waren, wenn es um die Lebenslage nichtehelicher Kinder geht, wird im folgenden die Sichtweise der Väter, trotz der methodischen Einschränkungen, kurz skizziert.

Die Ergebnisse der Väterbefragung erwecken insgesamt den Eindruck, daß auch bei den meisten Vätern, die *nicht* mit der leiblichen Mutter zusammenleben, die Ausgestaltung des Umgangs mit dem Kind aus ihrer Sicht weitgehend problemlos verläuft, und korrespondieren damit mit den Ergebnissen der Mütterbefragung: Gut die Hälfte der befragten Väter hatte mit der Mutter nie Streitigkeiten über die Besuchsregelung, knapp ein Viertel ab und zu und ein Fünftel von ihnen berichtet über regelmäßige Konflikte diesbezüglich. Väter, die sehr häufig Streit über die Besuchsregelungen mit der Mutter haben, sind auch am häufigsten der Meinung, daß sie "zu wenig von ihrem Kind haben". Vorhandene Reglementierungen über ihren Umgang mit dem Kind basieren nach den Aussagen der Väter meist auf freiwilligen Übereinkünften, wobei das Jugendamt in einigen Fällen vermittelnd tätig war. Nur sehr selten wurde das Vormundschaftsgericht angerufen. Damit werden die Ergebnisse der Mütterbefragung bestätigt und es zeigt sich insgesamt, daß der vom Gesetzgeber in Streitfällen über das Umgangsrecht vorgesehene Weg nur in seltenen Fällen notwendig wird. Probleme mit der Einhaltung der zwischen den Elternteilen bestehenden Vereinbarungen gibt es nach Auskunft der von uns befragten Väter nicht - auch dies haben die Mütter unserer Untersuchung bestätigt.

Falls darüber doch ein Streit entflammt, ist in der Regel der Anlaß der Auseinandersetzungen die Absicht der Väter, mehr Möglichkeiten zu erhalten, mit ihrem Kind zusammenzusein. Diese Väter sind mit der Kontaktfrequenz unzufrieden, wobei sich objektiv bestätigt, daß es sich um Väter handelt, die ihr Kind vergleichsweise auch selten sehen.

Die Kontakte zwischen leiblichem Vater und seinem Kind werden, wie bereits aufgezeigt, nicht nur durch die Haushaltskonstellation bestimmt, in der das Kind lebt, sondern auch durch die Lebensform des Vaters. Bei der Beurteilung der Kontakte seitens der Väter zeigen sich deutliche Unterschiede zwischen Vätern, die alleine leben oder eine neue Lebensgemeinschaft eingegangen sind, zu denjenigen, die eine neue Partnerin geheiratet haben. Die Mehrheit (80%) der erstgenannten Gruppen steht nach eigenen Aussagen in Kontakt zu ihrem nichtehelichen Kind. Dieser Anteil ist dagegen bei Vätern, die eine neue Partnerin geheiratet haben, deutlich niedriger. Er bemißt sich dort nur auf rund die Hälfte der Väter und das, obwohl bereits überdurchschnittlich viele besonders interessierte und engagierte Väter erfaßt wurden, was darauf schließen läßt, daß die Relationen zwischen den Gruppen zwar korrekt sind, die Ergebnisse insgesamt aber vermutlich dahingehend von der Realität abweichen, daß die tatsächlichen Kontakthäufigkeiten noch geringer sind. Unsere Ergebnisse zeigen, daß bei der Heirat eines neuen Lebenspartners offenbar die Verbindung des Vaters zu seinem nichtehelichen Kind häufig abbricht.

Gerade die alleinlebenden Väter in den alten Bundesländern, die häufig und regelmäßig Kontakt zu ihren Kindern haben, sind auch sehr am Wohlergehen ihres Kindes interessiert. Trotzdem wird nur ein Viertel von ihnen regelmäßig einbezogen, wenn es darum geht, wichtige Entscheidungen zu fällen, die das Kind betreffen. Die Hälfte der alleinlebenden Väter, die nicht an Entscheidungen beteiligt werden, berichtet, daß die Mutter ihnen eine derartige Einmischung untersagt. Nur ein Fünftel dieser Väter hat von sich aus gar kein Interesse, sich hier einzubringen. Von denen, die in neuen Lebensgemeinschaften und neuen Ehen leben, geben mehr als zwei Drittel an, daß wichtige Entscheidungen, die ihr nichteheliches Kind betreffen, generell von der Mutter ohne sie getroffen werden. Deutliche Unterschiede zwischen beiden Gruppen bestehen allerdings in ihrem Interesse daran, ein derartiges Mitspracherecht überhaupt wahrnehmen zu wollen. Während 40% der Väter, die mit einer neuen Partnerin verheiratet sind, selbst gar nicht den Wunsch haben, mitentscheiden zu können, zeigt nur jeder zehnte Vater, der in einer neuen Lebensgemeinschaft lebt, derartiges Desinteresse. Die meisten dieser Vätern drängen, ebenso wie die Mehrheit der alleinlebenden Väter, auf eine weitergehende Beteiligung als ihnen bisher gewährt wird, wobei, nach Angaben der Väter, diese ihnen von der Mutter in der Regel verweigert wird.

4.8 Zusammenfassung

Die Kontakte zwischen nichtehelichem Kind und seinem leiblichen Vater gestalten sich sehr unterschiedlich. Bei Kindern aus nichtehelichen Lebensgemeinschaften ergibt sich in der Regel quasi eine normale Familiensituation. Für die nichtehelichen Kinder, die nicht mit dem Vater zusammenwohnen, zeigt sich als wichtiges Resultat, daß insgesamt 6 von 10 Kindern keinerlei Kontakt zum leiblichen Vater haben. Dies ist besonders häufig der Fall, wenn die Mutter mit einem neuem Partner zusammenlebt. Sehr verschieden ist auch, falls Kontakte bestehen, ihre Häufigkeit und ihre Ausgestaltung: erstere variiert von sehr häufigen Treffen bis zu gelegentlichen Kontakten, wobei die Intensität der Kontakte wesentlich von der räumlichen Distanz zwischen Kind und Vater abhängig ist. Eine relativ große Bandbreite der Beziehungsform zwischen Vater und Kind kommt zum Ausdruck, wenn man nach der Regelmäßigkeit der Kontakte, Zeiten, zu denen diese stattfinden, und nach der Dauer dieser Kontakte fragt. Die Beziehung zwischen Vater und nichtehelichem Kind reicht vom intensiven, regelmäßigen Kontakt bis zu unregelmäßigen, sporadischen Begegnungen. Generell wird die soziale Distanz zwischen leiblichem Vater und nichtehelichem Kind mit zunehmendem Alter des Kindes dann größer, wenn ein neuer Partner der Mutter die Position des Vaters einnimmt.

Die Väter beteiligen sich an Entscheidungen, die das Kind betreffen, besonders dann, wenn sie mit dem Kind und der Mutter zusammenleben. Sehr niedrig ist die Beteiligung des Vaters an solchen Entscheidungen, wenn die Mutter mit einem neuen Lebenspartner zusammenwohnt und wenn die Mutter mit dem Kind allein lebt: 80% der Alleinlebenden mit Kindern in den alten und sogar 85% in den neuen Bundesländern müssen die alleinige Verantwortung für das Kind tragen, d.h. hier beteiligt sich der Vater nie bei wichtigen Entscheidungen, die für die Zukunft und Entwicklung des Kindes relevant sind. Das Ausmaß der Partizipation des leiblichen Vaters zeigt sich wiederum abhängig von der räumlichen Distanz zwischen ihm und dem Kind: Je größer die Entfernung, um so seltener beteiligt sich der Vater.

Konflikte zwischen den leiblichen Eltern treten insgesamt nur relativ selten auf. Ein Viertel der Mütter berichtet von Auseinandersetzungen mit dem Vater wegen Unterhaltszahlungen und knapp ein Fünftel der Mütter von Streitigkeiten mit dem Vater über die Gestaltung der gemeinsamen Zeit, die dieser mit dem Kind verbringt. Allerdings muß hier berücksichtigt werden, daß knapp die Hälfte der Väter gar keinen Kontakt zum Kind hat. Am häufigsten finden sich Auseinandersetzungen über die Besuchsregelungen bei den Alleinlebenden in den alten Bundesländern, dort ist jede Dritte davon betroffen.

Aus der Sicht der Väter können wir feststellen, daß vor allem die alleinlebenden Väter starkes Interesse an einem intensiven Kontakt mit dem Kind haben. Leben die Väter jedoch mit einer neuen Partnerin zusammen, ist das Interesse oder die Möglichkeit dazu nicht mehr in diesem Maße gegeben, woran, neben anderen Ursachen, vor allem das von diesen Vätern geschilderte konfliktreiche Verhältnis zur Mutter des Kindes schuld sein dürfte. Verstärkt zeigt sich dies dann, wenn die Väter verheiratet sind. Die Ergebnisse der Väterbefragung verdeutlichen aber auch, daß, wenn Kontakt zwischen Vater und Kind besteht, dieser für fast alle Väter von großer Bedeutung ist.

Wenn man diese Ergebnisse den Erkenntnissen der Lebensbiographie der nichtehelichen Kinder und deren Mütter, soweit sie in dieser Studie verfolgt werden konnten, gegenüberstellt, wird deutlich, daß mit zunehmender Dauer der Nichtehelichkeit eines Kindes der soziale Kontakt mit dem Vater abnimmt. Dies beruht darauf, daß es (bislang) nur wenige dauerhafte nichteheliche Lebensgemeinschaften mit Kind/ern gibt. Der Weg nichtehelich geborener Kinder geht für die Mehrheit dahin, daß sie im Falle einer dauerhaften Partnerschaft der Eltern durch deren Eheschließung nachträglich legitimiert werden, oder das Schicksal einer Trennung der Eltern erleben. Bei letzterem wird die soziale Distanz zum Vater im Laufe der Zeit immer größer, dies gilt verstärkt dann, wenn neue Partner in das Leben der leiblichen Eltern eintreten.

5. Kinder in nichtehelichen Lebensgemeinschaften und nach Scheidung - Entwicklungen und Sequenzmuster

Christian Alt, Donald Bender

Inhalt

Die Begriffe "Partnerschaft mit getrennten Haushalten", "nichteheliche Lebensgemeinschaft" oder "living apart together"stehen synonym für eine Veränderung einer Wertorientierung, eine Pluralisierung der Lebensformen. Sie alle beschreiben Beziehungen zwischen Männern und Frauen, die als Alternative zur dominanten Lebensform Ehe gelebt werden.

Die nichteheliche Lebensgemeinschaft hat seit den 70er Jahren durch ihre deutliche Zunahme in der Gesellschaft besonders auf sich aufmerksam gemacht. Gab es 1972 schätzungsweise 137 000 nichteheliche Lebensgemeinschaften in der BRD, so waren es 1992 bereits mehr als 1,1 Millionen[21] solcher Paare. Ihr Anteil an allen Paargemeinschaften wuchs von 1% auf 7% an (Niemeyer, 1995, 504f).

Für dieses nichteheliche Zusammenleben lassen sich mittlerweile unterschiedliche Arten feststellen, die man als Ehe auf Probe, nacheheliche Partnerschaft oder auch als eine eigenständige Lebensform (vgl. Statistisches Bundesamt, 1995) bezeichnen kann.

- Ehe auf Probe wird üblicherweise von jungen Leuten eingegangen, die ihr Elternhaus verlassen haben und zusammen mit einem Partner, einer Partnerin einen eigenen Hausstand gründen. Diese Lebensgemeinschaften münden relativ häufig, spätestens aber dann in eine Ehe, wenn es zu einer Ersteltemschaft kommt (vgl. Bundesministeriums für Familie und Senioren Bd. 9.1, 1994).
- Eine nacheheliche Partnerschaft wird hingegen von den eheerfahrenen Leuten nach einer Trennung, Scheidung oder Verwitwung eingegangen. Als Motive gelten zum einen veränderte Wertvorstellungen hinsichtlich der Partnerschaft für ein ganzes Leben und zum anderen die verlängerte Lebenserwartung, die es erstrebenswert erscheinen läßt, daß man sich einem neuen Lebensgefährten zuwendet (Niemeyer, 1995, 504f).
- Auf eine eigenständige Lebensform läuft es hinaus, wenn über lange Zeit die Zweierbeziehung ohne Eheschließung besteht, und auch dann keine Eheschließung erfolgt, wenn in dieser Beziehung Kinder geboren werden.

Nichteheliche Lebensgemeinschaften können - aus den genannten Gründen - in einer die Individualisierungstendenzen zunehmend akzeptierenden

---

[21] Diese Zahlen sind der amtlichen Statistik entnommen. Sie haben den großen Nachteil, daß die amtliche Statistik diese Zahlen nur als reine Haushalts- und Wirtschaftsgemeinschaften schätzen kann. Über die Dauer oder die besonderen Lebensumstände läßt sich damit nichts aussagen.

Gesellschaft als Ausdruck pluraler Lebensformen verstanden werden. Folgt man der These von Etzioni (Etzioni, 1993), daß die Individualisierung und die daraus ableitbare Selbstverwirklichung der Eltern die Verpflichtungen, die aus den Anforderungen und Bedürfnissen einer Familie herrühren, hintanstellen, so muß man befürchten, daß die veränderten Einstellungen zu den gesellschaftlichen Vorgaben einer Negierung der Werte um die Institutionen Ehe und Familie gleichkommen.

Diese Darstellung erscheint aber schon deshalb fragwürdig, da Individuen nicht nur unter den Bedingungen und Vorgaben der Gesellschaft als Akteure in Erscheinung treten, sondern durchaus auch auf Grund persönlicher Einsichten. Auch kann nicht davon ausgegangen werden (siehe Bertram 1995), daß der beobachtbare Wertewandel in der heutigen Gesellschaft von allen Individuen in gleicher Art und Weise vollzogen wird. Vielmehr muß man davon ausgehen, daß sich die Abnahme der Verbindlichkeit gesellschaftlicher Normen in dem Maße vollzieht, wie das Verständnis von verantwortlichem Handeln bei den einzelnen gegenüber den entstehenden und entstandenen Verpflichtungen zunimmt.

Das bedeutet für den Bereich Ehe, Kinder und Familie, daß eine Individualisierung nicht notwendigerweise dazu führen muß, daß sich die eigene Selbstverwirklichung automatisch gegen die Institution Ehe und Familie richtet, daß aber ein Wandel in den Einstellungen der Bevölkerung oder in Teilen der Bevölkerung durchaus weitere Folgen für alle Lebensbereiche haben kann. Nichteheliches Zusammenleben (sei es als vor- oder nacheheliche Phase oder als Alternative zur Ehe), kann daher genauso wie traditionelles Ehe- und Familienleben beschrieben werden (siehe Vaskovics, 1994). So kann Bertram (1995) zeigen, daß die Institution Ehe insbesondere bei der jüngeren Generation nicht mehr die positive emotionale Besetzung wie bei den älteren Generationen hat. Dies aber ist für ihn als Ausdruck jener Tatsache zu werten, daß insbesondere die emotionalen Aspekte einer Ehe für die jüngere Generation heute auch in anderen Lebensformen erlebt werden können, als ausgerechnet in der traditionellen Form der bürgerlichen Ehe (siehe dazu Alt/Weidacher, 1997).

Wenn man die Auswirkungen der nichtehelichen Lebensformen auf die in ihnen lebenden Kinder zum Untersuchungsgegenstand machen will, gilt es, diese Überlegungen mit in die Betrachtung einzubeziehen. Gleichzeitig muß einem weiteren Punkt Rechnung getragen werden. Sowohl in der amtlichen Statistik wie auch in wissenschaftlichen Untersuchungen sind die Auswirkungen der nichtehelichen Lebensformen immer an den erwachsenen Personen festgemacht worden. Keine Analysen existieren über die Kinder, die Mitglieder dieser Lebensform sind, es sei denn unter dem Aspekt: Kinder als Element der Lebensqualität der Eltern. Es verwundert daher nicht, daß nur wenig Informationen darüber zur Verfügung stehen, unter welchen besonderen Umständen und Auswirkungen Kinder in nicht-ehelichen Partnerschaften oder Stieffamilien aufwachsen. Ziel dieses Beitrags ist es darum, die Familienkonstellation von Kindern nach Art und Veränderung der Partnerschaftsverhältnisse der Eltern zu beschreiben. Differenziert wird danach, ob die Kinder aktuell in einer nichtehelichen Partnerschaft oder in nicht-ehelichen Partnerschaften eines Elternteils als Stiefkinder oder Waisen (aufgrund von Trennung, Scheidung, Tod der Eltern) leben, unabhängig davon, ob sie in nichtehelichen oder ehelichen Verhältnissen geboren wurden.

5.1 Kinder als Basis der Analysen

Das Forschungsinteresse bezieht sich in erster Linie darauf, wie sich aus der Perspektive der Kinder die familiale Lebenskonstellation darstellt. Mit anderen Worten: wie häufig leben Kinder mit ihren leiblichen Eltern zusammen oder in welcher anderen Lebensform wachsen sie auf? Die Analysen knüpfen an die Ergebnisse der Familiensurveys des DJI (vgl. Bertram, 1991; Nauck 1991, Alt/ Weidacher, 1996) an. Dabei wird insbesondere auf das Defizit der Daten der amtlichen Statistik eingegangen, nur von geschätzten Verteilungsannahmen über die Entwicklung der nichtehelichen Lebensgemeinschaften ausgehen zu können.

Für die Analysen zur Lebenssituation von Kindern stehen die Daten der zweiten Welle des DJI-Familiensurvey zur Verfügung. Diese Studie wurde vom BMFSFJ gefördert und bezieht sich auf die deutsche Wohnbevölkerung von 18 bis 61 Jahren. Um die Beschreibung der familiären Situation der Kinder zu ermöglichen, wurde der Datensatz so umstrukturiert, daß die Kinder die Analyseeinheit bildeten. Für Mehrkinderfamilien bedeutet dies, daß sie nunmehr entsprechend der Anzahl der Kinder im Datenssatz vertreten sind. Dies entspricht ihrer quantitativen Bedeutung und erfüllt gleichzeitig immer noch die erforderlichen Kriterien der Repräsentativität. Der Vorteil dieser Umstrukturierung liegt darin, daß dadurch Aussagen über die familialen Bedingungen des Aufwachsens und die damit zusammenhängende Betreuungssituation von Kindern gemacht werden können. Die Analysen beschränken sich dabei auf deskriptive Darstellungen der Veränderungen im Lebensverlauf der Kinder, da es zunächst einmal darum geht aufzuzeigen, wie in Abhängigkeit vom Alter die Lebensform variiert.

Diese Datenbasis wurde deshalb gewählt, weil die Größe der Untersuchung eine repräsentative (Bender u.a., 1996) Aussage zu den Kontexten der Lebensbedingungen von Kindern gewährleistet.

5.2 Kindschaftsverhältnisse in Ost und West

Zum besseren Verständnis dessen, was im Folgenden ausgeführt werden soll, wollen wir vor den eigentlichen Analysen einen Überblick über die quantitative Verteilung aller Kindschaftsverhältnisse gegeben.

Dies erscheint aus zwei Gründen notwendig :

- Zum einen, weil es damit gelingt die quantitative Verbreitung aller Lebensformen, in denen Kinder aufwachsen, relativ genau abzuschätzen bzw. man damit die eigentliche Zielpopulation - Kinder in Nichtehelichen Lebensgemeinschaften - in Relation zu anderen Lebensformen - korrekt darzustellen vermag.
- Zum anderen, weil insbesondere für das nichteheliche Zusammenleben Analysen immer nur im Zusammenhang mit Scheidung oder Probeehen aus der Sicht der Erwachsenen berichten. Informationen über die Kinder in solchen Partnerschaftskonstellationen liegen kaum vor. Mit Hilfe der Biographiedaten bezüglich des Partnerschaftsverlaufs und der Kinderbiographie des Familiensurveys ist es aber möglich, die Veränderungen im Verlauf der Kindheit darzustellen.

Dabei wird zwischen den folgenden Kindschaftsverhältnissen unterschieden:

- ehelich geboren, mit den biologischen, in einer Ehe zusammenlebenden Eltern wohnend,
- mit alleinerziehendem Elternteil zusammenlebend,
- bei getrennt lebenden Eltern (LAT) lebend,
- in nichtehelicher Partnerschaft (NEL) lebend,
- in sonstigen Lebensformen, Stiefelternschaften etc. lebend.

Abbildung 5.1: Kindschaftsverhältnisse in den alten Bundesländern nach Geburtsjahr der Kinder

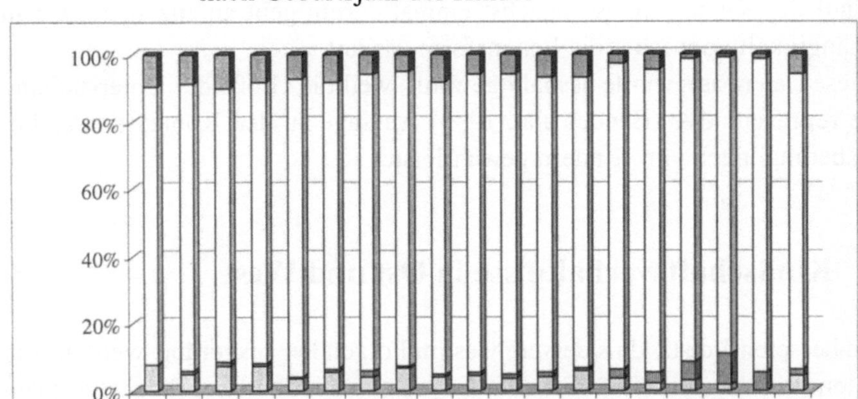

Quelle: DJI-Familiensurvey, Die Säulen geben die Anteile der Lebensverhältnisse wieder[22]

Für diese Kindschaftsverhältnisse soll zunächst deren Verteilung für die jeweilige Altersgruppe dargestellt werden. Aus dieser Darstellung ergibt sich für die alten Bundesländer:

Ca. 87% der Kinder leben mit ihren verheirateten, leiblichen Eltern zusammen[23], ca. 7% in einer Lebensform, die als nichteheliche Lebensgemeinschaft beschrieben werden kann und 6% in einer Lebensform, die nicht beide leibliche Eltern umfaßt.

Variationen dieser Zusammensetzung sind über das Geburtsjahr der Kinder zu erkennen, die einer Abnahme der Normalbiographie und einer Zunahme der "alternativen" Lebensformen entsprechen. So gilt, daß die zum Befragungszeitpunkt 2jährigen Kinder zu 88% mit ihren verheirateten, leiblichen Eltern zusammenleben, 11% leben in einer nichtehelichen Lebensgemeinschaft; von den 16-17jährigen leben noch ca. 84% der Kinder mit ihren verheirateten, leiblichen Eltern zusammen, 6% leben in einer nichtehelichen

---

[22] Im Geburtsjahr 1994 ergibt sich auf Grund der geringen Fallzahl eine dem allgemeinen Trend nicht folgende Entwicklung

[23] Dies entspricht nahezu dem Wert aus der Amtlichen Statistik, wonach 15,5% aller Kinder in den alten Bundesländern nicht in einer Ehe leben Siehe dazu: Engstler, H. Die Familie im Spiegel der amtlichen Statistik Bonn 1997.

Lebensgemeinschaft ihrer leiblichen Eltern und 10% in sonstigen Lebensverhältnissen.

Abbildung 5.2: Kindschaftsverhältnisse in den neuen Bundesländern nach Geburtsjahr der Kinder

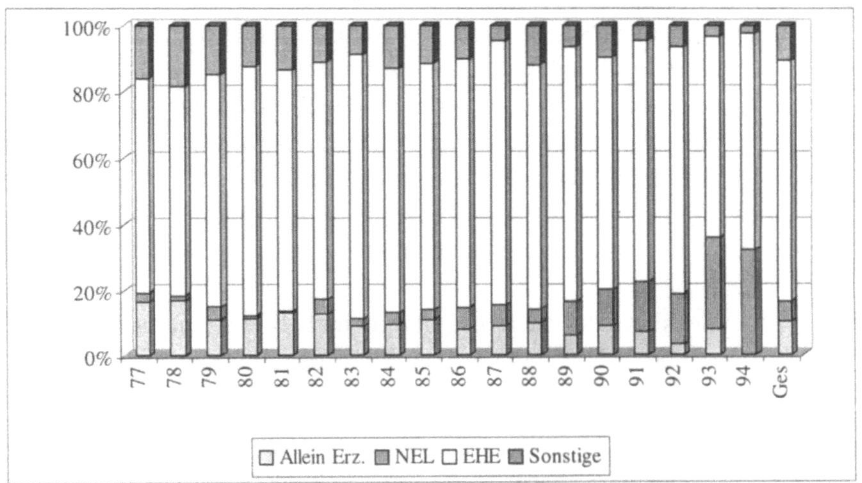

Quelle: DJI Familiensurvey, Die Säulen geben die Anteile der Lebensverhältnisse wieder

Aus dieser Darstellung ergibt sich für die neuen Bundesländer:

- 73% der Kinder in den neuen Bundesländern leben mit ihren verheirateten, leiblichen Eltern zusammen[24], ca. 16% in einer Lebensform, die als nichteheliche Lebensgemeinschaft beschrieben werden kann und ca. 11% mit nur einem leiblichen Elternteil.
- Variationen in dieser Zusammensetzung sind auch hier wieder über das Alter der Kinder zu erkennen, die einer Zunahme der Normalbiographie und einer Abnahme der alternativen Lebensformen entsprechen. Die 1995 2jährigen Kinder leben zu ca. 61% mit ihren verheirateten, leiblichen Eltern zusammen, 36% leben in einer nichtehelichen Lebensgemeinschaft ihrer leiblichen Eltern; von den 16-17jährigen leben zu diesem Zeitpunkt ca. 63% der Kinder mit ihren verheirateten, leiblichen Eltern zusammen, ca. 20% in einer nichtehelichen Lebensgemeinschaft.

---

[24] Dies entspricht in etwa dem Wert aus der Amtlichen Statistik, wonach 23,6% aller Kinder in den neuen Bundesländern nicht in einer Ehe leben (Siehe dazu: Engstler, 1997).

Aus den beiden Abbildungen lassen sich somit folgende Schlüsse ziehen:

- Überwiegend leben die Kinder mit ihren verheirateten Eltern in Ost und West zusammen.
- Die neuen Bundesländer zeigen dabei eine andere Struktur der Lebensbedingungen, innerhalb derer Kinder aufwachsen, als die alten Bundesländer. Im Osten werden etwa doppelt soviele Kinder in einer nichtehelichen Lebensgemeinschaft groß, wie im Westen.
- Ebenfalls zu erkennen sind die verschiedenen Entwicklungen in Ost und West. Für die zum Befragungszeitpunkt ältesten Kinder (vor 1983 geboren) bestehen im Westen mehr Alternativen zur Ehe als für die jüngeren Jahrgänge. Im Osten sind Ehen als Lebensverhältnisse der Kinder häufiger bei den vor 1990 Geborenen anzutreffen.

Tabelle 5.1: Verteilung der ehelichen und nichtehelichen Lebensformen mit und ohne Kinder auf der Basis der Befragten

LEBENSFORM			Kinder		Gesamt
			ja	nein	
West	Ehe	Anzahl	3746	435	4181
		Prozent	85,1	16,7	59,7
	nichteheliche Lebensgemeinschaft	Anzahl	225	431	656
		Prozent	5,1	16,6	9,4
	living apart together	Anzahl	109	661	770
		Prozent	2,5	25,4	11
	Alleinerziehend	Anzahl	321	1071	1392
		Prozent	7,3	41,2	19,9
	Gesamt	Anzahl	4401	2598	6999
		Prozent	100	100	100
Ost	Ehe	Anzahl	2389	142	2531
		Prozent	75,2	17,4	63,4
	nichteheliche Lebensgemeinschaft	Anzahl	319	147	466
		Prozent	10,0	18,0	11,7
	living apart together	Anzahl	106	136	242
		Prozent	3,3	16,6	6,1
	Alleinerziehend	Anzahl	364	392	756
		Prozent	11,5	48,0	18,9
	Gesamt	Anzahl	3178	817	3995
		Prozent	100	100	100

Quelle: DJI Familiensurvey

Will man neben dieser kindzentrierten Perspektive der Lebensverhältnisse auch noch die übliche Verteilung der Lebensformen nach Befragten stellen, so ergibt sich aus Tabelle 5.1:

- 85% der im Familiensurvey befragten Personen mit Kindern in den alten Bundesländern lebten 1994 in einer Ehe. Nur 17% der Befragten ohne Kinder waren ebenfalls verheiratet. Für diese Gruppe gilt, daß sie zu 41% alleine lebt, zu 25% in getrennten Haushalten und nur zu 17% in einer nichtehelichen Partnerschaft.
- In den neuen Bundesländern erhält man ein etwas anderes Bild: Nur 75% der Befragten mit Kindern leben in einer Ehe zusammen. Die Kinderlosen verteilen sich hingegen ähnlich wie im Westen. 48% leben alleine, 16% in getrennten Haushalten und 18% in einer nichtehelichen Partnerschaft. Nur 17% der Kinderlosen sind verheiratet

Die den weiteren Analysen zugrundeliegende Population ergibt sich sinngemäß aus den Zellen "Kinder ja" und "nichteheliche Lebensgemeinschaft, living apart together und Alleinlebend". Diese Zellen zeigen für den Zeitpunkt der Befragung, daß 18,8% der Befragten mit Kindern in der zweiten Welle des Familiensurvey in einer nichtehelichen Lebensform lebten. Dies entspricht 1.444 Befragten mit 2.037 (= 16% aller Kinder) Kindern.

Tabelle 5.2: Zahl der Kinder im Familiensurvey

	West		Ost		Gesamt
	absolut	Anteil	absolut	Anteil	absolut
Kinder gesamt	7415	57,5	5476	42,5	12.891
Davon 1994 unter 18	4060	56,0	3193	44,0	7.253
Ehelich geboren	3673	60,9	2.358	39,1	6.031
davon heute nicht mehr ehelich	300	44,5	374	55,5	674
nichtehelich geboren	349	31,1	774	68,9	1123
davon heute alleinerziehend	24	32,9	49	67,1	73
davon heute LAT	38	21,2	141	78,8	179
davon heute NEL	287	33,0	584	67	871

Quelle: DJI Familiensurvey

Weil sich das Forschungsinteresse auf Kinder in nichtehelichen Lebensgemeinschaften bzw. auf Kinder, die nicht mehr mit ihren verheirateten Eltern zusammenleben, bezieht, werden in den folgenden Analysen nur die Kinder bis zum 18. Lebensjahr berücksichtigt. Es ergibt sich für die Kinder in der zweiten Welle des Familiensurvey die Verteilung nach der Tabelle 5.2.

5.3 Veränderungen zwischen dem Zeitpunkt der Geburt und der heutigen Situation im Ost-West-Vergleich

Im folgenden wird die Aufmerksamkeit dem Umstand gewidmet, ob und wie sich die Lebensverhältnisse der Kinder vom Zeitpunkt der Geburt bis zum Zeitpunkt der Befragung entwickeln. Mit anderen Worten: Es werden in einer Querschnittsbetrachtung gleichzeitig die Situation der bei der Geburt nichtehelichen Kinder sowie die Lebensverhältnisse von Kindern, die aktuell in einer nichtehelichen Lebensform leben, gegenübergestellt. Berücksichtigt man ausschließlich die Kinder unter 18 Jahren, die einer dieser Bedingungen genügen, so sind dies 1.786 Kinder[25].

In einem späteren Schritt wird jede Veränderung zwischen Geburt und Befragungszeitpunkt im Lebensverlauf der Kinder berücksichtigt, die in einer nichtehelichen Lebensgemeinschaft geboren wurden, um ein vollständiges Bild der Entwicklungstrends bis zum Befragungszeitpunkt geben zu können.

Die ersten Analysen erfolgen, sowohl was den Geburtszeitpunkt anbelangt, als auch was die aktuelle Situation betrifft, für die drei interessierenden Lebensformen: Alleinerziehend, "living apart together" und nichteheliche Lebensgemeinschaft. Da aus der Sicht des Kindes zwischen diesen beiden Zeitpunkten bis zu 18 Jahren liegen können, bedeutet dies, daß es wohl in einer Nichtehelichen Lebensgemeinschaft geboren sein kann, später jedoch legitimiert wurde. Es kann damit nicht ausgeschlossen werden, daß Ereignisse wie Scheidung, Trennung oder Bildung einer neuen Partnerschaft der Eltern eingetreten sind. Dies findet aber insofern keine Berücksichtigung, als nur der Familienstand gilt, der zu den beiden Zeitpunkten gültig war.

---

[25] Dies entspricht 25% aller Kinder unter 18 aus dem Familiensurvey. Entsprechend der Tabelle 5.3 ergeben sich 1.797, 11 Fälle wurden bei diesen Analysen wegen fehlenden Werten ausgeschlossen.

Tabelle 5.3: Veränderung der Familienverhältnisse der Kinder in und aus alleinerziehenden Lebensverhältnissen

		Ost			West		
		Bei Geburt allein-erziehend	Immer allein-erziehend	Heute allein-erziehend	Bei Geburt alleinerzie-hend	Immer allein-erziehend	Heute allein-erziehend
alleinerziehend	Anteil	10%	5%	85%	9%	2%	89%
		davon heute		davon bei Geburt	davon heute		davon bei Geburt
	Allein	33%		5%	21%		2%
	LAT	43%		5%	37%		
	NEL	8%		24%	17%		16%
	Ehe	16%		60%	25%		73%
	Trennung			6%			9%
	Summe	100%		100%	100%		100%

Quelle: DJI-Familiensurvey

Der Anteil der Kinder in alleinerziehenden Lebensverhältnissen ist in Ost und West bezüglich ihrer quantitativen Verteilung nahezu identisch: Ca. 90% lebten zum Zeitpunkt der Befragung mit nur einem Elternteil zusammen, während dies nur für 10% bei der Geburt zutraf. Diese Zunahme der Alleinerziehenden weist auf ihre Rolle als Folgezustand der Auflösung anderer Lebensformen hin.

Ebenfalls kaum einen Unterschied gibt es in der Art der Veränderung zwischen dem Zeitpunkt der Geburt und dem Befragungszeitpunkt zwischen den neuen und alten Bundesländern. Das Gros der Veränderungen (ca. 40%) in Ost und West geht nach der Geburt des Kindes in Richtung auf eine Lebensgemeinschaft mit getrennten Haushalten. Während es für Kinder, die aktuell in alleinerziehenden Lebensverhältnissen leben, deutlich wird, daß sie zur überwiegenden Mehrheit aus ehelichen Verhältnissen stammen.

Living apart together ist eine Lebensform, die sich zwischen Ost und West deutlich unterscheidet. Während im Osten diese Lebensform evtl. bedingt durch die Wohnsituation besonders häufig zum Zeitpunkt der Geburt aufgetreten ist, leben die Kinder im Westen nach einer Trennung ihrer leiblichen Eltern in dieser Situation. Bei Geburt und zum Befragungszeitpunkt in einer LAT gelebt zuhaben, kommt so gut wie nicht vor.

Tabelle 5.4: Veränderung der Familienverhältnisse der Kinder in und aus "living apart together"

living apart together	Ost			West		
	Bei Geburt LAT	Immer LAT	Heute LAT	Bei Geburt LAT	Immer LAT	Heute LAT
Anteil	59%	3%	38%	36%	0%	64%
	davon heute		davon bei Geburt	davon heute		davon bei Geburt
allein	11%		22%	21%		2%
LAT	5%		7%	37%		
NEL	13%		19%	17%		16%
Ehe	71%		39%	25%		73%
Trennung	0%		13%			9%
Summe	100%		100%	100%		100%

Quelle: DJI-Familiensurvey

Betrachtet man sich die Entwicklung dieser Lebensform, so fällt auf, daß im Osten in aller Regel die Eltern dieser Kinder heiraten oder zusammenziehen. Im Westen behalten die leiblichen Eltern in der Mehrheit die getrennten Haushalte bei.

Die aktuellen Lebensverhältnisse resultieren im Westen zu dreiviertel aus einer Ehe, im Osten ist dieses Muster nicht so dominant. Für Ost und West gilt, daß niemand dauerhaft in diesen Lebensverhältnissen sein Kinder aufzieht. Damit kann vermutet werden, daß für ganz Deutschland, in einer LAT geboren zu sein, ein Übergangszustand ist.

Die Situtation, in einer nichtehelichen Lebensgemeinschaft mit seinen Eltern zusammenzuleben, ist in Ost und West nahezu gleich häufig anzutreffen. Konzentriert man sich ausschließlich auf diese Lebensform, so wird deutlich, daß diese Lebensform wesentlich häufiger bei der Geburt auftritt als in der Folge im Lebensverlauf. Lediglich ein Viertel der Kinder in dieser Lebensform lebt dauerhaft in nichtehelichen Lebensgemeinschaften.

Analysiert man die vollzogenen Veränderungen, so zeigen sich auch hier zwischen den neuen und den alten Bundesländern kaum Unterschiede. Mehr als die Hälfte der in einer NEL geborenen Kinder erleben in Ost und West eine Verehelichung ihrer Eltern. Ein Viertel dieser Kinder aus dem Westen verbleibt in einer NEL, 14% leben nurmehr mit einem Elternteil zusammen. Im Osten sind es über 30% der in einer NEL geborenen Kinder, die in einer NEL verbleiben und 16% leben ohne beide Elternteile.

Tabelle 5.5: Veränderung der Familienverhältnisse der Kinder in und aus Nichtehelichen Lebensgemeinschaften

nichteheliche Lebensgemeinschaften		Ost			West		
		Bei Geburt NEL	Immer NEL	Heute NEL	Bei Geburt NEL	Immer NEL	Heute NEL
	Anteil	55%	26%	19%	57%	18%	25%
		davon heute		davon bei Geburt	davon heute		davon bei Geburt
	allein	13%		1%	10%		2%
	LAT	3%		6%	4%		4%
	NEL	32%		57%	24%		42%
	Ehe	52%		30%	62%		46%
	Trennung			6%			6%
	Summe	100%		100%	100%		100%

Quelle: DJI-Familiensurvey

Die Lebensumstände, die vor einer heute aktuellen NEL gegolten haben, unterscheiden sich zwischen Ost und West deutlich. Waren im Osten nahezu 60% der heute in einer NEL lebenden Kinder auch zur Geburt in einer solchen Lebensform, sind es im Westen nur gut 40%. Hier lebten fast 50% der Kinder zum Zeitpunkt der Geburt in einer Ehe. Dies wiederum galt nur für 30% der Kinder in den neuenBundelländer.

Obwohl es also auf den ersten Blick so aussieht, als wären die Lebensverhältnisse in den neuen und alten Bundesländern ohne große Unterschiede, so zeigt sich doch, daß unter der Oberfläche einer gleichen Verteilung erhebliche Variationen vorkommen.

Während die Lebensform "alleinerziehend" sowohl in Bezug auf die Entwicklung seit der Geburt als auch hinsichtlich der Veränderung bis zur aktuellen Lebenssituation kaum Unterschiede zwischen Ost und West aufweist, sind bei den beiden anderen interessierenden Lebensformen deutliche Variationen zu erkennen.

Im Osten war "living apart together", wohl auf Grund der besonderen Wohnbedingungen, eine bei der Geburt der Kinder häufige Lebensform. Änderten sich die Wohnverhältnisse oder konnten sie dadurch geändert werden, heirateten die Eltern oder zogen in einer nichteheliche Lebensgemeinschaft zusammen. Während damit im Osten LAT einen transitiven Zustand mit dem Ziel Ehe darstellt, gilt für den Westen, daß LAT vermehrt als Zielzustand für gescheiterte Ehen gilt.

Nichteheliche Lebensgemeinschaften sind im Osten wie im Westen in der Mehrzahl der Fälle ein Vorstadium zur Ehe. Für den Osten gilt insbesondere, daß diese Lebensform in höherem Maße als im Westen auf Dauer gestellt ist.

5.4 Stabiltät von nichtehelichen Lebensverhältnissen

Wenn Kinder sowohl zum Zeitpunkt der Geburt, als auch 1994 in einer nichtehelichen Lebensgemeinschaft aufwachsen, ist unklar, ob alle in einer auf Dauer angelegten Lebensform der Eltern, die nicht in eine Ehe münden soll, leben. Wie bereits erwähnt, wurde bisher eine eventuelle Veränderung zwischen der Geburt des Kindes und dem Befragungszeitpunkt nicht berücksichtigt. Geht man diesem Problem nach, so erhält man exemplarisch für die Nichtehelichen Lebensgemeinschaften folgendes Ergebnis:

Tabelle 5.6: Veränderungen der Lebensverhältnisse der Kinder, die sowohl bei der Geburt als auch 1994 in einer Nichtehelichen Lebensgemeinschaft lebten

Anzahl von Veränderungen	Häufigkeit	Prozent
keine	199	77,1
1	22	8,5
2	32	12,4
3	4	1,6
4	1	0,4
Gesamt	258	100%

Quelle: DJI-Familiensurvey

Es zeigt sich, daß nur 199 Kinder bis zum Befragungszeitpunk in einer Nichtehelichen Lebensgemeinschaft mit ihren leiblichen Eltern aufgewachsen sind. 59 Kinder erlebten zwischen der Geburt und ihren heutigen Lebensverhältnissen einen Elternschaftswechsel, zumindest aber eine Trennung der leiblichen Eltern. Mit anderen Worten: nur 17% (199 von 1.123) aller nichtehelich geborenen Kinder über alle Altersgruppen bzw. 2,7% (199 von 7.25-3) der Kinder aller Altersgruppen unter 18 leben in einer auf längere Zeit angelegten nichtehelichen Lebensgemeinschaft.

Geht man von dem Gedanken der Stabilität von Lebensverhältnissen aus – gemeint ist damit das Zusammenleben von Kindern mit den leiblichen Eltern ohne Trennungsprozesse - und stellt diesem die Veränderungen, die sich zwischen den beiden Zeitpunkten ergeben haben gegenüber, so erhält man im Querschnittsvergleich folgende Relation:

Tabelle 5.7: Anteil der stabilen Lebensverhältnisse von Kindern unter 18 Jahren

	Anteil der Kinder, die in stabilen Lebensverhältnissen leben
alleinerziehend/ heute mit einem Stiefelternteil zusammen lebend	47%
in LAT geboren / heute mit beiden leiblichen Eltern zusammen lebend	35%
in NEL geboren/ heute mit beiden leiblichen Eltern zusammen lebend	55%
ehelich geboren/ heute mit beiden leiblichen Eltern zusammen lebend	88%

Quelle: Familiensurvey

Lebensverhältnisse, die nach dem Normalentwurf verlaufen, haben danach den höchsten Grad an Stabilität, da 88% der in dieser Lebensform aufwachsenden Kinder in unserer Stichprobe bis zum Befragungszeitpunkt damit rechnen konnten, mit ihren beiden leiblichen Eltern aufzuwachsen.Unter der Bedingung einen alleinerziehenden Elternteil schon bei der Geburt gehabt zu haben, bedeutet für 47% der Kinder, daß sie früher oder später mit einer Veränderung dieser Lebensverhältnisse rechnen mußten.

Die geringste Chance, in den gleichen Lebensverhältnissen wie bei der Geburt aufzuwachsen, haben diejenigen Kinder, die bei Partnern mit getrennten Haushaltungen geboren worden sind. Nur 35% der Kinder können hier mit unveränderten Verhältnissen rechnen.

Damit ergibt sich aus der ersten Übersicht über die Daten:

- Es läßt sich zeigen, daß unter der Bedingung "nichteheliche Lebensgemeinschaft bei Geburt" die Kinder überwiegend in einer nachträglich geschlossenen Ehe aufwachsen.
- Aktuell in einer nichtehelichen Lebensgemeinschaften zu leben heißt für die Kinder i.d.R., daß ein Elternteil in Stiefelternschaft zum Kind steht. Gleichzeitig gilt für eine Mehrheit der Kinder, daß Scheidung der Grund für die Beendigung der früheren Partnerschaft war. Jedes zehnte Kind hat Eltern, die bei seiner Geburt nicht zusammenlebten.
- Bei Geburt und heute in einer nichtehelichen Lebensgemeinschaft mit den leiblichen Eltern gelebt zu haben bzw. zu leben, trifft über alle Altersgruppen betrachtet nur für 17% der Kinder zu. Für diese gilt, daß sie sich in einer Lebensgemeinschaft befinden, die sich bislang als ehelos erwiesen hat.
- Die traditionelle Lebensform Ehe bedeutet für die in ihr aufwachsenden Kinder den höchsten Grad an Stabilität der Lebensverhältnisse. 88% der in dieser Lebensform befindlichen Kinder bis 18 Jahre haben noch keine Veränderung ihrer Lebensverhältnisse erfahren

5.5 Entwicklungen nichtehelich Geborener im Lebensverlauf

Die Analysen zu Sequenzmustern familialer Konstellationen im Lebensverlauf eines Kindes - wieder auf der Basis der Daten des Familiensurveys - beziehen sich nunmehr ausschließlich auf diejenigen Kinder in Lebensverhältnissen, die als nichteheliche Lebensgemeinschaft (NEL), als Partnerschaft ohne gemeinsamen Haushalt (LAT) oder als Alleinerziehende überschrieben sind. Für jedes Lebensjahr der Kinder wurde die jeweilige Konstellation der Lebensverhältnisse ermittelt. Ausgewählt wurden wie im vorherigen Abschnitt diejenigen Kinder, die 1994 18 Jahre oder jünger waren.

Die Analysen ergaben unter Berücksichtigung aller möglichen Variationen der Lebensverhältnisse, daß sich letztendlich sieben Gruppen von Lebensverhältnissen – gemessen an ihrem quantitativen Vorkommen – als relevant herausgestellt haben. Ausgehend von der Startkonfiguration nichteheliche Lebensgemeinschaft, living apart together und alleinerziehend sind dies Ehe, nichteheliche Lebensgemeinschaft, living apart together, Alleinerziehende, Scheidung/Trennung[26] oder neue Zusammensetzungen mit Stiefmutter oder Stiefvater (verheiratet oder unverheiratet). Nur diese wurden in Abbildung 5.3[27] dargestellt.

Abbildung 5.3: Veränderung der familialen Lebensformen nichtehelich geborener Kinder abhängig vom Alter des Kindes

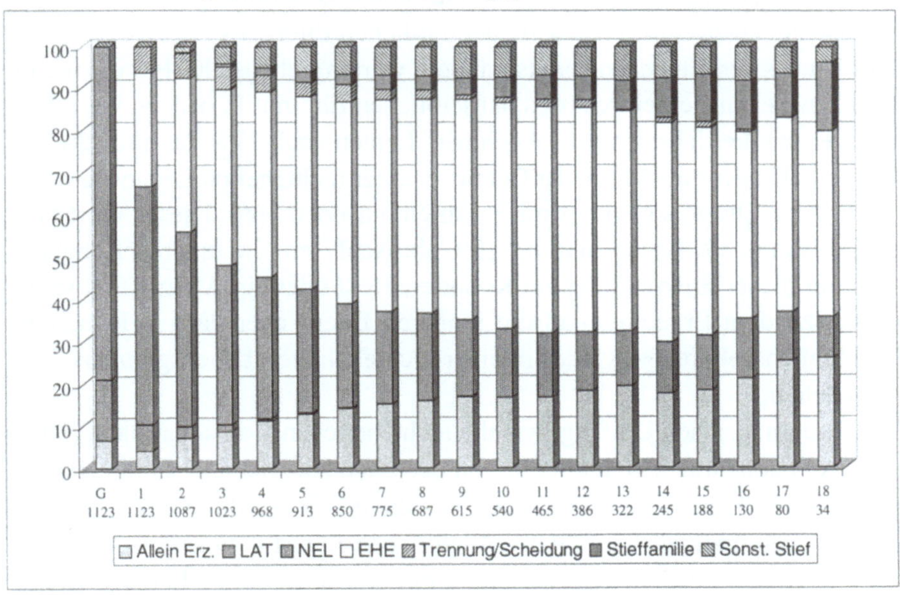

Quelle : DJI-Familiensurvey

Die Abbildung zeigt die Entwicklung der Lebensumstände für alle Kinder zu jedem Lebensalter. Die mit G bezeichnete Säule zeigt die Verteilung der ausgewählten nichtehelichen Lebensverhältnisse zum Zeitpunkt der Geburt. Zu erkennen sind deutlich die Ausgangskonstellationen: nichteheliche Lebensgemeinschaft (NEL), living apart together (LAT) und alleinerziehend. Die nächste Säule - mit 1 bezeichnet - zeigt die veränderte Verteilung der Lebensverhältnisse ein Jahr nach der Geburt, bei der "Ehe" und "Trennung"

[26] Gilt für die Kinder, deren Eltern sich in dem aktuell betrachteten Jahr getrennt haben und noch keine neue Partnerschaft eingegangen sind. Diese Kinder wachsen in diesem Jahr mit nur einem Elternteil auf.

[27] Die Analysen wurden zunächst getrennt für Ost und West durchgeführt. Da sich aber kaum Abweichungen im Verlauf ergaben, wird hier auf eine getrennte Darstellung verzichtet.

in diesem Jahr hinzukommen. Die Höhe der Säulen entspricht dem Anteil der Kinder, die dieses Alter 1994 bereits erreicht haben oder älter sind.

Zum Zeitpunkt der Geburt bilden nichteheliche Lebensgemeinschaften mit 78% den Löwenanteil der betrachteten Lebensformen, gefolgt von living apart together mit 16% und Alleinerziehenden mit 6%.

Betrachtet man die weitere Entwicklung der Lebensverhältnisse von Kindern bis zu 18 Jahren, so fällt auf, daß nichteheliche Lebensgemeinschaften und die Lebensform, in getrennten Haushalten zu wohnen, ganz erheblich zurückgehen. Getrennte Haushalte der leiblichen Eltern als Lebensverhältnis eines Kindes verschwinden bereits mit dem vierten Lebensjahr. Für die nichtehelichen Lebensgemeinschaften der leiblichen Eltern gilt, daß sie vor allem in den ersten drei Jahren rapide abnehmen. Lebten noch 79% der nichtehelich geborenenKinder direkt nach der Geburt in einer nichtehelich Lebensgemeinschaft ihrer Eltern, so sind es mit 3 Jahren nur noch 36%. Dieser Wert fällt stetig bis zum 17. Lebensjahr auf 10% ab. Analysen, die untersucht haben, ob hinter dieser Entwicklung ein Kohorteneffekt oder ein Alterseffekt steht, führten zu dem Ergebnis, daß die jüngeren Eltern eher dazu neigen, ihre nichtehelich geborenen Kinder in einer nichtehelichen Lebensgemeinschaft aufzuziehen.

Nahezu im gleichen Umfang, wie die nichtehelichen Konstellationen (NEL und LAT) abnehmen, steigt der Anteil der Ehen an. Dies gilt zumindest bis zum zehnten Lebensjahr der Kinder. Bis dahin gilt für die Kinder, daß ca. 53% mit den nunmehr verheirateten leiblichen Eltern aufwachsen. Man erkennt aber auch, daß sich dieser Anteil mit zunehmendem Alter der Kinder deutlich zurückentwickelt. 18jährige leben nur noch zu 44% mit ihren leiblichen, verheirateten Eltern zusammen.

Trennung und Scheidung spielen insbesondere ab dem dritten Jahr nach der Geburt eine Rolle. In dieser Zeit erfährt je Jahr nahezu jedes zehnte Kind eine Trennung oder Scheidung. Dieser Anteil bleibt auch mit zunehmendem Alter der Kinder konstant.

Maximal leben 9% der nichtehelich geborenen Kinder (in ihrem 13. Lebensjahr) mit einem Stiefelternteil (verheiratet oder unverheiratet) zusammen. Diese Stiefverhältnisse kommen in erwähnenswertem Umfang überhaupt erst im Alter von ca. 3 oder 4 Jahren der Kinder vor. 2% der Kinder leben dann nach einem Trennungserlebnis wieder in einer Stieffamilie mit einem neuen Elternteil. Der Anteil steigt nach dem dritten Lebensjahr kontinuierlich an und erreicht bei den 14jährigen Kindern schließlich einen Wert von 5% und fällt danach wieder auf ca. 3% im 18. Lebensjahr. Weitere 3 bis 5% leben in einer nichtehelichen Lebensgemeinschaft mit einem für sie neuen Elternteil.

Die bemerkenswerteste Entwicklung aber vollzieht sich bei der Lebensform alleinerziehend. Lebten zum Zeitpunkt der Geburt nur lediglich 7% der Kinder mit einem alleinerziehenden Elternteil zusammen, so sind es bei den 18jährigen bereits 42%. Mit anderen Worten: Unter der Bedingung, nichtehelich geboren zu sein, versechsfacht sich die Wahrscheinlichkeit, mit 18 Jahren nur mit einem leiblichen Elternteil zusammenzuleben.

Führt man dieselbe Analyse für die Veränderungen der Lebensverhältnisse nichtehelich geborener Kinder getrennt nach den neuen und alten Bundesländern durch, so zeigt sich, daß der Verlauf der Entwicklungen nahezu identisch ist. Nur hinsichtlich zweier Phänomene treten wahrnehmbare Unterschiede zu Tage. Living apart together der leiblichen Eltern kommt in den neuen Bundesländern deutlich häufiger zum Zeitpunkt der Geburt vor. Dennoch verliert sich auch hier diese Lebensform bis zum fünften Lebensjahr des Kindes. Für die nichteheliche Lebensgemeinschaft der leiblichen Eltern gilt im Osten, daß diese noch deutlicher als im Westen in den ersten Jahren nach der Geburt abnimmt.

5.6 Entwicklung der Lebensverhältnisse ehelich geborener Kinder mit Trennungserfahrung

Bislang wurden Entwicklungen beschrieben, die jene Kinder durchlebt haben, die nichtehelich geboren worden sind. Nunmehr richtet sich die Aufmerksamkeit all jenen Kindern zu, die bei der Geburt mit ihren leiblichen, verheirateten Eltern zusammenlebten, die aber zum Befragungszeitpunkt nicht mehr in dieser Ehe lebten. Analog zu den bisherigen Analysen soll deren Entwicklung familialen Zusammenlebens verfolgt werden. Die Intention ist, die Veränderungen und Entwicklungen der Lebensverhältnisse, in denen diese Kinder aufwachsen, über das Lebensalter der Kinder darzustellen. Wieder wurden nur Kinder berücksichtigt, die 1994 nicht älter als 18 Jahre waren. Auswahlkriterium war, daß die Kinder zur Geburt mit ihren leiblichen Eltern in einer Ehe zusammengelebt haben, zum Befragungszeitpunkt aber diese Ehe nicht mehr existierte. Damit erhält man eine Population von 300 Kindern im Westen und 374 Kindern im Osten.

Abbildung 5.4: Veränderung der familialen Lebensformen ehelich geborener Kinder mit Trennungserfahrung abhängig vom Alter des Kindes - alte Bundesländer

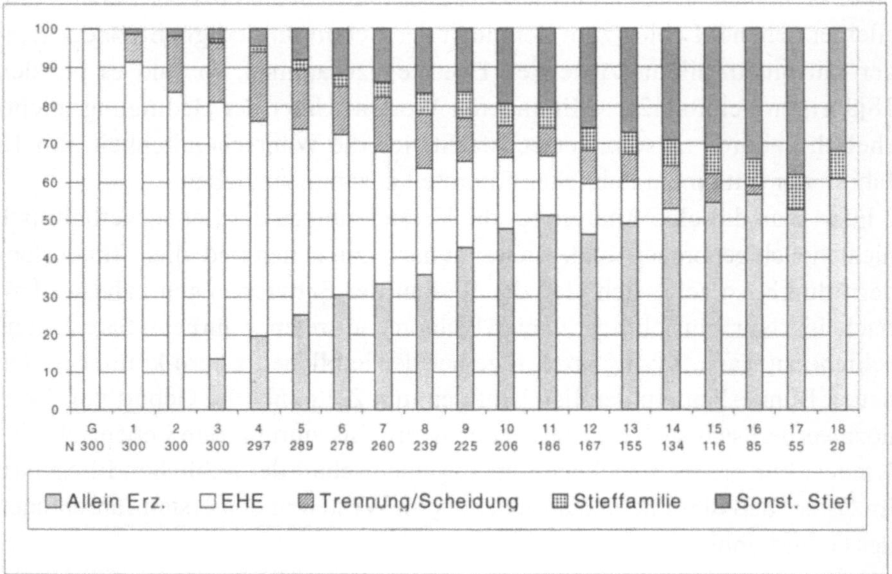

Quelle : Familiensurvey

Die Abbildung 5.4 zeigt die Entwicklung der Lebensumstände für alle Kinder zu jedem Lebensalter im Westen. Die mit G bezeichnete Säule zeigt die Lebensverhältnisse zum Zeitpunkt der Geburt. Zu erkennen ist, daß ausschließlich Kinder berücksichtigt worden sind, die ehelich geboren wurden. Die nächste Säule – mit 1 bezeichnet - zeigt die veränderte Verteilung der Lebensverhältnisse ein Jahr nach der Geburt. Die mit N bezeichnete Zeile gibt die Anzahl der Kinder je Jahrgang wieder. Die Verringerung der Anzahl ist darauf zurückzuführen, daß nicht alle Kinder zum Befragungszeitpunkt bereits 18 Jahre alt waren. Zur besseren Vergleichbarkeit der Anteilswerte wurden die Säulen auf die jeweils gültige Fallzahl prozentuiert.

Als Entwicklungstrends lassen sich folgende Aussagen machen:

Von den Kindern, die irgendwann einmal eine Trennung erleben werden, geschieht dies bei 10% der Kinder bereits im ersten Lebensjahr. Der Anteil der Scheidungen je Jahr steigert sich bis auf 18%, wenn die Kinder vier Jahre alt sind. Danach fällt der Anteil der Scheidungen und Trennungen wieder auf unter 10%. In diesem Zeitraum nehmen insbesondere der Anteil der Alleinerziehenden und die nichtehelichen Lebensgemeinschaften mit einem neuen Lebenspartner (Sonst. Stief) zu. Nichteheliche Lebensgemeinschaften mit einem neuen Partner sind zunächst einmal kaum anzutreffen. Der Anteil dieser Lebensform erhöht sich erst allmählich über das Alter der Kinder auf letztendlich fast 35%. Alleinerziehend tritt erstmals bei den dreijährigen Kindern auf. Ca. 15% der Kinder leben zu diesem Zeitpunkt mit nur einem leiblchen Elternteil zusammen. Mit 18 Jahren hat sich dieser Wert auf über 60% erhöht. Deutlich geringer ist der Anteil der Wiederverheirateten mit ca. 3%. Aus der Abbildung 5.4 wird aber auch deutlich, daß das höchste Scheidungsrisiko die Kinder im Alter von zwei bis acht Jahren haben. Hier erfahren jeweils mehr als 10% der Kinder in diesen Altersgruppen eine Trennung oder Scheidung

Abbildung 5.5: Veränderung der familialen Lebensformen ehelich geborener Kinder mit Trennungserfahrung abhängig vom Alter des Kindes - neue Bundesländer

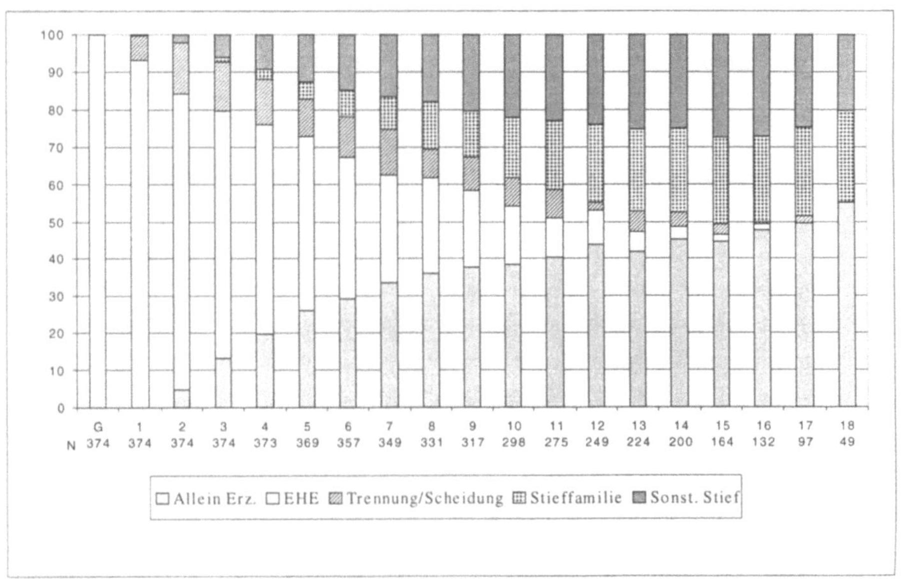

Quelle: Familiensurvey

In den neuen Bundesländern erhält man fast ein identisches Bild. Es zeigt sich aber, daß eine Trennung oder Scheidung der Ehe nicht im gleichen Umfang wie im Westen zur Lebensform Alleinerziehend führt. Stiefkonstellationen sind in den neuen Bundesländer deutlich häufiger vertreten. Über 10% der Kinder ab 8 Jahren erleben eine Wiederverheiratung und damit eine Stiefelternschaft. Gut doppelt soviele erleben ein neues Elternteil ohne Trauschein. Deswegen ist der Anteil der Alleinerziehenden im Osten deutlich geringer als im Westen. Aber auch hier gilt, daß die Kinder, die in einer nachehelichen Situation leben und älter als 16 Jahre sind, zu über 75% entweder in einer nichtehelichen Lebensgemeinschaft mit einem Stiefelternteil oder mit nur mehr einem leiblichen Elternteil leben. Wie im Westen, so ist auch im Osten das Scheidungsrisiko für die Kinder in ganz jungen Jahren am größten.

Nach einer Scheidung in einer nichtehelichen Stiefkonstellation oder mit einem alleinerziehenden Elternteil zu leben, ist im Westen ein gängiges Muster. Im Osten aber zeigt sich die größere Bereitschaft in einer ehelichen oder einer nichtehelichen Stieffamilie zu leben. Allgemein ausgedrück läßt sich sagen, daß die Verläufe der Entwicklung ähnlich sind, daß sich aber die Anteile der gelebten Lebensformen in Ost und West unterschieden.

5.7 Sequenzmuster nichtehelich geborener Kinder

Nachdem im vorherigen Kapitel die Veränderung der quantitativen Verteilung der Lebensverhältnisse von Kindern im jährlichen Quercshnitt dargestellt worden ist, soll im folgenden der Versuch gemacht werden, die Entwicklung in ihrem Werdegang zu verfolgen. Dazu wird - wieder festgemacht am Alter der Kinder - die Verteilung der Lebensverhältnisse dargestellt; diesmal allerdings mit der zusätzlichen Information, in welcher anderen Lebensform sich das Kind zu einem bestimmten Alter wiederfindet. Die entsprechend gewählten Zeitpunkte haben sich aus den vorangehenden Analysen ergeben. Es handelt sich um die Altersgruppen bis unter drei Jahre, drei bis sechs Jahre, sieben bis zehn Jahre und elf bis 18 Jahre.

Zunächst wurde diese Analyse wieder bei den Kindern durchgeführt, die zum Zeitpunkt der Geburt nichtehelich waren. Die einzelnen Säulen der Abbildung beinhalten die folgende Information: Veränderung der Lebensverhältnisse der Kinder im angegebenen Zeitraum, wobei immer nur der bis dahin erreichete Endzustand abgebildet wird. So bedeutet die erste Säule, daß bis zum dritten Lebensjahr 35% der Kinder legitimiert worden sind, 44% bis zum Alter von zwei Jahren in einer nichtehelichen Lebensgemeinschaft leben und 14% mit nur einem Elternteil aufwachsen.

Abbildung 5.6: Veränderung der Familienverhältnisse nichtehelich geborener Kinder für ausgewählte Altersgruppen - alte Bundesländer

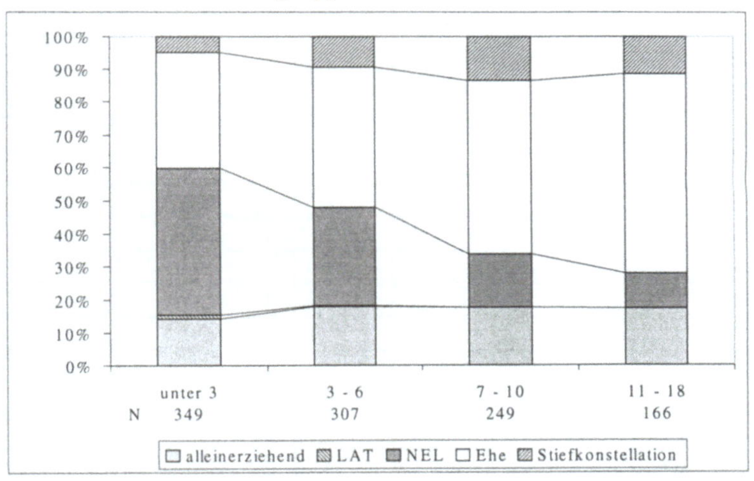

Quelle: DJI-Familiensurvey

In der Folge erkennt man, daß sich der Anteil der Ehen und der Anteil der Stieffamilien (jetzt zusammengefaßt auch mit nichtehelicher Stiefelternschaft) stetig vergrößert, die nichtehelichen Lebensgemeinschaften deutlich abnehmen und der Anteil der Alleinerziehenden sich leicht erhöht. Die Entwicklung der living apart together der leiblichen Eltern endet mit dem vierten bis sechsten Lebensjahr des Kindes, was oben bereits angedeutet wurde.

In welchem Lebensabschnitt der Kinder welche Übergänge der Lebensformen bei den Eltern dominieren, ist die Frage, der im folgenden nachgegangen wird. Eine Antwort darauf versucht die Tabelle 5.8.

Die Tabelle enthält die Beschreibung der unterschiedlichen Entwicklungsschritte, die im jeweils beobachteten Zeitraum vorgekommen sind. Die Anordnung erfolgte in der Weise, daß jeweils der Endzustand im interessierenden Intervall die Verläufe bündelt. Die Abbildung 5.6 zeigte diese Zustände, die hier in den Zeilen für die Anteilsummen der Lebensverhältnisse wiedergegeben sind.

Tabelle 5.8: Sequenzmuster der Lebensformen nichtehelich geborener Kinder - alte Bundesländer

	unter 3	3-6	7-10	11-18
Konstant alleinerziehend	2,6	3,4	4,4	2,4
All-STF-All	3,4	1,1	2,0	0,8
STF-All		1,1	2,0	1,6
LAT-NEL-All	0,6			
NEL-(EHE)-All	7,5	3,8		0,8
EHE-All		3,4	2,4	0,8
SCHD-All		4,2	7,8	9,5
Anteil alleinerziehend	14,1	17,1	18,6	15,8
Konstant LAT	1,1			
Anteil LAT	1,1			
Konstant in nichtehelicher Lebensgemeinschaft	39,8	27,4	17,1	10,3
LAT-NEL	4,6	0,8		
Anteil nichteheliche Lebensgemeinschaft	44,4	28,1	17,1	10,3
Konstant in EHE		33,1	39,5	49,2
NEL-EHE	30,9	9,9	13,7	10,3
LAT-EHE	2,6			
LAT-NEL-EHE	1,7			
Anteil EHE	35,2	43	53,2	59,5
Konstant in Stiefkonstellationen		3,4	6,3	10,3
All-STF		3,8	3,9	3,2
STF-All-STF			0,5	0,8
NEL-All-STF	3,4	0,8	0,5	
Anteil Stiefkonstellationen	3,4	8	11,2	14,3
Gesamt %	98,2	96,2	100	99,9

Quelle: DJI-Familiensurvey, Angaben in Prozent der Altersgruppe[28]

Betrachtet man die Entwicklung bis zum dritten Lebensjahr des Kindes so zeigt sich, daß 14% der Kinder nach 3 Jahren mit nur einem Elternteil leben. Lediglich ein Fünftel davon veränderte die Lebensverhältnisse nicht, d.h. sie

[28] In den Tabellen zu den Sequenzmustern werden folgende Kürzel für einzelnen Stationen der Sequenzen verwendet: All = alleinerziehend, EHE = verheiratete leibliche Eltern, LAT = nichteheliche Lebensgemeinschaft der leiblichen Eltern mit getrennten Haushalten (living apart together), NEL = nichteheliche Lebensgemeinschaft der leiblichen Eltern, SCHD/TRG = die leiblichen Eltern leben im betrachteten Jahr in Scheidung bzw. Trennung, STF = ein Stiefelternteil - verheiratet oder unverheiratet. Diese Stationen wurden anhand des Lebensverlaufs in jährlichen Abständen ermittelt.

lebten seit Geburt mit einem alleinerziehenden Elternteil. Der Zuwachs resultiert aus gescheiterten nichtehelichen Lebensgemeinschaften, welche nach drei Jahren gut die Hälfte dieser Lebensverhältnisse ausmachen. Ein weiteres Drittel wechselte in dieser Zeit in eine Stiefelternschaft (verheiratet oder unverheiratet), die aber wieder beendet wurde.

Die Lebensform living apart together der leiblichen Eltern weisen nach drei Jahren noch 1% der Kinder auf. Hervorzuheben ist, daß es innerhalb der drei Jahre keinen Zuwachs aus anderen Lebensformen gegeben hat. Man erkennt aber, daß sich diese Lebensform zu geringen Anteilen in eine Einelternschaft entwickelt hat, in der überwiegenden Anzahl der Fälle aber in eine Ehe oder eine nichteheliche Lebensgemeinschaft gemündet ist.

Nichteheliche Lebensgemeinschaften bilden mit 44% der Kinder die umfangreichste Gruppe der Lebensverhältnisse auch noch nach drei Jahren. Der weitaus größte Teil der Kinder hat seit Geburt in diesen Lebenverhältnissen gelebt. Der Zuwachs resultiert ausschließlich aus dem Zusammenziehen vormals getrennt lebender Paare.

Ehe als Lebensform zum Zeitpunkt der Geburt gab es für die hier analysierte Population nicht. Nach 3 Jahren aber hat diese Lebensform bereits einen Anteil von 35% erreicht. Ein Drittel der Kinder wurde also innerhalb dieses Zeitraums legitimiert. Die meisten stammten dabei aus einer nichtehelichen Lebensgemeinschaft, der Rest aus LATs, die entweder sofort oder über eine nichteheliche Lebensgemeinschaft in die Ehe mündeten.

Stiefelternschaft, gleich ob verheiratet oder nicht, gibt es nur für 3% der Kinder. Die Entwicklung führt dabei über eine nichteheliche Lebensgemeinschaft, eine Trennung und schließlich die Gründung einer neuen Partnerschaft. Bemerkenswert ist, daß innerhalb der ersten drei Jahre keine Alleinlebenden in dauerhafte Beziehungen wechselten.

Da sich die Entwicklung in den folgenden Zeiträumen sehr ähnelt, sich die meisten Veränderungen sowieso in den ersten Jahren nach der Geburt abspielen, werden wir im folgenden nur die groben Linien der Veränderungen verbal nachzeichnen. So zeigt sich für die Alleinerziehenden, daß ihr Anteil stetig wächst. Dies liegt an den vermehrt auftretenden Scheidungen oder getrennt lebenden Eheleuten. Der Anteil derjenigen, die konstant in dieser Lebensform gelebt haben, liegt bei ca. 20%. Wie oben bereits gezeigt, verschwindet die Lebensform der living apart together der leiblichen Eltern vollständig. Besonders auffallend ist die Entwicklung der nichtehelichen Lebensgemeinschaften. Diese nehmen dramatisch ab. Das Zusammenleben mit seinen unverheiratet zusammenlebenden leiblichen Eltern ist also im wesentlichen ein Übergangszustand in eine Ehe. Fast im selben Maße, wie die nichtehelichen Lebensgemeinschaften abnehmen, nimmt die Lebensform Ehe zu. Letztendlich leben ca. 60% der nichtehelich geborenen Kinder über 10 Jahre mit ihren leiblichen, verheirateten Eltern zusammen. Diese Lebensform zeichnet sich durch einen ständig wachsenden Anteil aus; sie erfährt ihren Zuwachs aus der Lebensform der nichtehelichen Lebensgemeinschaften. Mehr als die Hälfte der Kinder aus einer nichtehelichen Lebensgemeinschaft wird bereits in den ersten drei Jahren legitimiert.

Ebenfalls an Bedeutung gewinnen die Stiefbeziehungen. Ihr Anteil liegt bei den unter Dreijährigen noch bei 3%, bei den über Zehnjährigen beträgt er immerhin schon 14%. Er vergrößert sich insbesondere aus dem Wechsel der Alleinerziehenden in eine neue Partnerschaft.

Wir haben dieselben Analysen auch für die neuen Bundesländer durchgeführt. Es gelten die gleichen Bedingungen, wie sie in der Analyse der Lebensverhältnisse oben bereits beschrieben worden sind. Im Wesentlichen unterscheidet sich die Entwicklung in den neuen Bundesländern durch zwei typische Merkmale:

- Die Legitimationsrate bis zum dritten Lebensjahr ist mit 42% deutlich höher als im Westen; nach dem dritten Lebensjahr ist die Legitimationsrate aber geringer; im Westen dagegen findet eine Legitimation der nichtehelich geborenen Kinder in nennenswertem Umfang auch noch nach dem elften Lebensjahr der Kinder statt (über 60%).
- Der Anteil der Kinder, die mit nur einem Elternteil aufwachsen, verhält sich bis zum zehnten Lebensjahr wie im Westen. Der Anteil bei den 11-18jährigen liegt mit 27% jedoch weit über dem Anteil im Westen mit 14%. Diese Kinder sind vor 1983, d.h. zu Zeiten mit einer völlig anderen Betreuungsstruktur geboren worden, die möglicherweise zu einer Dauerhaftigkeit dieser Lebensverhältnisse geführt hat.

Um unter anderem diese Aussage prüfen zu können, sollen in gleicher Weise wie für den Westen die Veränderungen und Entwicklung der Lebensformen eingehender mit der Tabelle 5.9 betrachtet werden.

Die Tabelle enthält wieder die Beschreibung der unterschiedliche Entwicklungsschritte, die im jeweils beobachteten Zeitraum vorgekommen sind. Die Anordnung erfolgte in der Weise, daß jeweils der Endzustand im interessierenden Intervall die Verläufe bündelt.

Abbildung 5.7: Veränderung der Familienverhältnisse nichtehelich geborener Kinder für ausgewählte Altersgruppen - neue Bundesländer

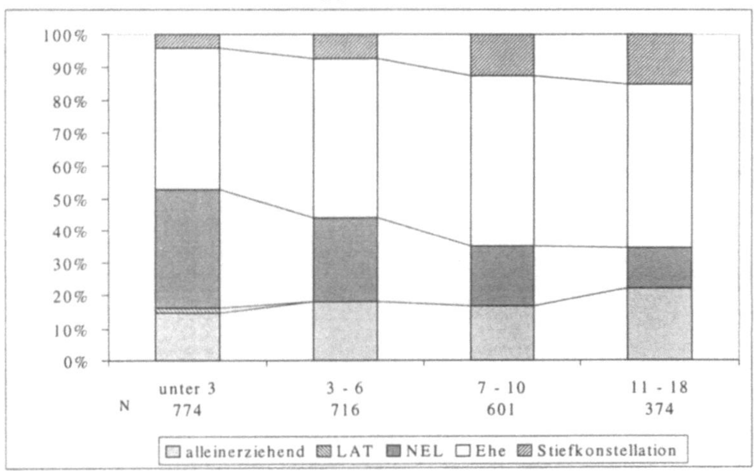

Quelle: DJI-Familiensurvey

Da die generelle Entwicklung zwischen den alten und den neuen Bundesländern sehr ähnlich ist, werden im folgenden nur die Unterschiede zur Tabelle 5.8 besprochen.

Die auffälligsten Unterschiede ergeben sich zum einen bei den ältesten Kindern, die nur von einem Elternteil betreut werden, und zum anderen in der jüngsten Altersgruppe bei dem Anteil der stabilen nichtehelichen Lebensgemeinschaften sowie zum dritten beim Übergang von nichtehelichen Lebensgemeinschaften in eine Ehe.

Jedes vierte Kind über zehn Jahre, das in nichtehelichen Lebensverhältnissen geboren wurde, lebte in den neuen Bundesländern mit nur einem Elternteil zusammen. Konnten wir noch bei der Darstellung der Veränderungen des Familienstandes vermuten, daß der Anteil der Alleinerziehenden bedingt durch die Wohnverhältnisse in der ehemaligen DDR eine auf Dauer gestellte Lebensform bildet, so führt die Tabelle 5.9 zu einer anderen Erkenntnis. Nur ca. ein Viertel der Kinder in der ältesten Altersgruppe lebt längere Zeit in dieser Lebensform, ein Viertel kommt aus einer Ehe, die sich mittlerweile auf getrennte Haushalte verteilt, und ein Drittel sind echte Scheidungsweisen.

Tabelle 5.9: Sequenzmuster der Lebensformen nichtehelich geborener Kinder - neue Bundesländer

	unter 3	**3-6**	**7-10**	**11-18**
Konstant alleinerziehend	3,0	3,1	3,3	6,2
All-STF-All	2,1		0,6	1,2
STF-All		1,7	0,8	2,3
LAT-NEL-All	1,1			
NEL-(EHE)-All	7,9	2,0	1,5	2,7
EHE-All		4,2	1,2	5,8
TRG-All		8,0	8,9	8,4
Anteil alleinerziehend	14	19	16,3	26,6
Konstant LAT	1,6			
Anteil LAT	1,6			
Konstant in nichtehelicher Lebensgemeinschaft	28,7	23,1	16,8	12,7
LAT-NEL	7,8	0,8		
Anteil nichteheliche Lebensgemeinschaft	36,5	23,9	16,8	12,7
Konstant in EHE		41,8	51,1	47,7
NEL-EHE	36,0	7,2	2,9	0,4
LAT-EHE	4,1	0,6		
LAT-NEL-EHE	2,8			
Anteil EHE	42,9	49,6	54	48,1
Konstant in Stiefkonstellationen		2,0	5,4	9,6
All-STF	0,5	2,8	4,8	2,7
STF-All-STF				0,4
NEL-All-STF	2,1			
EHE-All-STF		0,8	0,6	
Anteil Stiefkonstellationen	2,7	5,6	10,8	12,7
Gesamt %	97,7	97,2	97,3	100

Quelle: DJI-Familiensurvey, Angaben in Prozent der Altersgruppe

Der zweite große Unterschied bezieht sich auf die Lebensform nichteheliche Lebensgemeinschaften. Mit ca. 29% ist der Anteil der Kinder, die bis zum dritten Lebensjahr in solchen Lebensverhältnissen gelebt haben, deutlich geringer als im Westen. Richtet man seine Aufmerksamkeit auf die Entwicklung der nichtehelichen Lebensverhältnisse, so zeigt sich als Grund dafür ein deutlich größerer Anteil an Verehelichungen in dieser Zeit. Daß trotzdem nahezu vier von zehn Kindern dieser Altersgruppe in dieser Lebensform aufwachsen, liegt an dem Zuwachs, der sich aus vormals getrenntlebenden zusammenziehenden Paaren ergibt.

Die höhere Legitimierungsrate, die sich in der jüngsten Altersgruppe bereits angedeutet hat, bleibt aber keineswegs kennzeichnend für die beiden folgenden Altersgruppen. Im Gegenteil. Man erkennt unschwer, daß im Osten die Lebensform Ehe für die darin lebenden Kinder ein durchaus stabiler Zustand ist, daß aber, nachdem das Kind älter als drei Jahre alt geworden ist, die leiblichen Eltern kaum noch heiraten werden. Dies ist im Westen deutlich anders. Hier werden pro Altersgruppe immerhin noch 10% der Kinder legitimiert.

Faßt man die Ergebnisse zusammen, so ergibt sich folgende Bild:

- Die Veränderung der nichtehelichen Lebensverhältnisse in Ost und West haben einen ganz ähnlichen Verlauf. Paare, die zusammenwohnen, heiraten relativ bald nach der Geburt eines Kindes, was in der Folge zu sehr stabilen Lebensverhältnissen führt. Es zeigt sich aber, daß im Osten die Eltern häufiger schon innerhalb der ersten drei Jahre geheiratet haben. Im Westen dagegen ist es keine Seltenheit, daß auch noch danach die leiblichen Eltern in den Stand der Ehe treten.
- Mit nur einem Elternteil wachsen in Ost und West ca. 15% der Kinder je Altersgruppe auf, wobei dieser Anteil im Osten für die ältesten Kinder deutlich ansteigt.
- In einer LAT geboren zu sein, ist in Ost und West ein äußerst transitorischer Zustand, der nach drei bis vier Jahren beendet ist.
- Hinsichtlich der Stiefverhältnisse gibt es nahezu keine Unterschiede

5.8 Sequenzmuster ehelich geborener Kinder

Galt die bisherige Aufmerksamkeit den nichtehelich geborenen Kindern, sollen im folgenden die gleichen Analysen zur Entwicklung und Veränderung in den oben bereits verwendeteten Zeiträumen bei ehelich geborenen Kindern im Vordergrund stehen. Zunächst soll deshalb wieder ein Überblick gegeben werden über den Verlauf der Lebensverhältnisse nach einer Trennung oder Scheidung. Danach wird auch hier der Versuch gemacht, die Sequenzen, die zu dieser Entwicklung geführt haben, anhand einer Tabelle darzustellen.

Abbildung 5.8: Sequenzmuster ehelich geborener Kinder, die 1994 nicht mehr mit beiden Eltern zusammenleben - alte Bundesländer

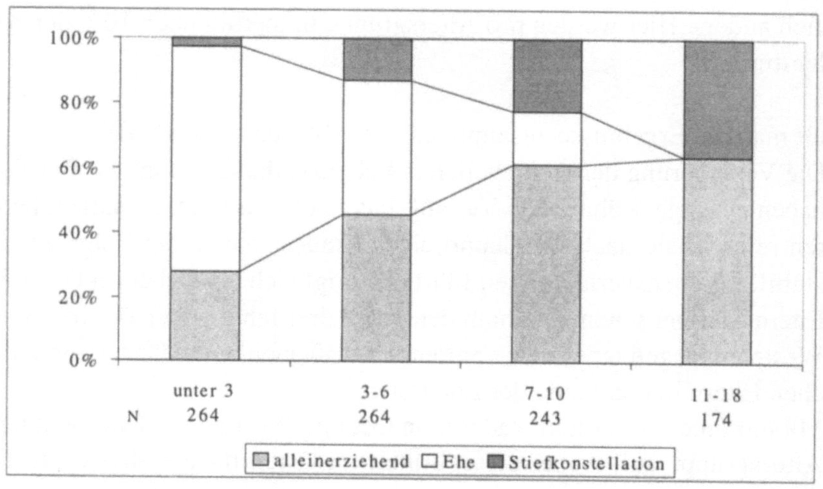

Quelle: DJI-Familiensurvey

Die einzelnen Säulen der Abbildung beinhalten die folgende Information: Veränderung der Lebensverhältnisse der Kinder im angegebenen Zeitraum, wobei immer nur der bis dahin erreichete Endzustand abgebildet wird.

Als generellen Trend ergibt sich die deutliche Zunahme der Lebensverhältnisse mit nur einem Elternteil und das Anwachsen der Stiefkonstellationen. Wir haben auch hier auf eine Differenzierung der Stiefkonstellation nach verheiratet oder nichtverheiratet verzichtet. Es zeigt sich wieder, daß das Scheidungsrisiko für die jüngste Altersgruppe am größten ist. Ca. Ein Drittel der Kinder erleben in den ersten drei Jahren eine Trennung oder Scheidung ihrer Eltern.

Betrachtet man wieder die Entwicklung im einzelnen, so zeigt sich, daß 45% der Kinder, deren leibliche Eltern sich getrennt haben, im Alter von drei bis sechs Jahren mit nur einem Elternteil zusammenleben. Gut die Hälfte davon erlebt die Scheidung im gleichen Zeitraum, ein Fünftel erlebt die Trennung der bislang noch verheirateten Eltern und ein Zehntel hat bereits eine Stiefelternschaft erlebt, die aber nicht zu einer Ehe geführt hat. Jedes achte Kind lebt in diesem Zeitraum konstant in alleinerziehenden Lebensverhältnissen.

Tabelle 5.10: Sequenzmuster der Lebensformen ehelich geborener Kinder mit Trennungserfahrung - alte Bundesländer

	unter 3	**3-6**	**7-10**	**11-18**
Konstant alleinerziehend		6,8	22,2	39,1
EHE-All	26,9	22,4	20,4	13,2
SCHD-All		10	11,5	3,4
STF-All		0,4	4,1	3,4
EHE-STF-All	1,1	0,8	1,2	1,1
All-STF-All		5,3	1,6	3,4
Anteil alleinerziehend	28	45,8	61,3	63,8
weiter in Ehe	69,3	41	16,5	0
Anteil in Ehe	69,3	41,3	16,5	0
Konstant in Stiefkonstellationen	0	2,3	8,6	14,4
All-STF	0	3	5,8	6,3
All-STF-STF	0	0	0,8	1,1
SCHD-STF	0	0	0	0,6
SCHD-All-STF	0	2,7	0	2,9
EHE-STF	1,1	0	0,4	0,6
EHE-All-STF	1,5	4,9	6,2	8
STF-All-STF	0	0	0,4	2,3
Anteil Stiefkonstellationen	2,7	12,9	22,2	36,2
Gesamt %	100	100	100	100

Quelle: DJI-Familiensurvey, Angaben in Prozent der Altersgruppe

Im folgenden Intervall zeigt sich eine deutliche Verschiebung der Entwicklung hin zu Stiefverhältnissen. Jedes fünfte Kind lebt in diesem Alter bereits mit einem Stiefelternteil zusammen. Dieser Wert steigt in der folgenden Periode auf 36% an. Jedes dritte Kind über 10 Jahre lebt demnach nach einer Scheidung in einer Stiefbeziehung. Für beide Zeiträume gilt, daß sich das Alleinerziehen insbesondere aus einer Trennung oder Scheidung ergibt oder aus der Tatsache, daß die Eltern ihre Haushaltsgemeinschaft aufgeben.

Dieselben Analysen für die neuen Bundesländer durchgeführt ergeben die Konstellation, die in der Abbildung 5.9 dargestellt sind. Die einzelnen Säulen der Abbildung beinhalten wieder die folgende Information: Veränderung der Lebensverhältnisse der Kinder im angegebenen Zeitraum, wobei immer nur der bis dahin erreichete Endzustand abgebildet wird.

Auf den ersten Bilck ergibt sich derselbe Trend, den man bereits für die alten Bundesländer beobachten konnte. Die Lebensform alleinerziehend nimmt im Verlauf deutlich zu. Auch die Stiefelternschaft kann einen beachtlichen Zuwachs vorweisen. Im Unterschied zum Westen setzt dieser Trend früher ein und führt daher zu einem letztlich größeren Anteil von Stiefverhältnissen im Osten.

Abbildung 5.9: Sequenzmuster ehelich geborener Kinder, die 1994 nicht mehr mit beiden Eltern zusammenleben - neue Bundesländer

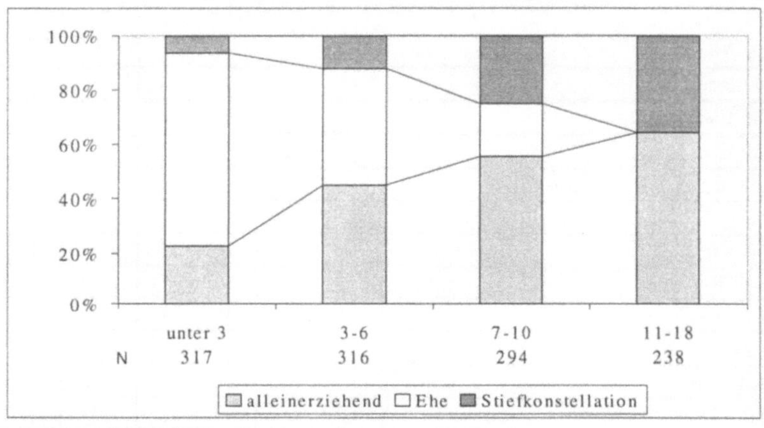

Quelle: DJI-Familiensurvey

Die Entwicklung in den einzelnen Altersgruppen zeigt nun, daß auch für die neuen Bundesländer gilt, was für die alten Bundesländer bereits gesagt worden ist. Es zeigt sich, daß 40% der Kinder, deren leibliche Eltern sich getrennt haben, im Alter von drei bis sechs Jahren mit nur einem Elternteil zusammenleben. Die Hälfte davon hat die Scheidung erst seit kurzem hinter sich, jedes fünft erlebt die Trennung der bislang noch verheirateten Eltern und etwa gleichviele leben bereits in einer Stiefelternschaft. Zwei von zehn Kindern in diesem Alter erfahren die Neubildung einer Partnerschaft und erhalten damit ein Stiefelternteil. Stiefelternschaft kommt damit im Osten etwa doppelt so häufig vor wie im Westen.

Im folgenden Intervall zeigt sich eine deutliche Verschiebung der Entwicklung hin zu Stiefverhältnissen. Jedes vierte Kind in diesem Alter lebt bereits mit einem Stiefelternteil zusammen. Dieser Wert steigt in der folgenden Periode auf 35% an. Jedes dritte Kind über 10 Jahren lebt nach einer Scheidung in einer Stiefbeziehung. Während dort einer Scheidung das Alleinerziehen folgt, ist im Osten ein deutlich stärkerer Trend zu einer Stiefbeziehung gegeben, insbesondere in det jüngsten Altersgruppe.

Tabelle 5.11: Sequenzmuster der Lebensformen ehelich geborener Kinder mit Trennungserfahrung - neue Bundesländer

	unter 3		3-6		7-10		11-18	
Konstant alleinerziehend	0		7,9		22,1		37,8	
EHE-All	22,7		22,5		18,7		17,7	
TRG-All	0		8,2		8,8		4,6	
STF-All	0		1,3		3,7		2,9	
EHE-STF-All	0		0		0,7		0,4	
All-STF-All	0		0,3		1,4		1,3	
Anteil alleinerziehend		22,7		40,2		55,4		64,8
weiter in Ehe	71		43		19,4		0	
Anteil in Ehe		71		43		19,4		0
Konstant in Stiefkonstellationen	0		4,7		11,6		19,7	
All-STF	0		5,4		6,1		7,1	
All-STF-STF	0		0		0		0	
SCHD-STF	0		0		0		0,4	
SCHD-All-STF	0		0,9		1		1,7	
EHE-STF	0,6		1,9		0,7		1,2	
EHE-All-STF	5,7		3,5		4,8		3,4	
STF-All-STF	0		0,3		1		1,7	
Anteil Stiefkonstellationen		6,3		16,8		25,2		35,2
Gesamt %		100		100		100		100

Quelle: DJI-Familiensurvey, Angaben in Prozent der Altersgruppe

Auch im Osten gilt für diese beiden Zeiträume, daß sich das Alleinerziehen insbesondere aus einer Trennung oder Scheidung ergibt oder aus der Tatsache, daß die Eltern ihre Haushaltsgemeinschaft aufgeben.

5.9 Zusammenfassung

Zusammenfassend läßt sich damit sagen, daß in beiden Teilen Deutschlands bei nichtehelich Geborenen und bei Kindern in Familien, die irgendwann einmal zerbrechen, von der Geburt bis zum Alter von ca. 2 Jahren keine wesentliche Veränderung der Lebensverhältnisse der Kinder vorkommt. Damit ist gemeint, daß keine neuen Partnerschaften eingegangen werden, die zu neuen familialen Konstellationen führen. Daher erleben die Kinder eine gewisse Zeit der Stabilität mit beiden leiblichen Eltern. Danach allerdings zeigt sich, daß es entweder zur Bildung von Stieffamilien kommt, im Osten etwas mehr als im Westen, oder die bisher gelebte Familienform auseinanderbricht und das Kind mit nurmehr einem Elternteil zusammenlebt. Die Sequenzmuster weisen zudem darauf hin, daß neue Partnerschaften erst sehr allmählich entstehen und zudem ein hohes Risiko existiert, daß diese Partnerschaften schnell wieder enden.

Alle unsere Aussagen sind unter der Restriktion gemacht worden, entweder in einer nichtehelichen Lebensgemeinschaft geboren worden zu sein, um dann den Verlauf der Entwicklung nachzeichnen zu können, oder in einer später gescheiterten Ehe mit den leiblichen Eltern geboren worden zu sein, um dann, die weiteren Entwicklungen beschreiben zu können. Diese repräsentieren selbstverständlich nicht alle denkbaren Möglichkleiten von Entwicklungen der Lebensverhältnisse von Kindern.

Versucht man dennoch, aus dem bislang Gesagten und unter Beachtung der von uns vorgenommenen Restriktionen eine Art Typologie der Veränderungen zu entwickeln, so könnte diese etwa so aussehen:

- alleinerziehend geboren worden zu sein, heißt für eine Mehrzahl der Kinder, daß Veränderungen aus dieser Lebensform heraus immer in Richtung auf eine Lebensform mit einem Stiefelternteil verlaufen. Stieffamilien oder das Hinzutreten eines neuen Partners in einer eheähnlichen Partnerschaft bilden die Alternativen. Alleinerziehend aufzuwachsen nach einer Scheidung, bedeutet für die Mehrzahl der Kinder längere Zeit mit nur einem Elternteil aufzuwachsen. Erst mit größerem Alter erleben die Kinder in nennenswertem Umfang die Bildung neuer Familien. Dies gilt insbesondere für die neuen Bundesländer.
- living apart together der leiblichen Eltern: Die Mehrzahl der Fälle verändert sich in Richtung auf eine nichteheliche Partnerschaft. Auch eine Ehe der Eltern ist nicht ausgeschlossen. In jedem Fall erfolgen die Veränderungen innerhalb von fünf bis sechs Jahren nach der Geburt des Kindes. Diese Lebensform läßt sich für Kinder über sechs Jahre weder in Ost noch in West mehr nachweisen. Nach einer Scheidung ist diese Lebensform nicht mehr vorgekommen.
- Nichteheliche Lebensgemeinschaften: Bis drei Jahre nach der Geburt kommt es recht häufig zu einer Eheschließung der Eltern, im Osten öfters als im Westen. Nach dem dritten Lebenjahr des Kindes führt diese Lebensform im Westen noch deutlich häufiger zu einer Heirat der leiblichen Eltern als im Osten.
- Verehelichung: Haben sich die Eltern der Kinder entschlossen nach der Geburt zu heiraten, so bedeutet dieses für die Kinder, daß sie unter den gleichen stabilen Bedingungen aufwachsen, wie Kinder, die ehelich ge-

boren worden sind. Bis zum dritten Lebensjahr sind im Osten über 40%, im Westen nur jedes dritte Kind legitimiert worden.

- Trennung und Scheidung: Für Kinder unter sechs Jahren bedeutet eine Trennung oder Scheidung, daß sie in aller Regel mit nurmehr einem Elternteil aufwachsen. Nur jedes zehnte Kind kann damit rechnen, in einer neuen Familie oder in einer Partnerschaft mit einem neuen Elternteil zu leben. Für ältere Kinder dagegen steigt die Chance auf Alternativen zum Status des Alleinerziehens kaum. Kommt es aber zu einer Stiefkonstellation, so ist das nichteheliche Zusammenleben doppelt so häufig wie das eheliche Zusammenleben.

6. Nichteheliche Kinder im Verwandtennetz

Beziehungen von Kindern in nichtehelichen Gemeinschaften zu Eltern und Großeltern in den alten und neuen Bundesländern

Jan H. Marbach

Inhalt

Die bisherige Forschung über nichteheliche Lebensgemeinschaften in gemeinsamen (NEL) oder getrennten (LAT) Haushalten in Deutschland hat Fragen nach Kindern eher beiläufig behandelt. Dies mochte seinen Grund darin haben, daß Kinder in solchen Konstellationen von Elternschaft bisher kein quantitativ und qualitativ bedeutsames Phänomen zu sein schienen. Durch die neuen Bundesländer hat sich das allerdings geändert. Laut Familiensurvey lebten 1994 in den alten Bundesländern 3,3% der ledigen, getrenntlebenden, geschiedenen oder verwitweten Befragten mit einem festen nichtehelichen Partner und mindesten einem (eigenen, Stief-, Pflege- oder Adoptiv-) Kind in häuslicher Gemeinschaft zusammen. Weitere 1,6% der Befragten mit mindestens einem Kind im Haushalt gaben einen außerhalb wohnenden festen Partner an. Die Vergleichzahlen für die neuen Bundesländern lauten 8,1% (NEL) bzw. 2,7% (LAT; vgl. Marbach/Bien/Bender 1996, S. 29). Während in der BRD 1988 die Mehrheit der Personen in nichtehelichen Lebensgemeinschaften keine Kinder im Haushalt hatte (rund 85%), verhielt es sich in der DDR umgekehrt: die Mehrheit dieser Personen (52%, vgl. Engstler 1997, S. 50) lebte mit Kindern zusammen. Gysi u.a. (1993, S. 242) bezeichnen wegen dieses hohen Kinderanteils NEL in den neuen Bundesländern als "nichteheliche Familiengemeinschaften".

Trotz dieser Unterschiede zwischen West- und Ostdeutschland sind mittlerweile auch in den alten Bundesländern - ebenso wie in vielen anderen Ländern Westeuropas (vgl. Strohmeier/Schulze 1995) - Kinder in nichtehelichen Lebensgemeinschaften keine zu vernachlässigende Größe mehr. Deshalb erscheint es angebracht, sich näher mit den sozialen Beziehungen dieser Kinder zu befassen.

6.1 Theoretischer Hintergrund und Fragestellung

Dabei gilt es, die unterschiedlichen gesellschaftlichen und kulturellen Rahmenbedingungen zu beachten, unter denen nichteheliche Lebensgemeinschaften in der früheren Bundesrepublik und in der ehemaligen DDR lebten. Nach Huinink (1994) lassen sich diese Bedingungen wie folgt zusammenfassen:

- In Westdeutschland waren - und sind - Familienpflichten und die Teilnahme an beruflicher Ausbildung für Frauen nur schwer zu vereinbaren. Daher versuchen Frauen, die eine berufliche Ausbildung absolvieren,

eine familienbedingte Unterbrechung dieser Ausbildung zu vermeiden. Dieser Aufschub wird erleichtert durch den Umstand, daß eine mit dem Partner gemeinsame Wohnung auch ohne Heirat möglich ist. Die Folge ist, daß junge Frauen und Männer vermehrt nach Alternativen zur familiären Form des Zusammenlebens und den damit verbundenen Belastungen suchen, also in nichtehelicher Partnerschaft ohne Kinder leben.
- In der DDR dagegen hat eine frühe Familiengründung kaum Kosten verursacht. Durch die flächendeckende Infrastruktur der Kinderbetreuung waren berufliche Ausbildung und Erwerbstätigkeit relativ leicht mit Familienaufgaben vereinbar. Zusätzlich bestanden Anreize zu Eheschließung und Familiengründung durch daran geknüpfte Privilegien bei der Zuteilung von Wohnungen. Die Gefahr einer Unterbrechung der Berufstätigkeit durch die Geburt von Kindern bestand nicht. Daher kamen Geburten auch vermehrt in nichtehelicher Partnerschaft oder auch vor dem Auszug aus dem Elternhaus vor.

Diese unterschiedlichen gesellschaftlichen Rahmenbedingungen hatten nach Huinink (1994) zur Folge, daß das Leben in einer nichtehelichen Gemeinschaft in DDR und BRD Unterschiedliches bedeutete:
- In der BRD war die nichteheliche Gemeinschaft ein Äquivalent zur kinderlosen Ehe und tendierte dazu, diese zu verdrängen; die für Westdeutschland und die meisten Länder West- und Mitteleuropas typische - Trennung zwischen Partner- und Kindorientierung (Meyer 1993) schlug sich hier auch institutionell nieder.
- In der DDR war die nichteheliche Lebensgemeinschaft mit zusammenlebenden Partnern ein Äquivalent zur Familie mit Kindern und folgte damit dem in Nord- und Osteuropa verbreiteten Modell einer Entkoppelung von Ehe und Fertilität (Marbach 1996).

Die bisher publizierten Ergebnisse des Familiensurveys zeigen, daß in den neuen Bundesländern auch fünf Jahre nach dem Ende der DDR noch eine Tendenz zur - wenigstens zeitweiligen - Trennung von Ehe und Elternschaft bestand (Marbach/Bien/Bender 1996). Ihr steht im Westen eine nach wie vor kaum infrage gestellte Verknüpfung von Ehe und Elternschaft gegenüber. Dies sollte sich auch in dem Typus von nichtehelicher Lebensgemeinschaft niederschlagen, der in den alten Bundesländern mit Kind(ern) lebt. Es ist anzunehmen, daß es sich in Westdeutschland eher als in Ostdeutschland um nichteheliche Paare handelt, von denen ein oder beide Partner eine Ehe hinter sich haben, in denen also vermehrt Scheidungskinder leben.

Ein erster Hinweis darauf ergibt sich, wenn wir die Lebensformen 18-30jähriger in West- und Ostdeutschland betrachten. 1994 lebten in den alten Bundesländern 2,7% der 18-30jährigen ledigen, getrenntlebenden, geschiedenen oder verwitweten Befragten mit einem festen nichtehelichen Partner und mindestens einem Kind zusammen, in den neuen Bundesländern waren es 12,9% (die Vergleichszahlen für 18- bis 62jährige: 3,3% im Westen bzw. 8,1% im Osten; vgl. Marbach/Bien/Bender 1996, S. 29 und 32). Bei den unter 31jährigen verstärkt sich also der Ost-West-Unterschied bei nichtehelichen Lebensgemeinschaften mit Kindern in gemeinsamer Wohnung im Vergleich zur Gesamtheit aller Befragten. Das bedeutet, daß im Westen der Anteil älterer nichtehelicher Elternpaare relativ größer ist als im Osten Deutschlands, wo stattdessen junge nichteheliche Elternpaare vergleichsweise häufiger sind.

6.1.1 Spuren der Systemunterschiede

Alte Bundesländer

Nach Furstenberg (1987, S. 32) befinden sich Kinder, die in Folgepartnerschaften eines ihrer Elternteile leben, in einem Spannungsfeld. Auf der einen Seite steht der Wunsch des Elternteils, die gemeinsame Kinderversorgung sicherzustellen - ein Interesse, dem Kontakte des Kindes zum abwesenden Elternteil entgegenkommen. In dieselbe Richtung wirkt auch das Interesse der Eltern des Expartners an Beziehungen zu ihrem Enkelkind. Auf der anderen Seite wecken diese Kontakte beim sorgeberechtigten bzw. die elterliche Sorge ausübenden Elternteil möglicherweise Erinnerungen an einen vom Scheitern überschatteten Lebensabschnitt. Hinzu tritt nicht selten der Wunsch, sich zugunsten der neuen Partnerschaft maximal vom Expartner zu distanzieren - beides Bedingungen, die intensiven Kontakten des Kindes zum abwesenden Elternteil eher abträglich sind. Furstenberg (1987, S. 35) spricht in diesem Zusammenhang von einer Tendenz zur "parallelen" statt zur "geteilten" Elternschaft.

Hinzu treten in Folgepartnerschaften die quasi "natürlichen" Spannungen zwischen Stiefeltern und Stiefkindern. Nach Kriminalstatistiken von 1976 in den USA und Kanada stieg die Wahrscheinlichkeit, daß ein Kind in den USA durch elterlichen Mißbrauch starb, um etwa den Faktor 100, wenn es statt mit den leiblichen Eltern mit einem oder zwei Stiefeltern zusammenlebte. In einer kanadischen Stadt wuchs in den 80er Jahren die Wahrscheinlichkeit von bis zu zweijährigen Kindern, von den Eltern getötet zu werden, um das 70fache, wenn das Kind mit wenigstens einem Stiefelternteil aufwuchs (Daly/Singh/Wilson 1993, Daly/Wilson 1994). Betrachtet man die Verteilung von Stiefelternschaften nach Geschlecht, dann handelt es sich überwiegend um ein Stiefvaterproblem. Befunde von Nauck (1991) in der ersten Welle des DJI-Familiensurveys von 1988 bestätigen dies. Danach waren Stiefelternschaften 1988 bei deutschen Männern knapp 3,5 mal häufiger als bei deutschen Frauen.

Zu erwarten ist aufgrund bisheriger Untersuchungen in den USA, daß es eine wichtige Rolle für kindliche Kontaktbeziehungen spielt, ob der anderswo lebende Elternteil die Mutter oder der Vater ist. Nach übereinstimmenden Befunden von Furstenberg et al. (1983), Seltzer/Bianchi (1988), Cooney/ Uhlenberg (1990), Marks (1991) sowie Aquilino (1994) sind die Kontakte von Kindern zu nicht-sorgeberechtigten Müttern außerhalb des Haushalts intensiver als zu nicht-sorgeberechtigten Vätern. Dies gilt nach Thomson et al. (1992), Santrock/Sitterle (1987) und Zill (1988) insbesondere, wenn das sorgeberechtigte Elternteil eine neue feste Beziehung eingeht, was im Fall der vorliegenden Untersuchung ja vorausgesetzt ist. Seltzer (1991) zufolge ist dieser Effekt außerdem bei Söhnen stärker als bei Töchtern. Des weiteren haben Seltzer/ Bianchi (1988) und Seltzer (1991) herausgefunden, daß Väter von nichtehelich geborenen Kindern alleinerziehender Mütter schwächere Beziehungen zu ihren Kindern haben als geschiedene nicht-sorgeberechtigte leibliche Väter ehelich geborener Kinder.

Weitere Effekte werden der Geschlechtskomposition der Dyade aus sorgeberechtigtem Elternteil und Kind zugesprochen. Folgt man Warshak /Santrock (1983), Hetherington et al. (1985), Peterson/Zill (1986) und Chase-Lansdale/Hetherington (1990), dann haben Kinder alleinerziehender gegengeschlechtlicher Elternteile mehr Beziehungs- und Verhaltensprobleme als Kinder alleinerziehender gleichgeschlechtlicher Elternteile. Es wird konstatiert, daß Mutter-Tochter Beziehungen stärker sind als Mutter-Sohn-Beziehungen, ebenso Vater-Sohn-Beziehungen stärker als Vater-Tochter-Beziehungen.

Nach Befunden von Szydlik (1994) an den Daten des sozio-ökonomischen Panels (1991) kennzeichnet eine Hierarchie dieser Art, in der zudem unabhängig vom Geschlecht des Kindes die Beziehungen zur Mutter im Schnitt stärker sind als die Beziehungen zum Vater, Generationenbeziehungen in Deutschland generell, nicht nur die zwischen Alleinerziehenden und ihren Kindern. Die Besonderheit des Befundes an Alleinerziehenden bestünde dann darin, daß sich dieses Gefälle auch dann einstellt, wenn der Kontrasteffekt eines anwesenden anderen Elternteils entfällt. Diese Befunde über Alleinerziehende lassen sich allerdings nicht uneingeschränkt an unserer Untersuchung prüfen, weil Elternteile in einer nichtehelichen Partnerschaft mit Personen, die nicht Elternteil eines Kindes sind, zwar rechtlich, aber kaum lebenspraktisch als alleinerziehend anzusprechen sind. Da andererseits viele in nichtehelicher Lebensgemeinschaft verbundene Elternteile Phasen des Alleinerziehens hinter sich haben, sollte der Effekt dennoch spürbar sein.

Neue Bundesländer

Sollte die These von Gysi u.a. (1993) zutreffen, daß nichteheliche Lebensgemeinschaften mit Kindern in der ehemaligen DDR den Charakter "nichtehelicher Familiengemeinschaften" hatten, dann ist angesichts der Fortdauer anderer DDR-typischer Verhaltensweisen nach 1990 (etwa im generativen Verhalten) anzunehmen, daß nichteheliche Lebensgemeinschaften auch in den neuen Bundesländern diese Tradition fortsetzen. Obwohl auch hier Scheidungskinder in einem Stiefkindverhältnis nicht selten sein dürften, ist doch anzunehmen, daß häufiger als in den alten Bundesländern leibliche Eltern eines oder mehrerer Kinder eine nichteheliche Lebensgemeinschaft bilden. In diesem Fall sollten die Beziehungen eines Kindes zu Verwandten außerhalb des eigenen Haushalts sich nicht vom "mainstream" junger Familien unterscheiden bzw. einen Kontrast bilden zu den Befunden bei nichtehelichen Lebensgemeinschaften in den alten Bundesländern. Ansonsten gelten die für die alten Bundesländer angenommenen Hypothesen uneingeschränkt auch in den neuen Bundesländern.

6.1.2 Verwandte im Nahbereich

Großeltern

Bei Kontakten zwischen Enkeln und Großeltern ist zu erwarten, daß die zuvor herausgestellten Unterschiede zwischen den Bundesländern zwar noch spürbar sind, aber durch die "Filterwirkung" des Generationenabstands und das von gesellschaftlichen Rahmenbedingungen ziemlich unabhängige Interesse von Großeltern an ihren Enkeln in ihrer Bedeutung zurücktreten (Eggebeen/Hogan 1990; Hogan/Eggebeen/Clogg 1993). Eine Ausnahme könnten vielleicht nichteheliche Lebensgemeinschaften zwischen einer oder zwei geschiedenen Personen bilden, die Kinder aus der gescheiterten Ehe mitbringen. Denn nach Befunden von Cherlin/Furstenberg (1986) und Spitze et al. (1994) beflügelt eine Scheidung die Beziehungen zwischen Großeltern und Enkeln, sofern der Enkel bzw. die Enkelin bei dem - aus der Sicht der Großeltern - eigenen sorgeberechtigten Kind lebt. Da nichteheliche Lebensgemeinschaften dieser Art in den alten Bundesländern häufiger sind, könnte der Regionsunterschied an dieser Stelle erkennbar bleiben.

Sofern die nichtehelichen Partner die leiblichen Eltern des Kindes sind, dürften sich keine Unterschiede zu Großelternkontakten von Kindern ergeben, die mit ihren verheirateten leiblichen Eltern zusammenleben. Aus dieser Annahme folgt, daß sich ein Unterschied in den Großelternkontakten bemerkbar machen sollte zwischen Kindern, die mit beiden leiblichen Eltern zusammenleben, und Kindern aus einer geschiedenen oder getrennten Ehe mit einem anderswo lebenden Expartner.

Eine Reihe älterer Untersuchungen kommt zu dem Ergebnis, daß der Mutter-Tochter-Beziehung eine Schlüsselrolle bei der Entstehung und Aufrechterhaltung verwandtschaftlicher Netzwerke, insbesondere für Enkel-Großeltern-Beziehungen, zukommt. Nach einem Befund von Glick (1957), der später in den USA des öfteren bestätigt werden konnte (zusammenfassend Sweetser 1966), ließ die Wahl des Wohnstandorts matrilineare Bindungen zwischen Müttern und erwachsenen verheirateten Töchtern erkennen. Die Töchter suchten eine größere räumliche Nähe zu den eigenen Eltern, vermieden dagegen eine enge räumliche Verflechtung mit den Eltern des Partners. Männer verhielten sich diesbezüglich eher indifferent. Ähnliche Befunde liegen aus Großbritatnnien (Rosser/Harris 1965, Young/Willmott 1957, 1960) und Frankreich vor (Pitrou 1977, Gokalp 1978).

Bei der Mehrzahl dieser Studien bleibt allerdings unklar, ob die verwendeten Näheindikatoren echte *Matrilinearität* anzeigen, also ein privilegiertes Mutter-Tochter-Verhältnis, oder lediglich eine *matrilaterale* Struktur, bei der Verwandte der mütterlichen Seite generell vor Verwandten der väterlichen Seite rangieren. Bei der Wohnortwahl ist diese Unterscheidung meist auch nicht möglich, weil die Eltern erwachsener Frauen in der Zeit, als die Studien entstanden, fast ausnahmslos zusammenwohnten oder der Vater schon gestorben war.

Kontaktindikatoren bieten zwar ein schärfer diskriminierendes Instrument, häufig sind aber seine Möglichkeiten nicht hinreichend genutzt worden. So vermittelt eine Reihe von Studien den Eindruck, matrilaterale Verwandtenkontakte würden bevorzugt. Da jedoch Verwandte als Kontaktpartner meist nur pauschal angesprochen wurden, lassen sich weitergehende matrilineare Bindungen nicht ausschließen. Z.B. fand Hill (1970) in seiner Studie über Drei-Generationen-Familien mehr als doppelt soviele weiblich (36%) wie männlich (17%) vermittelte Familienkontakte. Zu einem ähnlichen Ergebnis in der Bundesrepublik gelangte um die gleiche Zeit Schneider (1970) in ihrer Untersuchung "expressiver Verkehrskreise". In einer Längsschnittstudie hat Nave-Herz (1984) ein deutliches, wenn auch zwischen 1950 und 1980 etwas nachlassendes Übergewicht der Kontakte von Frauen zu ihren eigenen Eltern zu Lasten der Kontake zu ihren Schwiegereltern festgestellt. Lüschen (1988) dagegen konnte bei Hilfen unter Verwandten in mehreren europäischen Städten, darunter Köln und Bremen, keine Dominanz der mütterlichen Verwandtschaftslinie feststellen. In allen diesen Fällen ist eine klare Entscheidung zwischen Matrilinearität und Matrilateralität nicht möglich.

Genauer spezifizierte Befunde sich überlagernder matrilateraler und matrilinearer Strukturen liegen aus einigen Untersuchungen jüngeren Datums über Verwandtschaftskontakte unter Frauen und über Großeltern-Enkel-Beziehungen vor. Nach Dunbar/Spoors (1995) sowie Salmon/Daley (1996) besuchen sich weibliche Verwandte häufiger, telefonieren öfter miteinander, beraten sich öfter und investieren insgesamt mehr Zeit und Energie in die Pflege verwandtschaftlicher Netzwerke. In Kanada untersuchten Littlefield/Rushton (1986) die Intensität, mit der Großeltern den Tod eines Enkels betrauern. Der psychische Schmerz war am stärksten bei der Großmutter mütterlicherseits. Es folgten der Großvater mütterlicherseits und die Großmutter väterlicherseits. Am Schluß rangierte der Großvater väterlicherseits. An der Universität Kassel befragten Euler/Weitzel (1996) Studierende über die Fürsorglichkeit ihrer Großeltern. Nach Kontrolle konkurrierender Einflußfaktoren stellte sich exakt die gleiche Rangfolge der Großelternteile ein wie bei Littlefield/Rushton (1986).

Für die empirische Prüfung der damit aufgeworfenen Fragen sind auch die theoretischen Annahmen wichtig, mit denen die Befunde erklärt werden. Sweetser (1966) führt matrilineare Kontaktpräferenzen auf das Nachfolgeverhältnis zwischen Schwiegermutter und Schwiegertochter bei den Aufgaben der Haushaltsführung zurück. Diese Funktionsübernahme bewirke, daß der potentielle Konflikt zwischen ihnen größer sei als der potentielle Konflikt zwischen Schwiegermutter und Schwiegersohn. Infolgedessen meide eine Ehefrau den Kontakt mit der Schwiegermutter und deren Familie und suche stattdessen den Kontakt zur eigenen Mutter und Herkunftsfamilie. Diese Erklärung setzt voraus, daß Frauen in Partnerschaften überwiegend die traditionelle Hausfrauenrolle übernehmen, zumindest sich auch dann für die Hausarbeit verantwortlich fühlen, wenn sie selbst berufstätig sind. Nur so erscheint plausibel, daß sich Frauen vornehmlich an die eigene Mutter (als Hausfrau) wenden, wenn sie Rat oder Hilfe im Haushalt suchen.

Schneider (1970) macht Besonderheiten der Mädchensozialisation für matrilateral geprägte Verwandtenkontakte in Familien verantwortlich. Mädchen unterlägen einer strengeren Kontrolle ihrer Außenkontake durch die Eltern und seien daher stärker auf Verwandtenkontakte angewiesen als Jungen, denen mehr Raum für Kontakte mit nichtverwandten Gleichaltrigen zugestanden werde. Im Erwachsenenalter hielten die Frauen an dieser Praxis als erlerntem Verhalten fest. Dabei unterstellt Schneider (1970) implizit, daß Mädchen nicht nur Verwandtenorientierung als Verhalten internalisieren, sondern zugleich eine Art "Prägung" auf die eigene Herkunftsfamilie erfahren[29]. Anders bliebe unklar, warum für erwachsene Frauen die Verwandten des Partners nicht eine ähnliche Rolle spielen wie die eigenen. Die heute üblichen Erziehungspraktiken lassen die These von Schneider (1970), Mädchen würden von gleichaltrigen Nichtverwandten ferngehalten, trotz aller noch bestehenden Ungleichheiten der Geschlechtersozialisation allerdings als überholt erscheinen.

Der gleichwohl nachweisbare Zusammenhang von verwandtschaftlicher Nähe und Beziehungspräferenzen über Zeiten, Kulturräume und Beziehungskonstellationen hinweg hat in jüngerer Zeit in den Sozialwissenschaften das Interesse an soziobiologischen Theorien (Vowinckel 1991, 1995; Kopp 1992, Voland 1993) geweckt. An anderer Stelle zeige ich (Marbach im Druck), daß die Struktur der Verwandtenbeziehungen, die in den DJI-Familiensurveys erhoben wurden, zu weiten Teilen mit soziobiologischen Annahmen über nepotistischen Altruismus (Van den Berghe 1979, 1988; Vogel 1985, Alexander 1988, Wickler/Seibt 1991) übereinstimmt. Aus soziobiologischer Per-

---

[29] Ein Sprichwort, das Segalen (1990: 121) zitiert, bringt diesen Sachverhalt auf die treffende Formel: "Ein Sohn bleibt ein Sohn, bis er eine Frau nimmt, eine Tochter bleibt eine Tochter ihr Leben lang".

spektive läßt sich das Übergewicht der Verwandtenkontakte mütterlicherseits auf das Zusammenwirken dreier Komponenten zurückführen:

(1) Es gibt eine geschlechtsunabhängige Bevorzugung eigener (d.h. blutsverwandter) vor affinen (durch Heirat erworbenen) Verwandten[30]. Darin drückt sich ein unter Selektionsdruck evolviertes "Interesse" individueller Genome (Dawkins 1976) aus, die Fitness ihrer Träger, also der Individuen, zu maximieren, d.h. möglichst viele Genkopien (Allele) an die nächste Generation weiterzugeben, sei es in Gestalt eigener Nachkommen oder durch die Förderung genetisch Verwandter ("kin selection", Hamilton 1964, Williams 1966, Trivers 1971).

(2) Die altehrwürdige Erkenntnis "mater semper certa, pater semper incertus est" führt zu folgender Verteilung sicherer bzw. unsicherer genetischer Abstammungsschritte zwischen Großeltern und Enkeln:

	mütterlicherseits		väterlicherseits	
Verwandtschaft	Großmutter	Großvater	Großmutter	Großvater
sicher	2	1	1	-
unsicher	-	1	1	2

Die in den Studien von Littlefield/Rushton (1986) sowie Euler/Weitzel (1996) zutage geförderte Rangreihe des psychischen und materiellen Aufwands der Großeltern für ihre Enkel entspricht fast der Rangfolge, die man vorhersagen würde, wenn sich die großelterlichen Investitionen in ihre Enkel nach der Sicherheit der verwandtschaftlichen Bindungen richten würde. Lediglich zwischen dem Großvater mütterlicherseits und der Großmutter väterlicherseits bliebe die Rangfolge unklar. Hier kommt die dritte Komponente ins Spiel.

(3) Nach psychologischen Untersuchungen von Salmon/Daly (1996) definieren Frauen sich stärker als Männer über eine Selbstverortung in Verwandtschaftsräumen und -rollen. Die Autoren sprechen von einer spezifisch weiblichen "genealogischen Intelligenz", der auf männlicher Seite ein Denken in Allianzen und eine Selbstdefinition über Gruppen gegenüberstehe. Soziologisch wird diese Sicht durch eine Vielzahl von Untersuchungen gestützt, die in sozialen Netzwerken von Frauen ein

---

[30] Sie läßt sich an den Daten der beiden Wellen des Familiensurveys von 1988 und 1994 durchgehend nachweisen, u.a. im Vergleich der Beziehungen zu den eigenen Eltern und den Eltern des Partners bzw. der Partnerin.

Übergewicht von Verwandten, in Netzwerken von Männern überwiegend Freunde und Bekannte nachgewiesen haben (zusammenfassend Rogler/Procidano 1986).

Treffen Präferenz für Blutsverwandte und genealogische Orientierung von Frauen zusammen, dann läßt dies eine Tendenz zu matrilateralen Verwandtschaftsbeziehungen in Familien erwarten. Auch die Rangfolge zwischen dem Großvater mütterlicherseits und der Großmutter väterlicherseits erscheint nun zugunsten des ersteren geklärt. Beide Annahmen haben allerdings zur Voraussetzung, daß sich die Beziehungen zwischen Großeltern und Enkeln hinreichend frei entfalten könnnen, d.h. sie sollten nicht durch Spannungen oder Auseinandersetzungen unter den Eltern als vermittelnden Gliedern gefiltert oder blockiert sein. An unsere Daten wären demnach folgende Fragen zu richten:

- Gibt es Hinweise auf Einflüsse seitens der Eltern, die die Kontakte zwischen Enkeln und Großeltern behindern?
- Herrscht in den Kontakten ein Übergewicht der Verwandten mütterlicherseits?
- Gibt es darüber hinaus Anzeichen für eine matrilineare Struktur?
- Falls dies zutreffen sollte: Läßt sich dies auf eine überwiegende Verantwortung der Mutter für die Hausarbeit zurückführen?

Geschwister

Weder in der klassischen Geschwister-Positionsforschung (Sutton-Smith/Rosenberg 1970) noch in der neueren, längsschnittlich und interkulturell orientierten Geschwister-Beziehungsforschung (Lamb/Sutton-Smith 1982, Goetting 1986, Goldring Zukow 1989, Kasten 1993, 1994) haben die besonderen Umstände des Aufwachsens in einer nichtehelichen Gemeinschaft eines oder beider Elternteile bisher Beachtung gefunden. Gleiches gilt für Beziehungen unter Halb- oder Stiefgeschwistern.

Einen Anhaltspunkt bietet lediglich die überkommene Einsicht, daß sich mit einem zweiten Kind das Familiensystem in ein Eltern- und ein Geschwistersubsystem differenziert und Geschwister auf diese Weise ein Gegengewicht zu den Eltern bilden können (Schütze 1989). So haben etwa Grusky/Bonacich/Webster (1995) die Koalitionsbildung während verschiedener Streitepisoden in Familien mit zwei Geschwistern untersucht und herausgefunden, daß sich in etwa 11% aller Koalitionen die Geschwister gegen ein oder beide Elternteile zusammentaten. 89% der Koalitionen wurden von beiden Eltern (41%) oder einem Elternteil und einem Kind (48%) gebildet. Im übrigen gibt es wenige Anhaltspunkte für die Formulierung geeigneter Hypothesen. Die folgenden Annahmen stützen sich daher in erster Linie auf ad hoc gewonnene Plausibilitätserwägungen.

Bezieht man das Argument einer möglichen Koalitionsbildung unter Geschwistern auf die Kontakte eines Kindes zu einem anderswo lebenden Elternteil, dann ist zu erwarten, daß das Vorhandensein eines *Vollgeschwisters* im Haushalt solche Kontakte begünstigt. Diese These ist zwar nicht eigens auf nichteheliche Gemeinschaften zugeschnitten, doch dürften Konstellationen dieser Art dort gehäuft auftreten. Das gilt auch für die folgende Erweiterung:

Befindet sich neben dem Bezugskind mindestens ein Halbgeschwister im Haushalt, das leibliches Kind beider nichtehelichen Partner ist, dann wird der Kontakt des Kindes zu anderswo lebenden Angehörigen, insbesondere dem externen Elternteil, eher behindert als wenn das Halbgeschwister leibliches Kind des anderen Partners (Stiefelternteils) ist oder wenn kein weiteres Kind im Haushalt lebt. Im Hintergrund steht die Annahme, daß erstens die Solidarität unter Halb- bzw. Stiefgeschwistern geringer ist als unter Vollgeschwistern und zweitens das Interesse des Stiefelternteils an den Kontakten eines Stiefkindes zu seinen Angehörigen geringer ist, wenn auch ein leibliches Kind des Stiefelternteils im Haushalt lebt.

6.2 Datengrundlage

Die folgende Untersuchung stützt sich in erster Linie auf eine Datei mit N = 2.085 Kindern unter 18 Jahren als Fällen, die zum Zeitpunkt der Erhebung (1995) im Haushalt einer nichtehelichen Gemeinschaft lebten. Die Feldarbeiten der Erhebung wurden von INRA-SAMPLE im Rahmen des DJI-Projekts "Kinder in nichtehelichen Lebensgemeinschaften" durchgeführt. Befragt wurde jeweils eine erwachsene Person aus der nichtehelichen Partnerschaft. Insgesamt wurden N = 1.526 Interviews mit Erwachsenen realisiert. Aus den Angaben der befragten Erwachsenen zu jedem Kind in ihrem Haushalt wurde die Kinderdatei erzeugt. Für Fragen, die Erwachsene betreffen, greife ich ergänzend auf die ursprünliche Erwachsenendatei (N = 1.526) zurück. In den Tabellen ist die Wahl der Analyseeinheit jeweils vermerkt.

6.3 Ergebnisse

6.3.1 Besonderheiten in Ost und West

Unterscheiden sich auch heute noch nichteheliche Lebensgemeinschaften in den alten und neuen Bundesländern, bedingt durch die gesellschaftlichen Unterschiede zwischen der ehemaligen Bundesrepublik und der DDR? Unserer Annahme gemäß sollten nichteheliche Paare mit Kindern in den alten Bundesländern häufiger als in den neuen Bundesländern aus Partnern bestehen, die eine Ehekarriere hinter sich haben, daher im Mittel älter sind und mit Kindern zusammenleben, die häufiger eine Scheidung oder Trennung ihrer Eltern erlebt haben. Diese Annahmen treffen in der Tat zu. Zunächst zum Familienstand der nichtehelichen Partner.

Tabelle 6.1: Familienstand der nichtehelichen Partner nach alten und neuen Bundesländern*

	BEFRAGTE			PARTNER		
FAMILIENSTAND	ABL	NBL	M	ABL	NBL	M
verh. mit anderem Partner lebend	-	-	-	0,9	0,6	0,8
verheiratet getrennt lebend	9,8	4,2	7,9	7,5	3,8	6,3
ledig	38,3	55,9	44,1	49,4	54,7	51,2
geschieden	49	36,2	44,8	40	38,1	39,4
verwitwet	2,9	3,8	3,2	2,3	2,8	2,4
Summe	100%	100%	100%	100%	100%	100%
Summe N (Befragte)	1023	503	1526	1018	501	1519

Quelle: Kinder in nichtehelichen Lebensgemeinschaften
* Spaltenprozent und Randmittelwerte "M", Analyseeinheit: Befragte

Die Anteile der verheiratet Getrenntlebenden sowie der Geschiedenen, also der Personen mit Eheerfahrung in nichtehelichen Lebensgemeinschaften mit Kindern, sind in den alten Bundesländern höher als in den neuen Bundesländern. Dafür sind in den neuen Bundesländern die Ledigen stärker vertreten. Diese Befunde gelten für die Befragten und ihre Partner gleichermaßen. Die geringfügigen Differenzen zwischen beiden gehen auf fehlende Werte zurück. Bemerkenswert ist, daß ein geringer Anteil der Partner - es handelt sich um insgesamt 12 Personen - noch mit einem anderen Ehepartner zusammenlebt; gleichwohl werden diese Personen von den Befragten als nichteheliche Partner angesehen.

Die Unterschiede im Familienstand drücken sich auch in der erwarteten Altersdifferenz aus. Die Befragten in den alten Bundesländern sind im Mittel 34,0, in den neuen Bundesländern 32,1 Jahre alt. Der Unterschied ist statistisch signifikant ($F = 26.4$, $df = 1$, $p \leq .0000$). Bei den Partnern ist der Unterschied etwas geringer (alte BL: 34,9, neue BL: 33,2 Jahre alt), aber auch statistisch signifikant ($F = 16.8$, $df = 1$, $p \leq .0000$).

Vergleicht man die Anteile der zusammen- oder getrenntwohnenden Befragten in den alten und neuen Bundesländern (Tabelle 6.2), dann fällt am meisten auf, daß sich in den neuen Bundesländern relativ mehr nichteheliche Paare einen Haushalt teilen.

Tabelle 6.2: Familienstand der Befragten nach Zusammenleben in den alten und neuen Bundesländern*

	ALTE BUNDESLÄNDER			NEUE BUNDESLÄNDER		
FAMILIENSTAND	zusammen	getrennt	gesamt	zusammen	getrennt	gesamt
verheiratet getrenntlebend	56	44	100	66,7	33,3	100
ledig	82,1	17,9	100	88,3	11,7	100
geschieden	57,9	42,1	100	85,7	14,3	100
verwitwet	76,7	23,3	100	84,2	15,8	100
M	67,5	32,5	100	86,3	13,7	100
Summe N (Befragte)	691	332	1023	434	69	503

Quelle: Kinder in nichtehelichen Lebensgemeinschaften
* Zeilenprozent und Spaltenmittelwerte "M", Analyseeinheit: Befragte

Hier haben offenbar Regelungen in der früheren DDR ihre Spuren hinterlassen, nach denen sowohl ledige Eltern als auch verheiratete oder unverheiratete Paare mit Kind(ern) bei der Wohnungszuteilung bevorzugt wurden. Der Unterschied ist bei Geschiedenen besonders spürbar. Dies könnte auf unterschiedliche Bedingungen für Entscheidungen über Unterhaltspflichten nach einer Scheidung zurückgehen. Während in der früheren DDR wegen der höheren Erwerbstätigkeit von Müttern Unterhaltspflichten eine relativ geringe Rolle spielten, konnte (und kann) nach der in der BRD geltenden Rechtssprechung das eheähnliche Zusammenleben eines geschiedenen Unterhaltsberechtigten mit einem neuen Partner seine Unterhaltsansprüche an den Expartner mindern.

Was die Herkunft der Kinder unter 18 Jahren im Haushalt der Befragten anbelangt (Tabelle 6.3), so sind erwartungsgemäß Kinder aus einer durch Trennung oder Scheidung aufgelösten früheren Partnerschaft in den alten Bundesländern stärker vertreten als in den neuen, dagegen Kinder aus der bestehenden nichtehelichen Lebensgemeinschaft in den neuen Bundesländern häufiger.

Tabelle 6.3: Herkunft der Kinder von nichtehelichen Partnern nach alten und neuen Bundesländern*

HERKUNFT	alte BL	neue BL	M
leibliches Kind mit Expartner	57,9	46,0	53,7
leibliches Kind mit derzeitigem Partner	24,4	35,6	28,4
Kind des Partners	16,8	17,7	17,1
Adoptivkind	0,1	0,1	0,1
Pflegekind	-	0,3	0,1
Sonstiges	0,9	0,3	0,7
Summe%	100	100	100
Summe N (Kinder)	1343	730	2073

Quelle: Kinder in nichtehelichen Lebensgemeinschaften
* Spaltenprozent und Randmittelwert "M", Analyseeinheit: Kinder

Bei den Kindern, die der Partner aus einer früheren Verbindung mit in den Haushalt gebracht hat, wäre ein ähnlicher Ost-West-Unterschied zu erwarten wie im Fall der leiblichen Kinder der Befragten mit einem Expartner. Der Grund, warum der Unterschied in Tabelle 6.3 geringer ausfällt, dürfte mit der Geschlechterverteilung der Befragten zusammenhängen. Frauen sind nämlich unter den Befragten der alten Bundesländer mit 73,4% stärker vertreten als unter den Befragten aus den neuen Bundesländern mit 68,0%. Da Frauen ihre Kinder aus einer gescheiterten nichtehelichen Partnerschaft fast immer behalten, ferner nach einer Scheidung aufgrund frauenfreundlicher Sorgerechtsentscheidungen häufiger als Männer Kinder zugesprochen bekommen und daher auch seltener mit Kindern eines Partners zusammenleben[31], verstärkt der Frauenüberhang in den alten Bundesländern den Ost-West-Unterschied bei eigenen Kindern aus einer früheren Ehe oder Partnerschaft. Zugleich schwächt er den Ost-West-Unterschied bei Kindern des Partners im Haushalt ab.

6.3.2 Kontakte zwischen Kindern und abwesendem Elternteil

Nachdem also die Voraussetzungen unserer nach alten und neuen Bundesländern getrennten Hypothesen erfüllt sind, können wir in die Details gehen. Trifft es zu, daß die Kontakte von Kindern zu nicht-sorgeberechtigten Müttern außerhalb des Haushalts intensiver als zu nicht-sorgeberechtigten Vätern sind? Dies soll insbesondere dann gelten, wenn das sorgeberechtigte Elternteil eine neue feste Beziehung eingegangen ist, was hier ja durch die Zusammensetzung der Stichprobe gegeben ist. Die in Tabelle 6.4 enthaltenen Ergebnisse beruhen auf Fällen, in denen ein Kind bei seinem sorgeberechtigten Elternteil lebt, also Mitglied im Haushalt der Befragten ist, und der nicht-sorgeberechtigte Expartner woanders lebt.

Tabelle 6.4: Kontakthäufigkeit* eigener Kinder zum Expartner nach Geschlecht des externen Elternteils und Bundesländern**

	ALTE BUNDESLÄNDER			NEUE BUNDESLÄNDER		
KONTAKTFREQUENZ	Vater	Mutter	M	Vater	Mutter	M
häufiger als 1 Mal monatlich	57,9	72,4	59,4	30,7	42,9	32,0
seltener als 1 Mal monatlich	42,1	27,6	40,6	69,3	57,1	68
Summe %	100	100	100	100	100	100
Summe N (Kinder)	660	76	736	274	35	309
Phi			9			.08

Quelle: Kinder in nichtehelichen Lebensgemeinschaften
* dichotomisiert am Median
** Spaltenprozent und Randmittelwerte "M", Analyseeinheit: Kinder

---

[31] Nach den Daten des DJI-Familiensurveys von 1994 entfallem auf 100 Männer 7,4 Stief- bzw. Partnerkinder, auf 100 Frauen 3,4. Der Unterschied ist hoch signifikant ($F=39.7$, $df=1$, $p \leq .0000$)

Wie vorausgesagt, ist die Kontakthäufikgeit leiblicher Kinder von Vätern zur außerhalb lebenden Mutter und Expartnerin des Vaters intensiver als von Kindern befragter Mütter zum außerhalb lebenden Vater und Expartner der Mutter. Dies gilt besonders für die alten Bundesländer, läßt sich aber auch in den neuen Bundesländern beobachten. Ins Auge springt jedoch, daß in den neuen Bundesländern der Anteil der häufiger als einmal monatlichen Kontakte insgesamt deutlich niedriger liegt als in den alten Bundesländern - ein unerwarteter Befund. Er könnte darauf hindeuten, daß in den neuen Bundesländern der Wunsch, sich zugunsten der neuen Partnerschaft maximal vom Expartner zu distanzieren, verbreiteter ist als im Westen - gerade weil nichteheliche Gemeinschaften in der DDR eher ein Äquivalent zur Familie mit Kindern statt zur kinderlosen Ehe waren. Infolgedessen könnten Kontakte des eigenen Kindes zum Expartner beim sorgeberechtigten bzw. die elterliche Sorge ausübenden Elternteil stärker als in den alten Bundesländern unangenehme Erinnerungen an die gescheiterte Partnerschaft wecken und damit Kontakte des Kindes zum anderen Elternteil behindern.

Eine Ergänzung zur eben geprüften Hypothese ist die Annahme von Seltzer (1991), daß der Einfluß des Geschlechts des sorgeberechtigten Elternteils auf die Kontakte des Kindes zum abwesenden Elternteil bei Söhnen stärker zur Geltung kommt als bei Töchtern. Diese These findet in unseren Daten keine Unterstützung. Der Anteil der häufigen Kontakte zum abwesenden Elternteil ist zwar bei Söhnen mit 53,8% geringfügig größer als bei Töchtern mit 48,4%, doch verschwindet dieser Unterschied, wenn man sich auf die Kontakte zur abwesenden Mutter konzentriert, wo der Effekt ja verstärkt zur Geltung kommen soll. Der Anteil der häufigen Kontakte von Söhnen zur abwesenden Mutter ist jedoch mit 62,2% niedriger als der entsprechende Anteil von Töchterkontakten zur abwesenden Mutter, der 64,9% erreicht[32].

Eine weitere Hypothese betrifft den Einfluß der Geburtsumstände von Kindern alleinerziehender Mütter auf ihre Kontakte zum anderswo lebenden Vater. Danach haben Väter von nichtehelich geborenen Kindern alleinerziehender Mütter schwächere Beziehungen zu ihren Kindern als geschiedene nicht-sorgeberechtigte Väter ehelich geborener Kinder.

Es ließe sich darüber diskutieren, ob diese These an den vorliegenden Daten prüfbar ist, denn von alleinerziehenden Müttern kann in unserer Stichprobe nur formaljuristisch, nicht aber lebenspraktisch die Rede sein. Schließ-

---

[32] Bei dieser Berechnung wurden die Fälle (Kinder) aus den alten und neuen Bundesländern zusammengefaßt.

lich wurden nur Personen in die Stichprobe aufgenommen, die zur Zeit der Befragung einen festen nichtehelichen Partner hatten. Dennoch scheint es mir gerechtfertigt, der These hier nachzugehen, weil sie in erster Linie den Einfluß einer - vorhandenen oder nicht vorhandenen - ehelichen Legitimation der Geburt auf die Vater-Kind-Beziehung unter der Bedingung räumlicher Trennung im Blick hat. Ob die Mutter in einem formalen oder materialen Verständnis alleinerziehend ist, erscheint dabei zweitrangig. Vielmehr geht es um die Frage, ob die in den alten Bundesländern und vielen westlichen Ländern vorherrschende "kindorientierte Eheschließung" (Nave-Herz 1984, 1988; Vaskovics/Rost 1995) auf ihrer "Kehrseite", bei nichtehelich geborenen Kindern, mit einer negativen Selektion bindungsunwilliger oder -unfähiger Eltern einhergeht. Dagegen wäre in den neuen Bundesländern, wo "kindorientierte Eheschließung" nicht in diesem Umfang üblich war und ist (Marbach/Bien/Bender 1996), zu erwarten, daß der Einfluß der Geburtsumstände eines Kindes auf dessen Kontaktverhalten geringer ist. Die Antwort enthält Tabelle 6.5.

Tabelle 6.5: Kontakthäufigkeit* eigener Kinder befragter Mütter zum Expartner nach Legitimation bei Geburt und nach Bundesländern**

	ALTE BUNDESLÄNDER			NEUE BUNDESLÄNDER		
	bei Geburt			bei Geburt		
KONTAKTFREQUENZ	nichtehelich	ehelich	M	nichtehelich	ehelich	M
häufiger als einmal monatlich	39,2	61	57,8	26,2	32,6	30,6
seltener als einmal monatlich	60,8	39,0	42	73,8	67,4	69,4
Summe%	100	100	100	100	100	100
Summe N (Kinder)	97	557	654	84	187	271
Phi			.16			.06

Quelle: Kinder in nichtehelichen Lebensgemeinschaften
* dichotomisiert am Median
** Spaltenprozent und Randmittelwerte "M", Analyseeinheit: Kinder

In der Tat ist der Kontakt ehelich geborener Kinder zum anderswo wohnenden geschiedenen oder getrenntlebenden Vater intensiver als der Kontakt nichtehelich geborener Kinder zu ihrem zur Zeit der Geburt mit der Mutter nicht verheirateten Vater außer Haus. Dies gilt, wie erwartet, in erster Linie in den alten Bundesländern, während eine gleichgerichtete Tendenz in den neuen Bundesländern zu schwach ist (siehe Phi-Statistik), um als überzufälliger Befund gelten zu können. Die nicht nur in der ehemaligen DDR, sondern auch in anderen Ländern Ost- und Nordeuropas häufig festzustellende Entkoppelung von Heirat und Geburten (Höpflinger 1994, Willekens 1994) scheint hier, auf dem Gebiet zwischenmenschlicher Beziehungen, auch Jahre nach dem Wandel der gesellschaftlichen Rahmenbedingungen in den neuen Bundesländern, fortzuwirken. Zu einem gleichlautenden Ergebnis sind wir an der zweiten Welle des Familiensurveys gelangt (Marbach/Bien/Bender 1996).

Als Resumé bleibt festzuhalten, daß Kindorientierung der Eheschließung in den alten Bundesländern einhergeht mit einer verbreiteten Indifferenz nichtehelicher Partner gegenüber Kindern. Sie dauert häufig auch dann fort, wenn aus dieser Partnerschaft ein Kind hervorgegangen ist. Das gilt insbesondere für die Vater-Kind-Beziehung, wobei dieser geschlechtsspezifische Effekt allerdings durch die bisher angewandte Praxis der Zuteilung des Sorgerechts und der räumlichen Trennung begünstigt wird. Der Befund fügt sich in Erklärungsmodelle ein, die für ähnliche Phänomene gefunden wurden. Zu erwähnen wäre der negative "Trainingseffekt", den eine längere nichteheliche Partnerschaft auf die Stabilität einer darauf folgenden Ehe mit demselben Partner ausübt (Trost 1977, Diekmann/Engelhardt 1997). Die Erklärung stützt sich dabei auf einen Gruppen-Selektionseffekt: Partner in nichtehelichen Probeehen haben danach eine größere innere Distanz zu ehe- und kindbedingten Verpflichtungen als Personen, die ohne einen längeren nichtehelichen Vorlauf heiraten.

Im übrigen bestätigt Tabelle 6.5 die schon in Tabelle 6.4 enthaltene geringere Intensität der Kontakte zum abwesenden Elternteil in den neuen Bundesländern. Da es sich hier um eine Spielart der in Tabelle 6.4 aufgeführten Kontakte handelt, kann die dort gefundene Interpretation auch hier angenommen wereden.

Das Problem eines angemessenen Verständnisses der Situation von Alleinerziehenden spielt auch in der folgenden Hypothese eine Rolle: Kinder alleinerziehender gegengeschlechtlicher Elternteile haben mehr Beziehungs- und Verhaltensprobleme als Kinder alleinerziehender gleichgeschlechtlicher Elternteile. In dieser Hypothese kommt dem Status des Alleinerziehens eine gleich starke Bedeutung zu wie der Geschlechtskomposition im Eltern-Kind-Verhältnis. Der Status des Alleinerziehens, der in vielen Untersuchungen als ein Risikofaktor für Entwicklungs- und Verhaltensprobleme von Kindern behandelt wird (Popenoe 1993, Bumpass/Ryder 1994), gilt hier gleichwohl für *beide* Vergleichsgruppen und kann daher, wenn man keine spezielle Interaktion mit einer bestimmten Geschlechtskomposition annimmt, in seinem Einfluß als konstant vorausgesetzt werden. Unter dieser Bedingung erscheint es mir gerechtfertigt, die Hypothese mit unseren Daten zu prüfen.

Eine andere Schwierigkeit erwächst daraus, daß unsere Daten keine Informationen über allgemeine Verhaltensprobleme der Kinder enthalten. Ich konzentriere mich daher wie bisher auf Kontakte der Kinder zu externen Familienangehörigen, die von der Hypothese ebenfalls angesprochen werden. Dies sind zum einen der anderswo lebende Expartner, zum anderen alle lebenden Großeltern. Die Kontaktfrequenzen sind pro Kind über alle vorhandenen Großeltern gemittelt und auf diese Weise zu einem numerischen Index zusammengefaßt. Das Ergebnis ist in Tabelle 6.6 zusammengefaßt.

Tabelle 6.6: Kontakthäufigkeit eigener Kinder zum Expartner* sowie zu allen lebenden Großeltern** nach Geschlechtskomposition Befragte-Kind

	Kontaktfrequenz zum Expartner einmal monatlich			Index der gemittelten Kontaktfrequenzen zu Großeltern		
Geschlechtskomposition	häufiger	seltener	∑	Mittelwert	StdAbw.	N
homogen	49,1	50,9	100	4,34	1,28	526
heterogen	53,4	46,6	100	4,21	1,33	526
Mittelwerte	51,3	48,7	100	4,27	1,31	1054
Phi/Etaquadrat			4			.003

Quelle: Kinder in nichtehelichen Lebensgemeinschaften
* dichotomisiert am Median, Zeilenprozent und Randmittelwerte "M"
** Index der gemittelten Kontaktfrequenzen - Analyseeinheit: Kinder

Die linke Hälfte der Tabelle 6.6 ist wie Tabelle 6.2 eine Kreuztabelle mit Zeilenprozenten. Die rechte Hälfte enthält Angaben zu Mittelwert, Standardabweichung und Fallzahlen der Indexvariable für Großelternkontakte. Die Indexvariable hat einen Wertebereich von 1 = "täglich" bis 7 = "nie". Wie in den Tabellen 6.3 bis 6.5 bilden Kinder die Analyseeinheit, und zwar ausschließlich Kinder, die in Tabelle 6.3 als "leibliches Kind mit Expartner" klassifiziert sind.

Weder die Kontakte von Kindern zu einem Expartner noch ihre Kontakte zu Großeltern werden von der Homogenität bzw. Heterogenität der Geschlechtskomposition in nennenswertem Umfang beeinflußt. Der geringfügig stärkere Einfluß einer heterogenen Geschlechtskonstellation auf Kontakte von Kindern zum externen Elternteil bedeutet, da die Heterogenität sich ja auf Kinder und Befragte bezieht, daß der leichte Vorsprung mit *Geschlechtshomogenität zwischen Kind und externem Elternteil* einhergeht. Ungeachtet dessen kann die Hypothese, soweit sie sich auf Kontaktbeziehungen der Kinder Alleinerziehender zu außerhalb des Haushalts lebenden Verwandten bezieht, nicht bestätigt werden, zumindest nicht auf dieser deskriptiven Ebene. Ich komme später auf die Frage der Geschlechtshomogenität zurück.

Eine Alternativhypothese zu der eben geprüften Hypothese beruht auf Analysen von Intergenerationen-Beziehungen unter deutschen und ausländischen Personen in Deutschland. Als Datengrundlage diente die Welle 1991 des Sozio-ökonomischen Panels (Szydlik 1994). Ein Teilergebnis besteht in einer Rangreihe von Eltern-Kind-Beziehungen nach Nähe und Geschlechtskomposition, in der eine geschlechtshomogene Beziehung, nämlich die zwischen Müttern und Töchtern, zwar an der Spitze steht, die andere geschlechtshomogene Beziehung zwischen Vätern und Söhnen jedoch am Ende der Rangreihe. Dazwischen plaziert sind geschlechtsheterogene Beziehungen, nämlich Mütter-Söhne-Beziehungen an zweiter und Väter-Töchter-Beziehungen an dritter Stelle[33].

Ich möchte diese These auf die Verhältnisse in nichtehelichen Lebensgemeinschaften mit Kindern der Art "leiblich mit Expartner" (vgl. Tabelle 6.3) anwenden und fragen, ob sich eine Rangreihe der skizzierten Art in den Beziehungen der Kinder zum außerhalb lebenden Elternteil manifestiert. Für dieses "procedere" spricht, daß sich Beziehungen zwischen einem Kind und einem anderswo lebenden Elternteil leichter und klarer ermitteln lassen als innerhalb eines Haushalts, wo Kontakthäufigkeiten kaum valide zu erheben sind und durch psychologische Nähemaße ersetzt werden müssen. Tabelle 6.7 enthält die Ergebnisse.

Zunächst zeigt sich, daß die getrennt von ihrer leiblichen Mutter bei ihrem Vater lebenden Kinder (Spalten 1 und 2) nur eine Minderheit von rund 11% der Scheidungs- bzw. Trennungskinder darstellen, die bei einem leiblichen

---

[33] Der Vollständigkeit halber ist anzumerken, daß die Rangreihe von Szydlik (1994) auf Angaben von Eltern und Kindern beruht, wobei sich gewisse Abweichungen ergaben. In unserem Fall sind nur die Eltern befragt worden.

Elternteil in einer nichtehelichen Partnerschaft leben. Wie steht es um die Rangverteilung der Nähe nach Geschlechtskonstellation? Wertet man die Anteile der häufiger als einmal monatlichen Kontakte als Indikatoren für Nähe und Intensität der Beziehung, dann ergibt sich eine Rangfolge, die weder der Homogenitätsthese noch der Rangreihe von Szydlik (1994) voll entspricht, sondern eine Mixtur aus beiden darzustellen scheint. Ganz deutlich tritt ein Niveaugefälle zwischen Beziehungen von Kindern zur externen Mutter und zum externen Vater zu Lasten der Vaterbeziehungen zutage. Innerhalb dieser beiden Beziehungsblöcke dominiert jeweils die geschlechtshomogene Konstellation über die geschlechtsheterogene, wobei die Abstände geringer sind als zwischen den Blöcken.

Tabelle 6.7: Kontakthäufigkeit* eigener Kinder zum Expartner nach Geschlechtskomposition Kind-Expartner

KONTAKTFREQUENZ	Tochter - Mutter	Sohn - Mutter	Tochter - Vater	Sohn - Vater	M
häufiger als einmal monatlich	64,9	62,2	47,0	52,6	51,3
seltener als einmal monatlich	35,1	37,8	53,0	47,4	48,7
Summe %	100	100	100	100	100
Summe N (Kinder)	37	74	449	485	1045
Cramer´s V					10

Quelle: Kinder in nichtehelichen Lebensgemeinschaften
* dichotomisiert am Median
Spaltenprozent und Randmittelwerte "M", Analyseeinheit: Kinder

Es drängt sich die Frage auf, wie stark die Einflüsse des Geschlechts des externen Elternteils sowie der Geschlechtshomogenität bzw. -heterogenität zwischen Kind und Elternteil "netto", also bei gegenseitiger Kontrolle, jeweils sind. Diese Frage gewinnt noch an Bedeutung, wenn man den Einfluß einer weiteren wichtigen Variable in Betracht zieht, nämlich der Kontakte, die der bzw. die Befragte selbst zum Expartner pflegt. Zwischen der Kontakthäufigkeit der Befragten und ihrer Kinder zum außerhalb lebenden Expartner bzw. Elternteil besteht nämlich eine hochsignifikante Korrelation von .78, die möglicherweise die Einflüsse der beiden anderen Variablen in den Schatten stellt oder sogar absorbiert. Um diese Fragen zu klären, habe ich die drei konkurrierenden Variablen in einem multivariaten LOGIT-Modell zusammengefaßt, mit dem sich Kategorialdaten in mehrdimensionalen Kreuztabellen regressionsähnlich analysieren lassen. Das Ergebnis enthält Abbildung 6.1.

Das Modell ist in Form eines Baumdiagramms wiedergegeben. Die drei Einflußvariablen sind über dem Diagramm als Kopfzeile angeführt. Hinter der mit "HF" überschriebenen Spalte verbirgt sich die abhängige Variable, nämlich die Kontakthäufigkeit von Kindern der Art "leiblich mit Expartner " mit dem anderswo lebenden Elternteil. Sie ist in der für LOGIT-Modelle typischen Weise als Verhältnis der "häufigen" zu den "seltenen" Kontakten des Kindes aufbereitet, wobei als Grenze wie bisher der Median (einmal monatlich) dient. Die "Regressionskoeffizienten" sind als entlogarithmierte Faktoren an den Zweigen des Diagramms angegeben. Da die erklärenden Variablen allesamt dichotom sind, lassen sich die Koeffizienten in einen Faktor und seinen Kehrwert aufspalten. Ausgehend von der Konstanten, die mit 1.05 ein etwa ausgeglichenes Verhältnis der Kontakthäufigkeiten anzeigt, wirken die Koeffizienten multiplikativ zusammen. Um es an einem Beispiel zu erläutern: Treffen sich das befragte Elternteil und sein Expartner mehr als einmal pro Monat ("häufig"), handelt es sich zudem beim Expartner um den Vater des Kindes und ist das Kind ein Sohn, also geschlechtshomogen mit dem externen Vater, dann erreicht das Verhältnis der "häufigen" zu den "seltenen" Kontakten des Sohnes mit seinem Vater den Wert 4.86 = 1.05 * 4.96 * .79 * 1.18.

Im Ergebnis bestätigt Abbildung 6.1 den aus Tabelle 6.6 gewonnenen Eindruck, daß Geschlechtshomogenität zwischen Kind und externem Elternteil kontaktfördernd wirkt, daß dieser Effekt (1.18) aber geringer ist als der Vorsprung externer Mütter gegenüber externen Vätern (1.26). Weitaus stärker (4.96) allerdings profitiert die Kontakthäufigkeit des Kindes zum externen Elternteil von der Kontakthäufigkeit des befragten Elternteils mit seinem Expartner. Dies erscheint bedeutsam im Hinblick auf die Debatte zwischen Verfechtern des traditionellen "Unteilbarkeitsprinzips" bei Sorgerechtsentscheidungen und Befürwortern eines im Regelfall gemeinsamen Sorgerechts geschiedener Eltern (Rummel 1997), wie es das 1998 in Kraft tretende neue Kindschaftsrecht vorsieht. Der Befund unterstreicht die große Bedeutung einer nachehelichen Kooperationsbereitschaft der Exgatten für die Chancen ihres Kindes, die Ressourcen *beider* Elternteile für seine Entwicklungsinteressen zu nutzen

Abbildung 6.1: LOGIT-Modell Kontaktdichte Kind in NEL - externer Elterneil

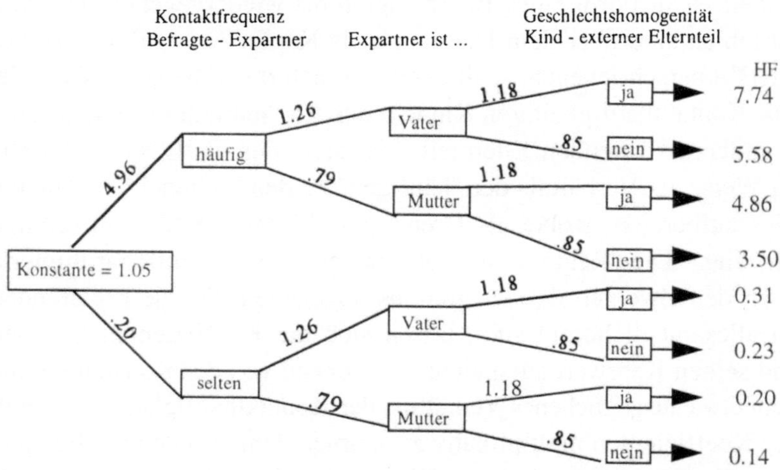

HF (Häufigkeitsfaktor): Verhältnis häufiger zu seltenen Kontakten zwischen Kind und externem Elternteil

Modellanpassung: Likelihood Ratio Chi Square = 1.32 df = 5 p = .93 PRE = 34.4%
Quelle: Kinder in nichtehelichen Lebensgemeinschaften

6.3.3 Kontakte zwischen Enkeln und Großeltern

Spielen Geschlecht und Geschlechtshomogenität auch in den Kontakten zwischen Enkeln und Großeltern eine Rolle? Nach den bisherigen Ergebnissen erscheint dies nicht ausgeschlossen. Aus Darstellungsgründen enthalten die Zellen der Tabelle 8 nur jeweils den Prozentanteil der "häufiger als einmal monatlichen" Kontakte, die den oberen Zeilen der Tabellen 4, 5 und 7 entsprechen. Zusammen mit dem nicht aufgeführten Anteil der seltener als einmal monatlichen Kontakte ergeben sich pro Zelle 100 Prozent. Am Tabellenrand sind Zeilen- und Spaltenmittelwerte angegeben.

Tabelle 6.8: Kontakthäufigkeit von Kindern in NEL zu ihren Großeltern* nach Geschlecht der Großeltern und Kinder

	mütterlicherseits		väterlicherseits		
	Großmutter	Großvater	Großmutter	Großvater	M
Enkel	74,6	71,2	43,7	38,4	57,7
Enkelinnen	74,3	71,0	41,5	38,7	56,9
M	74,5	71,1	42,7	38,5	57,3
N (Kinder)	1876	1686	1748	1583	

Quelle: Kinder in nichtehelichen Lebensgemeinschaften
* Prozentanteile oberhalb des Median von einmal monatlich sowie Randmittelwerte "M"
Analyseeinheit: Kinder

Während das Geschlecht der Enkel ohne Einfluß auf ihre Kontakte mit Großeltern bleibt, zeigt sich der aus Tabelle 6.7 bekannte Einfluß des Geschlechts der Eltern in einer abgewandelten Form, nämlich als Niveaugefälle zwischen den Abstammungslinien, die Enkel und Großeltern verbinden. Großeltern mütterlicherseits werden deutlich häufiger kontaktiert als Großeltern väterlicherseits. Nur schwach ist dagegen der Effekt des Geschlechts der Großeltern innerhalb der Abstammungslinien. Großmütter sind etwas häufiger Adressaten von Kontakten als Großväter. Diese Rangfolge entspricht exakt den Befunden über Großeltern-Enkel-Beziehungen von Littlefield/Rushton (1986) und Euler/Weitzel (1996)[34].

Verwandte mütterlicherseits werden demnach in den Kontakten von Enkeln zu Großeltern bevorzugt. Dagegen sind die Anzeichen für eine matrilineare Struktur in den Großelternkontakten nur sehr schwach. Auch hier stellt sich die Frage nach der relativen Stärke dieser Einflüsse bei gegenseitiger Kontrolle. Zudem sind gemäß unseren Hypothesen weitere konkurrierende Effekte zu berücksichtigen. Wenn ein Kind von beiden nichtehelich zusammenlebenden Partnern abstammt - ein Fall, der in den neuen Bundesländern häufiger vorkommt als in den alten Bundesländern (siehe Tabelle 6.3) -, dann sollten seine Kontakte zu den Großeltern ähnlich wie bei verheirateten Eltern sein und sich demzufolge von den Großelternkontakten der Scheidungs- bzw.

[34] Eine Überprüfung dieses Befundes an den Daten des Familiensurveys ergab eine nur teilweise Bestätigung. Doch leidet deren Aussagekraft darunter, daß "eigene Enkel" und "Enkel des Partners" im Familiensurvey nicht auseinander gehalten werden können und die erforderliche trennscharfe Geschlechtskonstellation der Eltern- und Großelternteile nur möglich ist, wenn man die größte Teilgruppe (Großeltern mit Söhnen *und* Töchtern) vernachlässigt.

Trennungskinder unterscheiden. Parallel dazu sollte sich ein Unterschied zwischen alten und neuen Bundesländern zeigen. Auch die Dauer der aktuellen Partnerschaft könnte zu einem solchen Unterschied beitragen. Schließlich ist zu erwarten, daß der starke Effekt der Kontaktdichte zwischen den leiblichen Eltern[35] eines Kindes auf dessen Kontakte zum anderswo lebenden Elternteil auch auf seine Großelternkontakte "ausstrahlt". Antworten auf diese Fragen finden sich in Tabelle 6.9.

Tabelle 6.9: Kontakthäufigkeiten* von Kindern in NEL (leiblich mit Expartner und gemeinsame) zu ihren Großeltern Multiple Regression des Index der gemittelten Kontakthäufigkeiten

Prädiktoren	B	Beta	T	SigT
Anteil der Großmütter an Großeltern %	- .01	- .06	- .64	.5228
... in Verbindung mit befragter Mutter %	.00	.02	.12	.9019
Anteil der Großeltern mütterlicherseits %	- .03	- .37	- 9.19	.0000
leibliches Kind beider ne. Partner (0/1)	.27	.03	.69	.4912
Kontaktfrequenz unter leibl. Eltern (1-7)	- .71	- .27	- 6.69	.0000
befragte Frau (0/1)	.03	.01	.05	.9638
Mutter für Hausarbeit verantwortlich (0/1)	.03	.01	.18	.8544
Dauer der aktuellen Partnerschaft (Jahre)	.02	.05	1.12	.2627
NEL in den neuen Bundesländern (0/1)	- .05	- .02	- .48	.6323
Konstante	6.38		10.48	.0000
R^2				.21
N im Modell (Kinder)				1701

Quelle: Kinder in nichtehelichen Lebensgemeinschaften
* mit 1 = täglich bis 7 = nie - Analyseeinheit: Kinder

Die Skaleneigenschaften der hier verwendeten Variablen erlauben eine "klassische" Regressionsanalyse. Von allen theoretisch angenommenen Einflüssen erweisen sich neben der Konstante nur zwei als statistisch bedeutsam:

- der Anteil der Großeltern mütterlicherseits an allen kontaktierten Großeltern, also in etwas abgewandelter Formulierung der aus Tabelle 6.8 bekannte Effekt der Abstammungslinie,

---

[35] Anders als in Abbildung 1 sind hier geschiedene, getrennte oder zusammenlebende Eltern gleichermaßen gemeint.

- die Kontakthäufigkeit unter den leiblichen Eltern eines Kindes, die in Abbildung 6.1 die Rangreihe der Effekte anführt.

In beiden Fällen bedingt die Kodierung der Kontakthäufigkeit als abhängiger Variable (siehe Tabellenüberschrift) ein negatives Vorzeichen. Je größer der Anteil der Großeltern mütterlicherseits bzw. je häufiger die Kontakte unter den leiblichen Eltern eines Kindes, desto häufiger pflegt das Kind Kontakte mit seinen lebenden Großeltern. Entgegen den Erwartungen unterscheiden sich leibliche Kinder beider nichtehelichen Partner nicht von Scheidungs- bzw. Trennungskindern in einer NEL. Gleichermaßen unbedeutend bleibt der Unterschied zwischen alten und neuen Bundesländern und die Dauer der aktuellen Partnerschaft des befragten Elternteils. Trotz des die mütterliche Seite begünstigenden Abstammungseffekts bleibt die Geschlechterverteilung der kontaktierten Großeltern ohne Wirkung. Ebenso unwirksam sind das Geschlecht der befragten Person, eine "matrilineare" Interaktion zwischen befragter Mutter und dem Anteil weiblicher Großeltern sowie die Frage, ob die Mutter für die Hausarbeit verantwortlich ist. Wir können demnach resümieren:

- Die statistische Relevanz der *Kontakthäufigkeit unter den leiblichen Eltern* weist zum einen auf die besondere Lage in nichtehelichen Gemeinschaften hin. Diese ist gekennzeichnet durch im Vergleich zu Ehen hohe Anteile von getrennt wohnenden Partnern, vor allem in den alten Bundesländern (Tabelle 6.2), sowie von geschiedenen bzw. verheiratet getrenntlebenden Befragten, die anderswo lebende Expartner haben (Tabelle 6.1). Zum anderen unterstreicht dieser Faktor die *Bedeutung der Eltern als Vermittlungsglieder* zwischen Großeltern und Enkeln. Die Abhängigkeit der Großeltern-Enkel-Kontakte von häufigen Kontakten unter den leiblichen Eltern zeigt, daß Großeltern und Enkel ihre Beziehungen nur entfalten können, wenn sie dabei nicht von "Funkstille" unter den leiblichen Eltern behindert werden.
- Kontakte zwischen Enkeln und Großeltern sind häufiger, wenn es sich um Großeltern mütterlicherseits handelt. Hier tritt eine *matrilaterale Tendenz* klar zutage. Sie ist, wenn man ähnliche Befunde mitbedenkt, offenbar unabhängig davon, ob Kinder in einer Familie mit verheirateten Eltern, in einer nichtehelichen Gemeinschaft ihrer leiblichen Eltern oder eines leiblichen Elternteils mit einem Partner leben, der mit dem Kind nicht verwandt ist.

- Mit gleicher Bestimmtheit läßt sich die These einer matrilinearen Struktur in den Großelternkontakten der Enkel zurückweisen. Damit erübrigt sich auch eine Antwort auf die Frage, ob sich Matrilinearität mit der überwiegenden Verantwortung der Mutter für die Hausarbeit erklären läßt.

Was die theoretischen Modelle angeht, die zur Erklärung der Befunde bereitstehen, so bleiben nur die Sozialisationsthese von Schneider (1970) und die soziobiologische These der "kin selection" übrig. Gegen die Sozialisationsthese spricht die unrealistische Annahme, Mädchen würden seitens ihrer Eltern auch heute noch von Gleichaltrigen ferngehalten, sowie die fehlende lerntheoretische Begründung der Fixierung erwachsener Frauen auf die eigene Herkunftsfamilie. Gegen die soziobiologische These spricht, daß sich nur deskriptive (Tabelle 6.8), aber keine statistisch gesicherten Hinweise auf einen Vorrang weiblicher vor männlichen Großelternteilen finden lassen. Dieser Einwand ist ernstzunehmen. Er ist aber weder theoretisch zentral genug noch angesichts der Befunde von Littlefield/Rushton (1986) und Euler/Weitzel (1996) empirisch so ausreichend geprüft, daß er ein Votum zugunsten der soziobiologischen Erklärung unserer Befunde zwingend infrage stellte.

6.3.4 Einflüsse der Geschwisterkonstellation

Begünstigt das Vorhandensein eines Vollgeschwisters im Haushalt die Kontakte eines Kindes zu einem anderswo lebenden Elternteil? Da unsere Daten eine eindeutige Identifikation von zwei Kindern als Vollgeschwister nur erlauben, wenn sie leibliche Kinder *beider* nichtehelichen Partner sind (siehe Tabelle 6.3), können wir die Hypothese nur an Fällen prüfen, in denen Kinder dieser Art - mit oder ohne ein Vollgeschwister - mit einem der Elternteile nicht zusammenwohnten, weil die nichtehelichen Partner in getrennten Haushalten lebten. Dies ist in 374 nichtehelichen Lebensgemeinschaften (24,5% der Stichprobe) der Fall. Der Anteil der häufiger als einmal monatlichen Kontakte zum externen Elternteil beträgt bei Kindern ohne Vollgeschwister (314 NEL) 76,5%, bei Kindern mit mindestens einem Vollgeschwister (60 NEL) 90,5%. Der Unterschied ist statistisch signifikant ($F = 11.0$, $df = 1$, $p \leq .001$). Bei den Kontakten zu Großeltern gibt es keinen statistisch relevanten Effekt.

Eine weitere Hypothese behauptet, daß der Kontakt eines Kindes in einer nichtehelichen Lebensgemeinschaft zu anderswo lebenden Angehörigen behindert wird, wenn sich mindestens ein Halbgeschwister im Haushalt befindet, das leibliches Kind *beider* nichtehelichen Partner ist, und zwar stärker, als wenn das Halbgeschwister leibliches Kind nur des anderen Partners ist oder wenn kein weiteres Kind im Haushalt lebt. Konstellationen, die diesen Vorgaben genügen, finden sich in 630 nichtehelichen Lebensgemeinschaften (41,3% der Stichprobe). Die Hypothese erweist sich indessen als falsch. Bezeichnet man diejenigen Kinder, für die eine stärkere Behinderung ihrer Kontakte zu anderswo lebenden Angehörigen angenommen wird, als "Kriteriumskinder" und die übrigen als "Vergleichskinder", dann ergibt sich: Der Anteil der häufiger als einmal monatlichen Kontakte zum externen Elternteil beträgt bei "Kriteriumskindern" (149 NEL) 63,3%, bei "Vergleichskindern" (481 NEL) entgegen der Hypothese nur 49,0%. Der Unterschied ist statistisch signifikant ($F = 13.4$, $df = 1$, $p \leq .0003$). Bei den Kontakten zu Großeltern gibt es auch hier keinen statistisch relevanten Effekt.

Vom Vorhandensein eines Kindes beider nichtehelichen Partner im Haushalt profitieren also nicht nur - wie vorausgesagt - die Kontakte eines Vollgeschwisters zu einem externen Elternteil, sondern auch - entgegen der Annahme - die Kontakte von Halbgeschwistern zu einem außerhalb lebendem Elternteil. Ob Halbgeschwister untereinander weniger solidarisch sind als Vollgeschwister und/oder Stiefeltern an Kontakten eines Stiefkindes zu seinen Angehörigen weniger interessiert sind, wenn auch ein leibliches Kind im Haushalt lebt, läßt sich auf diese Weise nicht abschließend klären. Doch trägt ein Befund aus der 2. Welle des Familiensurveys etwas zur Erhellung des Hintergrunds bei (Marbach, im Druck):

Befragte, die - überwiegend verheiratet - mit eigenen Kinder *und* Stiefkindern zusammenleben (rund 3% der Befragten im Alter zwischen 18 und 62 Jahren), lassen mehrheitlich erkennen, daß sie bereit sind, soziale Elternschaft für nicht blutsverwandte Nachkommen zu übernehmen. Stiefkinder werden von diesen Eltern als Gesprächspartner und Objekte gefühlsmäßiger Bindung mindestens ebenso intensiv angenommen wie eigene Kinder. Weitere Merkmale weisen diese Eltern als überdurchschnittlich aktiv und engagiert aus. Vielleicht sind sie deswegen imstande, den Forderungen ihres "selfish gene" (Dawkins 1976) ein Schnippchen zu schlagen.

6.4 Zusammenfassung

Wie bei der Verteilung von Familienformen im allgemeinen haben die unterschiedlichen Gesellschaftssysteme der früheren BRD und DDR auch in Struktur und Leben nichtehelicher Lebensgemeinschaften ihre Spuren hinterlassen. Dies gilt auch, wenn sich der Blick auf nichteheliche Lebensgemeinschaften mit Kindern richtet, eine Lebensform, die in der DDR viel häufiger war als in der BRD. Gemäß diesen unterschiedlichen Traditionen sind in den alten Bundesländern Paare mit ein- oder beidseitiger Scheidungserfahrungen häufiger und Partnerschaften lediger Eltern seltener als in den neuen Bundesländern. Ebenfalls auf DDR-Tradition beruht der höhere Anteil von nichtehelichen Lebensgemeinschaften in einem gemeinsamen Haushalt. Unter die Rubrik der Ost-West-Unterschiede fallen auch folgende Befunde:

- In den neuen Bundesländern liegt der Anteil der häufiger als einmal monatlichen Kontakte insgesamt deutlich niedriger als in den alten Bundesländern; ob dies mit dem DDR-spezifischen Charakter nichtehelicher Lebensgemeinschaften zusammenhängt, als "nichteheliche Familiengemeinschaften" zu fungieren, erscheint nicht ausgeschlossen, bedarf aber weiterer Aufklärung.
- Der Kontakt ehelich geborener Kinder zum anderswo wohnenden geschiedenen oder getrenntlebenden Vater ist in den alten Bundesländern intensiver als der Kontakt nichtehelich geborener Kinder zu ihrem zur Zeit der Geburt mit der Mutter nicht verheirateten Vater außer Haus. "Kindorientierung" der Eheschließung in den alten Bundesländern geht demnach einher mit einer verbreiteten Indifferenz nichtehelicher Partner gegenüber ihren Kindern. In den neuen Bundesländern ist dieses Gefälle kaum zu spüren. Eine Erklärung für diesen Ost-West-Unterschied bietet die in der ehemaligen DDR und anderen Ländern Ost- und Nordeuropas häufig festzustellende Entkoppelung von Heirat und Geburten, die hier auf die Beziehungen zwischen nichtehelichen Elternteilen und ihren getrennt wohnenden leiblichen Kindern ausstrahlt.

Ansonsten verebbt der Einfluß der systembedingten Unterschiede, je mehr man sich den Details der Beziehungen zwischen Kindern und Eltern sowie Großeltern zuwendet. In den Vordergrund treten nun Fragen nach der Geschlechtskonstellation, mütterlicher oder väterlicher Abstammung und der

Bereitschaft von Expartnern zur Kooperation im Interesse des gemeinsamen Kindes. Im einzelnen zeigt sich:

- Die Kontakthäufigkeit leiblicher Kinder von Vätern zur außerhalb lebenden Mutter und Expartnerin des Vaters ist gemäß der Vorhersage intensiver als von Kindern befragter Mütter zum außerhalb lebenden Vater und Expartner der Mutter; keine Bestätigung findet sich dafür, daß der verstärkte Kontakt zur außerhalb lebenden Mutter bei Söhnen deutlicher zutage tritt als bei Töchtern.
- Die Annahme, daß Kinder alleinerziehender gegengeschlechtlicher Elternteile mehr Beziehungsprobleme mit einem anderswo lebenden Elternteil oder Großeltern haben als Kinder alleinerziehender gleichgeschlechtlicher Elternteile, findet in den Ergebnissen keine Unterstützung.
- Im multivariaten Vergleich tritt zutage, daß Geschlechtshomogenität zwischen einem Kind in einer nichtehelichen Lebensgemeinschaft und einem externem Elternteil kontaktfördernd wirkt, daß dieser Effekt aber übertroffen wird von dem Vorzug, den externe Mütter gegenüber externen Vätern genießen. Am stärksten profitiert die Kontakthäufigkeit des Kindes zum externen Elternteil von der Kontakthäufigkeit des befragten Elternteils mit seinem Expartner.
- Ein Effekt der Abstammungslinien zeigt sich auch im Kontakt der Kinder in nichtehelichen Lebensgemeinschaften zu ihren Großeltern. Großeltern mütterlicherseits werden deutlich häufiger kontaktiert als Großeltern väterlicherseits. Dieser Befund besteht auch im multivariaten Vergleich. Daneben erweist sich die Kontakthäufigkeit unter den leiblichen Eltern eines Kindes als Schlüssel zu intensiven Kontakten zwischen Enkeln und ihren Großeltern.
- Das Zusammenleben eines Kindes mit einem Halbgeschwister in einer nichtehelichen Lebensgemeinschaft mit einem Stiefelternteil erweist sich nicht als das zunächst vermutete Hindernis für Außenkontakte zum abwesenden leiblichen Elternteil und zu den Großeltern.

7. Ergänzende Informationen zu Lebensverhältnissen von Kindern, die bei unverheirateten Eltern leben

Walter Bien

Inhalt

Dieses Kapitel beinhaltet verschiedene, nicht systematisch zusammengestellte Beschreibungen, die sich aus der Verfügbarkeit der Informationen ergeben haben. Aus den von uns nutzbaren Datenquellen wurden die Hinweise aufgegriffen, die erschließbar waren und interessant für die Beschreibung von Kindern in nichtehelichen Familienverhältnissen erschienen. Wo es möglich war, insbesondere bei der Einkommenssituation, wurde versucht, über die verschiedenen Datenquellen hinweg die Informationen aufeinander zu beziehen. Das Ergebnis kann nicht immer befriedigen. Obwohl die Situation an verschiedensten Stellen deutlich transparenter geworden ist, gibt es noch an vielen Stellen Lücken und Ungereimtheiten, die eine weitere Forschung erfordern. Dessen ungeachtet erschien es uns aber wichtig, die vorhandenen Ergebnisse auch dann zu präsentieren, wenn sie noch nicht über eine reine Deskription hinaus aufbereitet und theoretisch fundiert sind. Beispiele für solche Informationen[36] sind, daß Ehen mit Kindern überdurchschnittlich in den Randgebieten der Städte und in ländlichen Gebieten zu finden sind, während die anderen familialen Konstellationen überdurchschnittlich in den Kerngebieten der Groß- und Mittelstädte vorkommen. Ein anderes Beispiel ist, daß Verheiratete mit Kindern häufiger selber auch die gesamte Kinderzeit mit ihren Eltern verbracht haben, als Befragte, die jetzt in nichtehelichen Konstellationen leben. Wenn Verheiratete mit Kindern eine Trennung von den Eltern erlebt haben, war diese seltener auf eine Scheidung zurückzuführen als bei den nichtehelichen Konstellationen. Interessant kann auch sein, daß die Eltern von Verheirateten mit Kindern, also die Großeltern der Kinder, häufiger etwas geringere Bildungsressourcen als die Großeltern in den anderen familialen Konstellationen haben, bzw. daß sie weniger oft einen Berufsabschluß nachweisen oder gar ein abgeschlossenes Studium vorweisen können, als dies bei den nichtehelichen Familien der Fall ist.

Es ist dabei wenig sinnvoll, allgemein von nichtehelichen Lebensverhältnissen der Eltern zu sprechen. Um die Situation der Kinder angemessen zu beschreiben, ist es z.B. sinnvoll zu unterscheiden, ob die Eltern gemeinsam in einem Haushalt wohnen oder getrennt leben. Genauso wichtig erscheint eine Differenzierung nach vor- (bzw. nicht-) ehelichen und nachehelichen Familien. Zum Beispiel unterscheiden sich die Altersstruktur der Eltern, die Altersstruktur der Kinder und daraus folgend die berufliche Situation beider Erwachsenen und hieraus bedingt, die finanzielle Situation der Lebensge-

[36] Hier aus dem Familiensurvey des DJI

meinschaft deutlich zwischen diesen Familientypen. Ebenso wichtig ist es zu kennzeichnen, ob in der Familie die beiden leiblichen Eltern zusammenleben oder eine über eine neue Partnerschaft gegründete Stiefelternschaft vorliegt. Für die von uns durchgeführte Untersuchung zu Kindern in nichtehelichen Lebensgemeinschaften wurde daher eine Kategorisierung in sechs Untergruppen vorgenommen, die eine solche Differenzierung leistet.

Die folgende Tabelle über die Herkunftsart des Kindes zeigt, wie z.B. aus der Zuordnung der Kinder die verschiedenen Kategorien gebildet wurden.

Tabelle 7.1: Kategorisierung nichtehelicher Lebensgemeinschaften mit Kindern

	NEL, gemeinsamer Haushalt			LAT, getrennter Haushalt			
Kinder in	gemeinsames Kind	aus einer Ehe	aus anderer NEL	gemeinsames Kind	aus einer Ehe	aus anderer NEL	Zeilensummen
leibliches Kind mit Expartner		455	115		446	97	1113
leibliches Kind mit derzeitigem Partner	513			75			588
Kind des Partners		235	86		20	13	354
Sonstige			9			9	18
Kinderzahl	513	690	210	75	466	119	N=2.073
Zahl der Haushalte	416	449	162	64	325	101	N=1.517

Quelle: DJI-Kinder in nichtehelichen Lebensgemeinschaften

7.1 Bildungs- und Einkommensstruktur der Haushalte

Die Bildungsverteilung zeigt insgesamt wenige Auffälligkeiten; eine der größten ist die Bildungsverschiebung der von uns untersuchten Stichprobe aller unverheirateten Befragten zu der Stichprobe der nichtehelichen Lebensgemeinschaften mit Kindern und getrennten Haushalten. Diese Familienform ist bei Männern etwas mehr in den mittleren Bildungsschichten und bei Frauen deutlich mehr in den niedrigeren Bildungsschichten aufzufinden. Vergleicht man die in solchen nichtehelichen Familien Befragten mit allen (zur Zeit nichtverheirateten) 18-55jährigen, zeigt sich, daß die höheren Bildungsabschlüsse insgesamt etwas unterrepräsentiert sind.

Leibliche Eltern, die in einer nichtehelichen Lebensgemeinschaft mit oder ohne gemeinsamen Haushalt leben, haben insgesamt eher eine höhere Schulbildung als Eltern mit (Stief-)Kindern aus früheren Ehen.

Tabelle 7.2: Bildungsverteilung in nichtehelichen Lebensgemeinschaften mit Kindern in getrennten Haushalten (LAT)

Schulbildung	Gesamtpopulation aller unverheirateten 18-55jährigen (22.922 Haushalte)		nichteheliche Lebensgemeinschaft mit getrennten Haushalten (LAT) und Kindern (493 Haushalte)	
	männlich	weiblich	männlich	weiblich
Hauptschule	37	35	30	45
Mittelschule	31	39	38	37
Gymnasium	14	14	15	10
Universität	18	13	17	8
	100%	100%	100%	100%

Quelle: DJI-Kinder in nichtehelichen Lebensgemeinschaften

In der Stichprobe aller Haushalte mit Kindern in nichtehelichen Lebensgemeinschaften findet man eine Überrepräsentation von Abschlüssen der Fach- und Mittelschule (41% statt 37% in der Basisstichprobe der unausgelesenen18-55jährigen), die höheren Bildungsschichten sind unterrepräsentiert (9% statt 11%).

Leben die Kinder allerdings mit ihren leiblichen Eltern in einer nichtehelichen Familie (NEL oder LAT), ist der Anteil von Eltern mit Fachhochschul- oder Universitätsabschluß etwas höher (10%) aber immer noch unterhalb der Referenzstichprobe.

Die interessantesten sozioökonomischen Randbedingungen bilden natürlich die Einkommensverteilungen. Der erste Unterschied (laut Angaben des Statistischen Bundesamts) zwischen verheirateten Eltern mit Kindern und nichtehelichen Lebensgemeinschaften mit Kindern ist, daß circa 1/3 der Ehen mit Kindern nur ein Erwerbseinkommen haben, aber nur 10% der nichtehelichen Lebensgemeinschafte. Die nächste Tabelle zeigt für die von uns durchgeführte Untersuchung zu Kindern in nichtehelichen Lebensgemeinschaften die Zahl der Personen mit eigenem Einkommen im Haushalt. Danach haben die Alleinstehenden mit Partnern in getrennten Haushalten zu über 80% nur ein Erwerbseinkommen im Haushalt. Die nichtehelichen Lebensgemeinschaften im gemeinsamen Haushalt und mit Kindern aus früheren Ehen oder anderen Partnerschaften haben zu über 80% zwei Erwerbseinkommen im Haushalt. D.h. die Zahlen unserer Stichprobe für die Erwerbsbeteiligung in nichtehelichen Lebensgemeinschaften liegen etwas unter denen der Schätzungen der amtlichen Statistik.

Tabelle 7.3: Anzahl der Einkommen über Familienkonstellationen

	NEL, gemeinsamer Haushalt			LAT, getrennter Haushalt			Zeilen-Prozente
Anzahl der Einkommen	gemein-sames Kind	aus einer Ehe	aus anderer NEL	gemein-sames Kind	aus einer Ehe	aus anderer NEL	
1	23	11	9	83	87	92	20
2	73	81	86	14	12	6	29
3	3	6	4	1	1		33
4 +	1	2	1			2	18
Summe	100%	100%	100%	100%	100%	100%	N=1.515

Quelle: DJI-Kinder in nichtehelichen Lebensgemeinschaften

Aus dem Familiensurvey 1994 des DJI wurden einige ergänzende Angaben für die Einbettung von Kindern in nichtehelichen Lebensgemeinschaften in das Gesamtbild von Minderjährigen in Familien versucht. Zugrunde liegen diesem Datensatz 4.359 Familien mit Kindern unter 18 Jahren.[37]

Die nichtehelichen Lebensgemeinschaften mit Kindern liegen danach im Haushaltseinkommen und im Anteil Sozialhilfebezug zwischen den Familien mit verheirateten Eltern und ledigen Alleinerziehenden ohne Partner. Familien in der nachehelichen Phase sind wirtschaftlich immer etwas besser gestellt als Familien in der vor- bzw. außerehelichen Phase. Multivariate

[37] Die Häufigkeiten für die einzelnen Konstellationen sind in den folgenden Tabellen mit gleichem Aufbau nicht immer wiederholt worden, um die Tabellen nicht zu groß werden zu lassen. Ähnliches gilt für die Ausführlichkeit der Kategoriebeschreibungen, die in späteren Tabellen abgekürzt wurden. Die hier vorliegende Tabelle ist daher in verschiedener Hinsicht eine Referenztabelle für die folgenden Tabellen über diese Familienkonstellationen aus Informationen des DJI-Familiensurvey.

Analysen zeigen den Einfluß des Partners im Haushalt, der Erwerbstätigkeit der Mutter, des Alters der Eltern, Ost-West-Unterschiede, Bildung usw.. Diese Einflüsse reichen aber nicht aus, den Lebensformeneffekt so zu reduzieren, daß er seine Bedeutsamkeit oder Signifikanz verliert.

Tabelle 7.4: Einkommensverteilung über verschiedene familiale Konstellationen

Haushalte mit Kindern unter 18 Jahren	Anzahl	durchschnittliches Haushaltseinkommen	Anteil mit Sozialhilfe
bei verheirateteten Eltern	3.604	4.250 DM	1%
in NEL - gemeinsamer Haushalt - nacheheliche Situation	160	3.850 DM	5%
in NEL - gemeinsamer Haushalt -ledige Partner	208	3.250 DM	9%
Alleinerziehende ohne Partner -nacheheliche Situation	205	2.450 DM	12%
in LAT - getrennter Haushalt -nacheheliche Situation	58	2.200 DM	23%
in LAT - getrennter Haushalt -ledige Partner	47	2.000 DM	16%
Alleinerziehende ohne Partner -ledig	77	2.000 DM	24%
	4.359		

Quelle: DJI-Familiensurvey

Bezieht man sich wieder auf die Untersuchung von Kindern in nichtehelichen Lebnesgemeinschaften, zeigt sich ein ähnliches Bild. Das höchste Haushaltsnettoeinkommen haben nichteheliche Lebensgemeinschaften mit Kindern aus früheren Ehen (dies ist nicht verwunderlich, da sie auch einen höheren Anteil an Personen mit Einkommen haben). Das niedrigste Haushaltsnettoeinkommen haben nichteheliche Lebenspartnerschaften mit Kindern vom derzeitigen Partner, was sicherlich auch auf das niedrigere Alter der Eltern dieser Gruppe zurückzuführen ist.

Zurück zu den Zahlen der amtlichen Statistik (Statistisches Bundesamt, 1997): "Doppelverdiener" gibt es bei circa 2/3 der Ehepaare mit Kindern und bei 90% der nichtehelichen Lebensgemeinschaften mit Kindern. Bei einem Vergleich fällt der doppelt so hohe Anteil höherer Nettoeinkommen der Männer in Ehen auf (20% verdienen über 3.000 DM versus 10% in nichtehelichen Lebensgemeinschaften). Auf der anderen Seite, allerdings auf erheblich niedrigerem Niveau, ist der Anteil der höher verdienenden Frauen in nichtehelichen Lebensgemeinschaften ungefähr doppelt so hoch wie in Doppelverdienerehen (6,3% verdienen mehr als 3.000 DM versus 3,8% Frauen die in Ehen mehr als 3.000 DM verdienen). Nach den Schätzungen der amtlichen Statistik findet man, im Vergleich, Ehedoppelverdiener etwas eher in Kategorien mit niedrigerem und Doppelverdiener in nichtehelichen Lebensgemeinschaften etwas häufiger in Kategorien mit höherem Einkommen (z.B. wenn der Mann unter 2.500 DM und die Frau unter 1.800 DM Nettoeinkommen hat, tritt dies bei Verheirateten in 27% der Fälle auf, bei nichtehelichen Lebensgemeinschaften in 25%; hat der Mann ein Nettoeinkommen über 2.500 DM und die Frau eins von über 1.800 DM, findet man dies bei bei verheirateten Doppelverdienern in 7% und in nichtehelichen Lebensgemeinschaften in 8,9% der Fälle).

Tabelle 7.5: Einkommensverteilung über verschiedene nichteheliche Familienkonstellationen, differenziert nach der Herkunftsgeschichte des Kindes

	NEL, gemeinsamer Haushalt			LAT, getrennter Haushalt			Zeilen-Prozente
	gemeinsames Kind	aus einer Ehe	aus anderer NEL	gemeinsames Kind	aus einer Ehe	aus anderer NEL	
unter 2.000 DM	11	6	11	58	40	49	20
unter 3.000 DM	32	20	26	24	37	34	29
unter 4.500 DM	39	44	45	11	12	13	33
über 4.500 DM	18	29	19	7	7	4	18
Summe	100%	100%	100%	100%	100%	100%	N=1.482

Quelle: DJI-Kinder in nichtehelichen Lebensgemeinschaften

Der Schluß, daß in Verbindung mit der niedrigen Zahl der Haushalte mit nur einem Erwerbseinkommen dies eine deutliche Besserstellung der nichtehelichen Lebensgemeinschaften mit Kindern gegenüber Verheirateten mit Kindern bedeutet, stimmt allerdings nicht. Die Daten des Familiensurveys, die das Nettohaushaltseinkommen auf die einzelnen Konstellationen zuordbar machen, zeigen immer noch mindestens 400 DM Unterschied zugunsten der Verheirateten. Die Unterschiede in der ökonomischen Situation zwischen nichtehelichen Lebensgemeinschaften, die mit Kindern in einem gemeinsamen Haushalt leben, und Verheirateten mit Kindern sind eher marginal.

Eine wichtige Information ist allerdings der höhere Erwerbsanteil der Frauen in nichtehelichen Lebensgemeinschaften mit Kindern und die unterschiedlichen Einkommensdifferenzen zwischen den Geschlechtern. In Ehen ist der ökonomisch begründete Lebensstandard meist durch das Einkommen des Mannes bestimmt, in nichtehelichen Lebensgemeinschaften viel häufiger durch das Einkommen der Frau.

Dies gilt noch mehr für nichteheliche Lebensgemeinschaften ohne Kinder, hier verdienen die Frauen deutlich mehr als die Frauen in Familien mit Kindern (z.B. Nettoeinkommen über 1.800 DM haben 36% der Frauen in nichtehelichen Lebensgemeinschaften ohne Kinder, 26% der Frauen in nichtehelichen Lebensgemeinschaften mit Kindern, und nur 18% der Frauen in Ehen mit Kindern (Statistisches Bundesamt, 1997)). Da aber die Männer in nichtehelichen Lebensgemeinschaften ohne Kinder deutlich weniger als die Männer in nichtehelichen Lebensgemeinschaften mit Kindern oder erst recht weniger als die Verheiraten mit Kindern verdienen, liegt die Gruppe der NEL ohne Kinder im Einkommen zwischen den NEL mit Kindern und den Ehen mit Kindern. Spitzenreiter in der ökonomischen Situation sind die Ehen ohne Kinder im Haushalt (d.h. mit mittlerweile erwachsenen Kindern oder dauerhaft Kinderlose) und das Schlußlicht bilden die jungen alleinerziehenden Frauen ohne Partner (insbesondere mit Kindern unter sechs Jahren) (s.a. Bien, 1996).

Tabelle 7.6: Nichteheliche Lebensgemeinschaft mit Kindern unter 18 Jahren nach überwiegender Einkommensart der beiden Lebenspartner

Frau / Mann	erwerbstätig	nicht erwerbstätig	Gesamt
erwerbstätig	263	103	366
nicht erwerbstätig	29	27	56
Gesamt	292	130	422

Quelle: Statistisches Bundesamt, eigene Berechnungen
Männer in den Zeilen, Frauen in den Spalten

Schaut man sich die Einkommensarten der nichtehelichen Lebensgemeinschaften mit Kindern an, so ist das Einkommen in fast zwei Drittel aller Fälle allein durch Erwerbstätigkeit bestimmt. Circa ein Drittel aller nichtehelichen Lebensgemeinschaften mit Kindern hat, z.T. neben dem Einkommen aus Erwerbstätigkeit, Transfereinkommen wie Arbeitslosengeld und -hilfe, Sozialhilfe, Rente, Unterhaltszahlungen. Der Anteil der nichtehelichen Lebensgemeinschaften, die ausschließlich von Nichterwerbseinkommen leben, ist kleiner als 8% und der Anteil derjenigen, die allein von Unterstützungsleistungen (Arbeitslosengeld, Sozialhilfe) leben, liegt unter 5%. Nichteheliche Lebensgemeinschaften mit Kindern bilden also einen Bevölkerungsteil, der im Einkommen eher den (2/3) Doppelverdiener-Ehepaaren mit Kindern vergleichbar ist und der nicht einer ähnlich hohen Unterstützungsleistung bedarf, wie z.B. junge alleinerziehende Frauen ohne Partner mit Kindern unter sechs Jahren.

In nichtehelichen Familien mit Kindern aus früheren Ehen sind vollerwerbstätige Befragte häufiger als bei den anderen nichtehelichen Familien. Nichtberufstätige sind am häufigsten anzutreffen, wenn die Kinder aus der gegenwärtigen Partnerschaft stammen und relativ selten, wenn es eine nacheheliche Lebensgemeinschaft ist.

Tabelle 7.7: Berufstätigkeit über die verschiedenen Familienkonstellationen

	NEL, gemeinsamer Haushalt			LAT, getrennter Haushalt			Zeilen
	gemeinsames Kind	aus einer Ehe	aus anderer NEL	gemeinsames Kind	aus einer Ehe	aus anderer NEL	Durchschnitt
voll berufstätig	46	61	49	41	50	45	51%
teilweise berufstätig	15	22	24	17	25	16	20%
vorübergehend arbeitslos	16	10	16	9	10	26	13%
Rentner	1		1				1%
Lehrling	1			2		1	
Studenten Schüler	3	1	2	2	1	2	2%
nicht berufstätig	17	5	7	27	12	9	11%
noch nie berufstätig gewesen	3		1	3	2	2	2%
Summe	100%	100%	100%	100%	100%	100%	1.517

Quelle: DJI-Kinder in nichtehelichen Lebensgemeinschaften

Vergleicht man dazu alle 18-55jährigen, fällt auf, daß 85,8% aller Nichtberufstätigen und 50,6% der noch nie Berufstätigen in die Kategorie "verheiratet-zusammenlebend" fallen, 40,3% der noch nie Berufstätigen (also im wesentlichen die Jüngeren) fallen in die Kategorie, die ohne Partner leben; nichteheliche Lebensgemeinschaften mit Kindern sind hier deutlich unterrepräsentiert (mit gemeinsamem Haushalt - halb soviel wie zu erwarten wäre; mit getrenntem Haushalt - ein Drittel der zu erwartenden Zahl). D.h. die Erwerbstätigenzahlen der Befragten in nichtehelichen Lebensgemeinschaften sind deutlich höher als bei Verheirateten, und zwar durch den entsprechend höheren Anteil erwerbstätiger Frauen. Auf der anderen Seite sind aber auch die Arbeitslosigkeitszahlen bei den nichtehelichen Familien doppelt so hoch wie bei den Verheirateten. Dies gilt für die Frauen (circa 20% gegenüber 10% bei den Verheirateten), inklusive Alleinerziehende ohne Partner, genauso wie für die Männer in den Lebensgemeinschaften mit und ohne gemeinsamen Haushalt (circa 10% gegenüber 5% bei den Verheirateten)[38]. Bei den Frauen muß man allerdings auch berücksichtigen, daß sich circa 25% der verheirateten Frauen mit Kindern als Hausfrau bezeichnen, während es nur circa 10% bei den anderen Konstellationen mit Kindern sind.

Betrachtet man hierzu die Verteilung der Berufe der Befragten über alle 18-55jährigen, fällt auf, daß bei getrennten Partner-Haushalten mit Kindern, die "größeren Selbständigen" circa dreimal (18,6%) und die freien Berufen ungefähr doppelt (13,4%) so häufig sind, wie der Erwartungswert (6,7%) vorgibt.

Eine Berücksichtigung des Partnerschaftsstatus bei der Geburt nichtehelich geborener Kinder zeigt keinen linearen Zusammenhang mit dem Einkommen. Bei der Geburt ihres Kindes Alleinlebende, d.h. ohne Partner Lebende, findet man im späteren Leben überdurchschnittlich oft in der Gruppe mit niedrigen Einkommen (3-5% über dem Erwartungswert), als auch überdurchschnittlich oft in der Gruppe mit hohem Einkommen (3-5% über dem Erwartungswert). Dies korrespondiert mit der Altersverteilung. Diese ist nichtlinear verteilt. Sowohl die jüngeren (unter 20 Jahre), wie auch die älteren (über 27 Jahre) zum Geburtszeitpunkt des Kindes alleinlebenden Frauen findet man häufiger, als dies die Altersverteilung der Mütter bei nichtehelichen Geburten so erwarten lassen würde. Der von uns gefundene Einkommenseffekt ist damit wohl auf die Altersverschiebung zurückzuführen, d.h. der Partnerstatus bei der Geburt eines nichtehelichen Kindes erlaubt keine Vorhersage auf die ökonomische Situation im späteren Leben.

Wenn die Partnerschaftssituation zum Zeitpunkt der Befragung betrachtet wird, bestätigt sich für den Westen die überdurchschnittlich hohe Zahl von

---

[38] Diese Zahlen sind nach Berechnungen aus dem Familiensurvey 1994/95 entstanden.

Alleinerziehenden von nichtehelich geborenen Kindern sowohl in der niedrigsten wie auch in der höchsten Einkommensgruppe (Alterseffekt bei der Geburt). Im Osten allerdings sind die Alleinerziehenden von nichtehelich geborenen Kindern durchwegs in den niedrigen Einkommensgruppen über- und in den höheren Einkommensgruppen unterrepräsentiert. Leben die leiblichen Eltern dieser Kinder in nichtehelichen Lebensgemeinschaften bzw. haben sie geheiratet, liegen die Einkommensverteilungen im Westen wie im Osten im Durchschnitt.[39]

Nichteheliche Lebensgemeinschaften mit Kindern sind gegenüber Ehen mit Kindern finanziell nicht bevorzugt. So daß es sich kaum anbietet, diesen Bevölkerungsteil verstärkt für Transferleistungen heranzuziehen. Da die hier aufgeführten Vergleiche auf Nettoeinkommensangaben beruhen, scheint die geltende Steuerregelung für einigermaßen faire Verhältnisse zwischen Verheirateten mit Kindern und nichtehelichen Lebensgemeinschaften mit Kindern zu sorgen. Einzig bemerkenswert an der Situation in nichtehelichen Lebensgemeinschaften ist die höhere Erwerbs- und Einkommenshomogenität zwischen den Partnern.

7.2 Altersstruktur der Eltern

Eine andere Rahmenbedingung der Lebensverhältnisse von Kindern ist die Alterszusammensetzung der nichtehelichen Lebensgemeinschaften. Frauen und Männer zwischen 30 und 45 Jahren, die in einer nichtehelichen Lebensgemeinschaft leben, haben zu einem erheblichen Anteil (um die 50%) Kinder, mit denen sie zusammenleben. Sind die Partner jünger oder älter, sinkt der Anteil drastisch. Dies stimmt mit dem hohen Anteil von nachehelichen Lebensgemeinschaften mit Kindern an allen nichtehelichen Lebensgemeinschaften mit Kindern überein.

---

[39] Die Berechnungen dieses Absatzes wurden von Chr. Alt und D. Bender an den Daten des Familiensurveys durchgeführt. Die niedrigen Zellenbesetzungen erlauben keine differenzierteren Aussagen.

Abbildung 7.1: Anzahl der nichtehelichen Lebensgemeinschaften über Altersgruppen

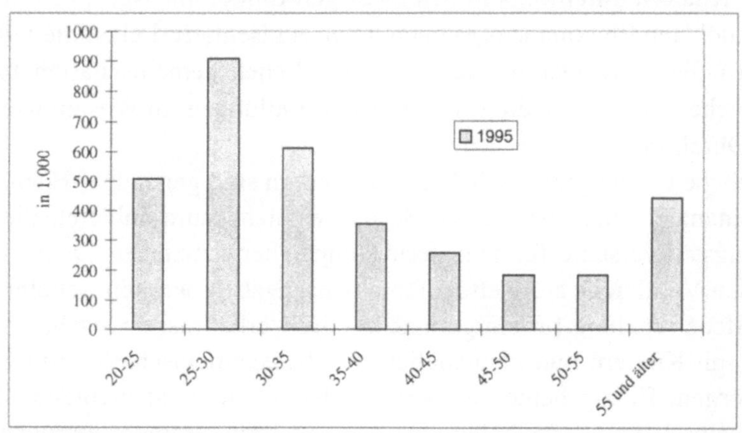

Quelle: Statistisches Bundesamt

Die Alterstruktur über die unterschiedlichen Konstellationen zeigt ein deutlich höheres Alter der Befragten in den nachehelichen Lebensgemeinschaften (im Durchschnitt 5 Jahre älter), sowie den erwarteten Altersunterschied zwischen den Geschlechtern (wenn die Zellenhäufigkeit groß genug für eine Interpretation ist).

Tabelle 7.8: Geschlechtsspezifische Altersstruktur über Familienkonstellationen

	NEL, gemeinsamer Haushalt			LAT, getrennter Haushalt			
Alter Befragte	gemeinsames Kind	aus einer Ehe	aus anderer NEL	gemeinsames Kind	aus einer Ehe	aus anderer NEL	
weiblich	254	283	112	62	284	92	1087
Alter in Jahren	30	35	30	31	34	31	
männlich	162	166	50	2	41	9	430
Alter in Jahren	33	37	33	30	38	29	
Summe							1517

Quelle: DJI-Kinder in nichtehelichen Lebensgemeinschaften

7.3 Wohnverhältnisse

Bezogen auf die Wohnverhältnisse stimmen "common sense" und empirische Wirklichkeit überein. Der Familiensurvey zeigt, daß die Zahl der Verheirateten mit Kindern, die im eigenen Haus lebt mit 47% mehr als doppelt so groß ist wie in allen anderen Konstellationen. Bei den nachehlichen NEL und LAT liegen die Zahlen bei circa 20%, bei Ledigen in NEL bei 15% und bei allen anderen Konstellationen inklusive Alleinerziehenden ohne Partner deutlich unter 10%. 44% der Verheiraten und zwischen 70% und 90% der anderen familialen Konstellationen leben in Mietwohnungen.

Tabelle 7.9: Wohnkosten

	Ehe	NEL		allein	LAT		allein
		na.Ehe	ledig	na.Ehe	na.Ehe	ledig	ledig
Wohnungskosten in DM	1.000	800	750	750	800	600	700
Fläche der Wohnung in qm	105	90	75	80	75	60	70
Anzahl der Zimmer	4,3	3,7	3,1	3,5	3,2	2,6	2,8
Anzahl der Kinderzimmer	1,6	1,4	0,9	1,4	1,3	0,7	0,9

Quelle: DJI-Familiensurvey

Die Verheirateten mit Kindern geben mehr für die Wohnung aus, haben mehr Wohnraum, mehr Zimmer und damit auch die meisten Kinderzimmer im Vergleich mit den anderen Konstellationen. Die nacheheIichen Familienkonstellationen folgen an zweiter Stelle mit deutlich weniger Wohnraum, der noch einmal nach NEL, LAT und Alleinerziehenden unterschiedlich verteilt ist. Am wenigsten Wohnraum und damit auch weniger als ein Kinderzimmer je Familie steht den Ledigen mit Kindern zur Verfügung.

Für die in einem Haushalt zusammenlebenden Partner mit gemeinsamen Kindern gilt, daß circa 12% der Befragten diesen nicht als eigenen Haushalt, sondern als "Haushalt des Partners" verstehen. Bei Lebensgemeinschaften mit Kindern aus früheren Ehen sind es sogar doppelt soviel, circa 23%. Auffällig ist auch die hohe Zahl (8%, bzw. 5%) derjenigen, die statt dem Terminus "eigener Haushalt" den Begriff "Wohngemeinschaft" zum Bezeichnen ihrer Lebensverhältnisse in dieser Gruppe wählen. Beides spricht für einige

Distanz zwischen den Partnern also in Anlehnung an den Begriff "living apart together" eher "living together apart".

Die Frage nach der Wohnentfernung bei getrennt lebenden Partnern zeigt eine sehr differenzierte Verteilung. Sind die Kinder aus der aktuellen Partnerschaft, ist die Wohnentfernung etwas geringer als in den anderen beiden Fällen. Bedeutsame Unterschiede gibt es höchstens bei der Wohnentfernung "im anderen Ort, aber unter einer Stunde". Hier sind die Lebensgemeinschaften mit Kindern aus früheren Partnerschaften fast doppelt so häufig wie bei Lebensgemeinschaften mit Kindern aus der aktuellen Partnerschaft. Die Lebensgemeinschaften mit Kindern aus früheren Ehen liegen dazwischen (und in der Nähe des Erwartungswerts (35%)).

Tabelle 7.10: Wohnentfernung zwischen den Lebenspartnern bei getrennten Haushalten

Wohnentfernung zwischen den Lebenspartnern	LAT, getrennter Haushalt			Zeilen-Prozente
	gemeinsames Kind	aus einer Ehe	aus anderer NEL	
im gleichen Haus	7	2	3	3
in unmittelbarer Nachbarschaft	10	6	5	7
im gleichen Ort, Viertelstunde	16	21	14	19
im gleichen Ort, länger	29	26	23	26
in anderem Ort, weniger als 1 Stunde entfernt	24	35	45	36
weiter entfernt	15	10	10	10
Summe	100%	100%	100%	N=472

Quelle: DJI-Kinder in nichtehelichen Lebensgemeinschaften

7.4 Meine Kinder, deine Kinder, unsere Kinder

Die erste der folgenden Tabellen zeigt nichteheliche Familienkostellationen, bestimmt aus der Herkunft der Kinder. Die 64% Konstellationen mit nur "Einsen" (alle Kinder vom Befragten eingebracht), oder nur "Dreien" (alle Kinder vom Partner des Befragten eingebracht) sind Familien ohne gemeinsame Kinder. Die 26% Familien mit nur "Zweien" bedeuten Familien mit ausschließlich gemeinsamen Kindern. Die beiden Familien (0,2%), die sowohl "Einser", "Zweier" und "Dreier" in einer Kombination haben, sind die berühmt-berüchtigten "Meine Kinder, Deine Kinder, Unsere Kinder" Familien. Die anderen Kombinationen liegen irgendwie dazwischen.

Die nächste Tabelle zeigt Familienkonstellationen nach den Kategorien aus Herkunft der Kinder und Familienstand der Eltern; wenn alle Kinder nur mit "Eins" kodiert sind, meint dies die 26% nichtehelichen Lebensgemeinschaften mit ausschließlich gemeinsamen Kindern. Nur mit "Zwei" kodierte Kinder findet man in 51% Konstellationen mit Kindern aus früheren Ehen, d.h. nur mit Kindern aus ehemals "geregelten" Verhältnissen. Die 15% Kombinationen mit nur 'Dreien' stammen von Familien, in denen nur Kinder aus vorherigen nichtehelichen Partnerschaften leben. Alles andere sind wieder verschiedenste Kombinationen.

Insgesamt gilt, daß das aus dem amerikanischen Fernsehen übernommene Familienbild mit vielfältigen Geschwisterkombinationen (Voll-, Halb-, Stiefgeschwister) in Deutschland auch in nichtehelichen Familien äußerst selten vorkommen. Nur 10% der von uns betrachteten Konstellationen beschreiben gemischte Geschwisterverhältnisse und nur 0,2% solche mit jeweils Kindern eines Partners und zusätzlich gemeinsamen Kindern.

Tabelle 7.11 Familienzusammensetzung nach Status der Kinder

mit: 1 = leibliches Kind mit einem ehemaligen Partner, 2 = leibliches Kind mit dem derzeitigen Partner, 3 = Kind des Partners, 4 = Adoptivkind, 5 = Pflegekind, 6 = Sonstiges

1.Kind	2.Kind	3.Kind	4.bzw. 5. Kind	Anzahl	Prozent
1				547	36.1
1	1			188	12.3
1	1	1		14	0.9
1	1	1	1	5	0.4
1	1	1	2	3	0.2
1	1	1	4	1	0.1
1	1	2		11	0.7
1	1	2	2	1	0.1
1	1	3		5	0.3
1	2			41	2.7
1	2	2		3	0.2
1	3			11	0.7
1	3	1	1	2	0.1
1	3	1	2	1	0.1
1	3	3		1	0.1
1	6			1	0.1
2				309	20.4
2	1			1	0.1
2	1	1	1	1	0.1
2	2			66	4.4
2	2	2		11	0.7
2	2	2	2	4	0.3
2	2	3		1	0.1
2	3			3	0.2
2	6			1	0.1
3				183	12.1
3	1			7	0.5
3	1	1		1	0.1
3	1	2		1	0.1
3	1	3		1	0.1
3	2			19	1.3
3	2	2		2	0.1
3	3			42	2.8
3	3	2		1	0.1
3	3	3		9	0.6
4	3			1	0.1
5	5			1	0.1
6				8	0.5
6	6			2	0.1
				-------	-------
				1.510	100.0

Quelle: DJI-Kinder in nichtehelichen Lebensgemeinschaften

Tabelle 7.12 Familienzusammensetzung nach Herkunft der Kinder

mit

1 = aus der aktuellen Lebensgemeinschaft
2 = aus früheren Ehen
3 = aus früheren Partnerschaften
4 = Sonstiges

1.Kind	2.Kind	3.Kind	4. bzw. 5. Kind	Anzahl	Prozent
1				308	20.3
1	1			66	4.4
1	1	1		11	0.7
1	1	1	1	4	0.3
1	1	2		1	0.1
1	2			3	0.2
1	3			1	0.1
1	3	3	3	1	0.1
1	4			2	0.1
2				527	34.7
2	1			35	2.3
2	1	1		2	0.1
2	2			216	14.2
2	2	1		11	0.7
2	2	1	1	1	0.1
2	2	2		25	1.6
2	2	2	1	3	0.2
2	2	2	2	7	0.5
2	2	2	4	1	0.1
2	2	3		2	0.1
2	3			3	0.2
2	3			1	0.1
2	4			2	0.1
3				202	13.3
3	1			25	1.6
3	1	1		3	0.2
3	2			2	0.1
3	2	2		1	0.1
3	2	3	1	1	0.1
3	3			27	1.8
3	3	1		1	0.1
3	3	3		3	0.2
4				13	0.9
4	3	2		1	0.1
4	4			4	0.3
4	4	4		1	0.1
				-------	-------
				1.517	100.0

Quelle: DJI-Kinder in nichtehelichen Lebensgemeinschaften

7.5 Einstellungen bei den unterschiedlichen Familienformen

Im Familiensurvey sind 1994 eine Vielzahl von Informationen zur Situation von Familien erhoben worden. Im folgenden werden am Vergleich von ehelichen Familien, Alleinerziehenden und nichtehelichen Familien eine Reihe von Befunden dargestellt, die Aussagen über die Befindlichkeiten der Betroffenen und die Binnensituation in den Familien geben sollen.

Um zu verstehen, wie groß die Übereinstimmung bei den Einstellungen zwischen allen Konstellationen, in denen Kinder aufwachsen,sind, kann die folgende Tabelle als Basis genommen werden. Sie zeigt, es gibt keinerlei Unterschiede in den Einstellungen zu Kindern zwischen verheirateten und nichtverheirateten Eltern. Eine so hohe Übereinstimmung zwischen verschiedenen Gruppen über so viele Einstellungsfragen ist sehr selten und daher besonders bemerkenswert. Dieselbe hohe Übereinstimmung erhält man beim gemeinsamen Wunsch nach zwei Kindern und bei Fragen zu Erziehungszielen, auch hier sind über alle elf vorgegebenen Ziele (Pflichtbewußtsein, Gehorsam, Fleiß, Verständnis für andere, Kritikfähigkeit, Verantwortungsbewußtsein, gute Schulleistungen, Selbständigkeit, Durchsetzungsfähigkeit, gute Umgangsformen, Selbstvertrauen) keinerlei Abweichungen über die verschiedenen Familienkonstellationen zu sehen. Vorstellungen, daß bestimmte Partnerkonstellationen, z.B. eine nichteheliche Lebensgemeinschaft ohne gemeinsamen Haushalt gewählt würde um z.B. den Kindern andere Erziehungsziele und Werte zu vermitteln können durch unsere Ergebnisse nicht bestätigt werden. Die Wahl oder vielleicht besser das Schicksal der momentanen Partnerschaftssituation hat überhaupt nichts mit dem zu tun, was Eltern für die eigenen Kindern wünschen.

Vor dem Hintergrund dieser hohen Übereinstimmung wird dann die einzige Abweichung bedeutsamer. Zwischen denen, die ohne Partner im Haushalt leben und denen, die mit einem Partner zusammenleben, wird die Bedeutung von Kindern für die Partnerschaft unterschiedlich bewertet: Lebt der Partner im selben Haushalt, werden die Kinder für die Partnerschaft als wichtiger angesehen, als wenn der Partner außerhalb des Haushalts lebt[40].

---

[40] Dies können Kausalattribuierungen sein: wenn der Partner da ist, müssen die Kinder einen Einfluß haben bzw. wenn der Partner nicht da ist, wird der Einfluß auch geringer sein, oder es kann eine Beschreibung der tatsächlichen Verhältnisse sein. Die beiden Möglichkeiten konnten hier nicht getrennt werden.

Tabelle 7.13: Bedeutung von Kindern

	Ehe	NEL		allein	LAT		allein
Kinder bedeuten:		na.Ehe	ledig	na.Ehe	na.Ehe	ledig	ledig
erfülltes Leben	3,8	3,8	3,7	3,7	3,7	3,8	3,7
weniger Zeit	2,3	2,2	2,3	2,3	2,4	2,2	2,3
Hilfe im Alter	2,3	2,4	2,4	2,4	2,4	2,6	2,2
Probleme in der Öffentlichkeit	1,8	1,9	1,9	1,9	2,0	2,0	2,0
Belastung der Partnerschaft	1,5	1,6	1,5	1,7	1,8	1,7	1,8
das Gefühl, gebraucht zu werden	3,6	3,7	3,7	3,7	3,6	3,8	3,7
finanzielle Belastung	2,5	2,3	2,3	2,5	2,5	2,3	2,5
Sorgen und Probleme	2,8	2,8	2,7	2,9	2,8	2,8	2,8
Spaß beim Aufwachsen	3,9	3,8	3,9	3,8	3,8	3,9	3,8
berufliche Einschränkung	2,9	2,8	2,9	2,8	2,9	2,8	3,0
Hilfe bei Notfällen	2,7	2,7	2,7	2,8	2,7	2,9	2,5
Chance für die Partnerschaft	3,0	2,8	3,1	2,6	2,6	2,6	2,3

Quelle: DJI-Familiensurvey
Mittelwerte über 1 = "stimme überhaupt nicht zu" bis 4 = "stimme voll und ganz zu"

Die Einschätzung der Bedeutung der Ehe führt allerdings zu deutlich unterschiedlichen Mustern zwischen den einzelnen Familienkonstellationen. Hier gibt es klare Unterschiede zwischen denen, die verheiratet sind, denen, die verheiratet waren und denen, die ledig sind. Die größten Unterschiede findet man bei den Aussagen "Eine Ehe bedeutet Sicherheit und Geborgenheit", "Nur wenn die Eltern verheiratet sind, haben die Kinder wirklich ein Zuhause" und "Wenn zwei Menschen sich lieben, sollten sie auch heiraten" (Liebe heißt auch Heirat). Während bei den Verheirateten die Mittelwerte hier bei "stimme überwiegend zu" oder höher liegen, sind sie bei den ledigen Alleinerziehenden um eine ganze Kategorie niedriger in der Nähe von "stimme kaum zu" bewertet. Auch Personen in nachehelichen Konstellationen stimmen diesen Werten deutlich mehr zu als Ledige, allerdings nicht so deutlich wie Verheiratete. Daß Ehe eine Verpflichtung füreinander bedeutet und finanzielle und wirtschaftliche Vorteile bringt, ist für alle Konstellationen relativ unstreitig.

Tabelle 7.14: Bedeutung von Ehe

	Ehe	NEL		allein	LAT		allein
Ehe bedeutet:		na.Ehe	ledig	na.Ehe	na.Ehe	ledig	ledig
Sicherheit und Geborgenheit	3,4	2,8	2,6	2,9	2,7	2,5	2,5
auch Streit und Ärger	2,2	2,7	2,6	2,8	2,7	2,7	2,8
finanzielle und wirtschaftliche Vorteile	2,7	2,7	2,6	2,8	2,7	2,7	2,8
Aufgabe persöhnlicher Freiheiten	2,4	2,5	2,3	2,7	2,8	2,4	2,6
gesellschaftliche Anerkennung	2,3	2,3	2,0	2,3	2,3	2,4	2,2
Zuhause für Kinder	2,7	1,8	1,5	2,1	1,8	1,5	1,7
eventuelle Scheidung mit Kosten	2,8	3,3	3,0	3,0	3,3	2,9	2,9
Verpflichtung füreinander	3,8	3,6	3,4	3,7	3,5	3,6	3,5
Liebe heißt auch Heirat	2,9	2,2	2,0	2,5	2,2	1,9	2,1

Quelle: DJI-Familiensurvey
Mittelwerte über 1 = "stimme überhaupt nicht zu" bis 4 = "stimme voll und ganz zu"

Unterschiede gibt es deshalb auch bei den Heiratsabsichten, die in der Studie zu den Kindern in nichtehlichen Lebengemeinschaften erfragt worden ist. Hier sieht man deutliche Unterschiede zwischen nichtehelichen Lebensgemeinschaften mit und ohne gemeinsamen Haushalt; die Heiratsneigung bei ersteren ist deutlich höher. Niedriger als bei den anderen Konstellationen ist die Heiratsneigung bei Lebensgemeinschaften mit Kindern aus früheren Ehen. Insgesamt will circa die Hälfte heiraten, ein Viertel ist schwankend und ein Viertel lehnt die Ehe eher ab. Von denen, die bestimmt heiraten wollen, wollen über 70% dies innerhalb des nächsten Jahres tun.

Auf die Kinder bezogen gilt: Die Eltern von circa 60% der Kinder, die im Haushalt einer nichtehelichen Lebensgemeinschaft ihrer leiblichen Eltern wohnen, gaben an, daß sie wahrscheinlich heiraten wollen, bei nur circa 12% der Kinder gaben die Eltern an, bestimmt nicht heiraten zu wollen. Bei getrennten Haushalten der leiblichen Eltern gaben die Eltern von circa 50% der Kinder an, wahrscheinlich heiraten zu wollen. Bestimmt nicht wollen es 13%. Haben die Kinder bereits eine Scheidung erlebt, ist der Anteil mit (Stief-) Eltern, die sich nicht sicher sind, ob sie heiraten werden, am höchsten (22% bei NEL, 40% bei LAT).

Tabelle 7.15: Heiratsabsicht auf der Basis der Befragten

	NEL, gemeinsamer Haushalt			LAT, getrennter Haushalt			Zeilen
	gemeinsames Kind	aus einer Ehe	aus anderer NEL	gemeinsames Kind	aus einer Ehe	aus anderer NEL	Durchschnitt
bestimmt heiraten	22	16	27	11	7	9	16%
wahrscheinlich	40	35	36	31	23	40	34%
wahrscheinlich nicht	12	20	11	14	15	12	15%
bestimmt nicht	10	5	6	14	16	10	15%
weiß nicht	16	24	20	30	39	30	25%
Summe	100%	100%	100%	100%	100%	100%	1.517

Quelle: DJI-Kinder in nichtehelichen Lebensgemeinschaften

Keine Unterschiede zwischen den familialen Konstellationen (Ehe, NEL, LAT, Alleinerziehende) findet man im Familiensurvey auch bei den Einstellungen zur Arbeit. In allen Konstellationen wird überwiegend zugestimmt, daß die berufliche Arbeit die wichtigste Tätigkeit des Menschen ist und daß die jeweilige Person auch dann gerne berufstätig wäre, wenn sie das Geld nicht bräuchte. Eher abgelehnt wird über alle familialen Konstellationen die Aussage "Ein Beruf ist nur ein Mittel um Geld zu verdienen - nicht mehr." Über alle Konstellationen wird auch das Hausfrauenmodell "Frau bleibt zu Hause" abgelehnt, wenn noch keine Kinder da sind oder die Kinder aus dem Haus sind (Zustimmung unter 2%). Unterschiede gibt es über die Einschätzung der Erwerbsbeteiligung bei unterschiedlichen Altersstufen der Kinder. Generell wird hier bei den Nichtverheirateten das Modell der Vollzeiterwerbstätigkeit beider Eltern etwas positiver gesehen als bei den Verheirateten. Mit steigendem Alter der Kinder wird die Erwerbstätigkeit der Mütter immer höher bewertet, am niedrigsten von den Verheirateten, gefolgt von den Alleinerziehenden und am höchsten in den nichtehelichen Lebensgemeinschaften mit oder ohne gemeinsamen Haushalt.

Ein Drittel der Verheirateten gab, an keiner Religion anzugehören, bei den Alleinerziehenden war es circa die Hälfte und bei den nichtehelichen Lebensgemeinschaften mit und ohne gemeinsamen Haushalt waren es um die 60%. Bei denen, die eine Religionszugehörigkeit angaben, fällt auf, daß bei den nichtverheirateten Eltern der Anteil der Katholiken deutlich unter dem Durchschnitt liegt. Auch die Aktivitäten waren unterschiedlich verteilt, während die Verheirateten mit Religionszugehörigkeit nur zu 11% angaben, nie zur Kirche zu gehen, waren es bei den unverheirateten Eltern zwischen einem Viertel und einem Drittel der Befragten.

7.6 Verhaltensweisen und Befindlichkeiten bei den unterschiedlichen Familienformen

7.6.1 Aufteilung von Arbeit und Verantwortung in der Partnerchaft

Eine Betrachtung des angegeben Zeitaufwands führt zu keinen überraschenden Ergebnissen. Die Arbeitszeit der erwerbstätigen Männer liegt etwas über der der erwerbstätigen Frauen. Die nicht zusammenlebenden Paare mit Kindern (LAT) fallen etwas aus dem Schema, da die Fallzahlen in den Zellen aber relativ klein sind, läßt sich dies nicht interpretieren. Die angegebene Zeit für Hausarbeit durch die Befragten zeigt bei gemeinsamer Haushaltsführung deutlich niedrigere Zahlen als bei getrennten Haushalten und Alleinlebenden. Ansonsten sind keine Unterscheide feststellbar.

Tabelle 7.16: Zeitaufteilung in den unterschiedlichen familialen Konstellationen

	Ehe	NEL		allein	LAT		allein
		na.Ehe	ledig	na.Ehe	na.Ehe	ledig	ledig
Arbeitszeit des/der Befragten in Stunden	37	40	39	37	37	32	40
Arbeitszeit des Partners/ der Partnerin in Stunden	43	44	43		52	47	
Schätzung über den Aufwand an Hausarbeit: 5 = 21 - 40 Std	4,8	4,8	4,9	5,1	5,4	5,2	5,2

Quelle: DJI-Familiensurvey

Die typischen Hausarbeiten (Kochen, Einkaufen, Putzen) werden in allen Familien mit Kindern überwiegend von nur einer Person (d.h. der Frau) übernommen; in nichtehelichen Lebensgemeinschaften mit Kindern ist zwar der Anteil der beidseitigen Beteiligung um einiges höher, aber immer noch weit von einer Gleichverteilung entfernt. Bei getrennten Haushalten kann man wieder davon ausgehen, daß der jeweilige Erwachsene in den Haushalten mit den Kindern, also fast ausschließlich Frauen, diese Arbeiten allein verrichten. Überraschend ist, daß in allen Konstellationen über 40% der Befragten mit dieser Regelung zufrieden sind, sowohl bei den Männern wie bei den Frauen, und daß bei denen, die Änderungen wollen, zwar ungefähr wieder die Hälfte Änderungen in Richtung gemeinsame Hausarbeit wollen, die Verbleibenden, und zwar Männer wie Frauen, sich aber wünschen, daß diese Arbeiten mehr von den Frauen durchgeführt werden. Bei den Reparaturen ist es dasselbe, nur daß die Geschlechter vertauscht sind und hier die Männer mehr in der Verantwortung sind und sein wollen. Die Geldverwaltung bei gemeinsamer Haushaltsführung ist überwiegend gemeinsame Sache, insbesondere, wenn die Entscheidungen schwerwiegender werden. Bei getrennten Haushalten bestimmt die Geldangelegenheiten derjenige, der den Haushalt mit den Kindern führt (also im wesentlichen die Frau). Wenn der Wunsch nach Änderung bestand, dann in die Richtung, daß sich die Frauen noch mehr Selbstbestimmungsrecht über die Finanzen wünschen. Deutlich seltener wurde eine gemeinsame Verwaltung der Finanzen gewünscht.

Bleibt die Kinderbetreuung, die sich bei gemeinsamem Haushalt nicht zwischen Ehe und nichtehelicher Lebensgemeinschaft unterscheidet und bei getrennten Haushalten zu über zwei Drittel bei der Frau allein liegt. Beim Spielen mit den Kindern sind die Männer über alle Konstellationen etwas mehr beteiligt. Bei der Beurteilung der Situation fällt auf, daß wieder über 40% der Männer und Frauen entweder mit der Situation zufrieden sind, oder aber eine höhere Involvierung der Frauen in die Kinderbetreuung wünschen. Wenn ansonsten etwas verändert werden soll, wünscht sich circa ein Drittel der Befragten über alle Konstellationen mehr gemeinsame Kinderbetreuung. Auffallend ist außerdem noch, daß in den Haushalten mit getrennt lebenden Partnern, die Frauen sich nur selten wünschen, daß ihr Partner sich mehr um die Kinder kümmern soll (nur 2%).

Tabelle 7.17: Organisation in der Partnerschaft

Aufgabenverteilung in der Partnerschaft	Ehe		NEL				LAT			
			na.Ehe		ledig		na.Ehe		ledig	
	gem	Wun	gem	Wun	gem	Wun	gem	Wun	gem	Wun
Kochen	15	48	26	48	22	48	14	42	23	39
Einkaufen	45	45	49	40	54	42	29	38	32	36
Putzen	19	44	29	40	33	42	22	43	19	40
Kinderbetreuung	45	41	48	38	61	39	26	30	32	31
handwerkliche Tätigkeiten	26	51	20	51	21	52	23	31	12	30
Geldverwaltung - Alltag	49	53	50	50	58	50	18	44	29	51
außergewöhnliche Ausgaben	72	51	67	48	69	49	30	35	32	42
Lebensvorsorge - Versicherungen	62	50	76	44	64	46	31	33	39	40

Quelle: DJI-Familiensurvey
"gem"= Prozentanteile derjenigen, die angeben, die Tätigkeit gemeinsam, abwechselnd oder jeder für sich zu tun,
"Wun" = Anteil derjenigen, die sich wünschen, daß es so bleibt, wie es ist

7.6.2 Zustand der aktuellen Partnerschaft

Um das Konfliktpotential in einer Partnerschaft mit Kindern zu erfassen, wurden aufsteigend mehrere Konfliktstufen abgefragt, sowie die Nutzung von Beratungsmöglichkeiten. Danach ist das Konfliktpotential in Partnerschaften außerhalb der Ehe erheblich größer als in der Ehe. Insbesondere bei Paaren, die noch keine Eheerfahrungen hatten und hier insbesondere bei denen, die nicht gemeinsam in einem Haushalt leben.

In den letzten drei Jahren an Trennung gedacht haben außerhalb der Ehe doppelt soviele Paare wie in der Ehe, ähnliches gilt auch für einen ernsthaften Vorschlag für eine Trennung. Das feste Normengerüst der Ehe scheint also Konflikte eher zu verhindern als zu befördern. Außerhalb der Ehe ist dafür die Trennung ohne Anwalt präferiert; ohne Ehevertrag oder gar ohne gemeinsamen Haushalt ist eine juristische Unterstützung bei der Trennung wohl nicht gewünscht oder nötig.

Tabelle 7.18: Konfliktpotential in der Partnerschaft

	Ehe	NEL		LAT	
		na.Ehe	ledig	na.Ehe	ledig
Haben Sie jemals gedacht, daß ihre derzeitige Partnerschaft in Schwierigkeiten ist?	31%	41%	47%	36%	60%
Haben Sie innerhalb der letzten drei Jahre einmal an Trennung gedacht?	11%	22%	25%	27%	29%
Haben Sie mit einem/einer guten Bekannten über Trennung oder Scheidung gesprochen?	6%	11%	15%	24%	25%
Hat einer von Ihnen innerhalb der letzten drei Jahre ernsthaft eine Trennung vorgeschlagen?	4%	11%	8%	10%	15%
Sprachen Sie darüber, einen Anwalt aufzusuchen?	2%	1%	1%	-	-

Quelle: DJI-Familiensurvey
Die jeweilig nächste Frage wurde nur gestellt, wenn die vorherige positiv beantwortet wurde.
Prozentangaben bezogen auf alle Personen in der jeweiligen Konstellation,
insgesamt 4.237 Personen

Tabelle 7.19: Inanspruchnahme von Beratungsangeboten

Haben Sie in den letzten drei Jahren eine der genannten Hilfen in Anspruch genommen?	Ehe	NEL		allein	LAT		allein
		na.Ehe	ledig	na.Ehe	na.Ehe	ledig	ledig
Beratung in Partnerschaftsfragen	1%	7%	2%	7%	8%	2%	6%
Erziehungsberatung	3%	4%	3%	10%	11%	2%	13%
Tagespflege	1%	2%	2%	3%	5%	2%	10%
Hilfe bei Mißhandlung oder Mißbrauch	-	2%	1%	4%	-	-	3%
wirtschaftliche Hilfen/ Umschuldungshilfen	1%	2%	6%	6%	2%	6%	8%
Hilfen bei Suchtmittelabhängigkeit	-	1%	1%	1%	-	-	1%
Sonstige Hilfen	3%	6%	9%	8%	7%	19%	13%

Quelle: DJI-Familiensurvey

7.6.3 Netzwerke und Gesundheit

Die zur Verfügung stehenden Netze mit hoher Intensität variieren stark über die einzelnen Konstellationen. Die meisten Personen haben die Verheirateten zur Verfügung. Die Unterschiede variieren aber über die Bedeutung der einzelnen Personengruppen. Bei den aktiven Kontakten ist der Unterschied geringer als bei den eher passiven Kontakten, wie Anzahl der Verwandten im Netz oder Anzahl der als Familie wahrgenommen Personen. Das kleinste Unterstützungsnetzwerk haben die Alleinerziehenden, mit im Durchschnitt vier Personen im Vergleich zu circa fünfeinhalb Personen bei Verheiraten und bei den in einer nichtehelichen Lebensgemeinschaft Zusammenlebenden. Bei den aktiven Kontakten unterscheiden sich die Netzwerkgrößen nur etwa halb so stark. Allerdings ist der Anteil der Alleinerziehenden, die niemanden für ein Gespräch über persönlich wichtige Dinge haben, mit circa 10% doppelt so hoch wie bei nicht zusammenlebenden Paaren (LAT) (5%) und zehnmal so hoch wie bei nichtehelichen Lebensgemeinschaften (NEL) (1%) bzw. 20mal so hoch wie bei Verheirateten (0,5%). Entsprechend sind auch die Verteilungen über eine abgefragte Einsamkeitsskala. Die Alleinerziehenden haben deutlich höhere Werte als die Partnerschaften, und die niedrigsten Werte haben die Verheirateten. Ähnlich ist das beim Gesundheitszustand der Befragten; sowohl das Leben ohne Partner, als auch eine Scheidung bedeutet im Durchschnitt eine schlechtere Gesundheit. Schlecht fühlen sich 1% der Verheirateten, 2% der in nichtehelicher Lebensgemeinschaft Lebenden und 3% der Alleinerziehenden. Die höchste Zahl mit 4% findet man bei denjenigen, die Scheidungserfahrungen haben. Andererseits sagen bis auf diese letzte Gruppe zwischen einem Viertel und einem Drittel aller Befragten, daß es ihnen sehr gut geht.

Literaturverzeichnis

Alexander, R. D.: Über die Interessen der Menschen und die Evolution von Lebensabläufen. In: Meier, H. (Hrsg.): Die Herausforderung der Evolutionsbiologie. Piper, München/Zürich. 1988. S. 129-171

Alt, Chr./Weidacher, A.: Familien- und Betreuungssituation von Kindern 1994, In: Bien, W. (Hrsg.): Familie an der Schwelle zum neuen Jahrtausend, Opladen 1996

Alt, Chr./Weidacher, A.: Generational Differences in the Choice and Construction of Lifeforms in Modern Industrialized Society. European Sociological Association, Third Conference, Essex. 1997

Aquilino, W. S.: Impact of childhood. Family disruption on young adults' relationships with parents. Journal of Marriage and the Family 56. 1994. P. 295-313

Bender, D./Bien, W./Alt, Chr. : Anlage des Familiensurvey. Datenbasis und methodische Aspekte. In: Bien, W. (Hrsg.): Familie an der Schwelle zum neuen Jahrtausend. Leske + Budrich, Opladen. 1996

Berghe van den, P.: The family and the biological base of human sociality. In: Filsinger, E. E. (Ed.): Biosocial Perspectives on the Family. Sage, Newbury Park. 1988. P. 39-60

Berghe van den, P.: Human Family Systems. An Evolutionary View. Elsevier, New York/Oxford. 1979

Bertram, B.: Pluralisierung oder Traditionalisierung der Lebenskonzepte. In: Bütow, B./Stecker, H. (Hrsg.): EigenArtige Ostfrauen. Frauenemanzipation in der DDR und den neuen Bundesländern. Kleine-Verlag, Bielefeld. 1994

Bertram, H. (Hrsg.): Familie in Westdeutschland. Leske + Budrich, Opladen. 1991

Bertram, H. (Hrsg.): Das Individuum und seine Familie, Leske+Budrich, Opladen 1995

Bertram, H./Kreher, S.: Lebensformen und Lebensläufe in diesem Jahrhundert. Aus Politik und Zeitgeschichte, B 42. 1996. S. 18-30

Bien, W. (Hrsg.): Familie an der Schwelle zum neuen Jahrtausend - Wandel und Entwicklung familialer Lebensformen. Leske + Budrich, Opladen. 1996

Bumpass, L./Ryder, N. B.: The Declining Significance of Marriage: Changing Family Life in the United States. Paper presented at the Potsdam International Conference on "Changing Families and Childhood". 1994, December

Bundesinstitut für Bevölkerungsforschung (BiB): BiB-Mitteilungen, 18. Jg., Heft 2. Darin: Schwarz, K.: Familienbildung gestern und heute. 1997. S. 18-20

Bundesministerium für Familie, Senioren, Frauen und Jugend (BMFSFJ): Die Familie im Spiegel der amtlichen Statistik. Chudeck Druck-Service, Bonn.1997

Chase-Lansdale, P./Hetherington, E.: The impact of divorce on life-span development. Short and long term effects. In: Baltes, P./Featherman, D./Lerner, R. (Eds.): Life Span Development and Behavior. Lawrence Erlbaum, Hillsdale, 1990. P. 105-150

Cherlin, A. J./Furstenberg, F. F. Jr.: The new American grandparent. A place in the family, a life apart. Basic Books, New York. 1986

Cooney, T./Uhlenberg, P.: The role of divorce in men´s relations with their adult children after midlife. Journal of Marriage and the Family 52. 1990. P. 677-688

Cornelius, I./Eggen, B./Goeken, S./Vogel, C.: Alleinerziehende mit Kleinkindern. Untersuchung zum Programm "Mutter und Kind" des Landes Baden-Württemberg. Materialien und Bericht der Familienwissenschaftlichen Forschungsstelle im Statistischen Landesamt Baden-Württemberg, Heft 26, Stuttgart. 1994

Cromm, J.: Alleinerziehende - Zur Entwicklung der Einelternfamilie in Deutschland seit dem 19. Jh. In: Meyer, S./Schulze, E. (Hrsg.): Soziale Lage und soziale Beziehungen. Westdeutscher Verlag, Opladen, 1994. S. 55-79

Daly, M./Singh, L. S./Wilson, M.: Children fathered by previous partners. A risk factor for violence against women. Canadian Journal of Public Health 84, 1993. P. 209-210

Daly, M./Wilson, M.: Step parenthood and the envolved psychology of discriminative parental solicitude. In: Parmigiani, S./Vom Saal, F. S. (Eds.): Infanticide and Parental Care. Harwood Academic Publishers, Chur, 1994. P. 121-134

Dawkins, R.: The Selfish Gene.: Oxford University Press, Oxford. 1976

Die Landesbeauftragte für Frauenfragen bei der Niedersächsischen Landesregierung (Hrsg.): Lebens- und Arbeitssituationen von Frauen in Niedersachsen, Projektbericht des Instituts für Frau und Gesellschaft, Hannover. 1988

Diekmann, A./Engelhardt, H.: Höheres Scheidungsrisiko bei Probeehen vor Heirat und Einzelkindern. Befunde und Erklärungen. Referat auf der Jahrestagung "Scheidung und Trennung - Ursachen und Folgen" der Sektion "Familien- und Jugendsoziologie" der Deutschen Gesellschaft für Soziologie (DGS) in Berlin. 1997

Ditch, J./Barnes, H./Bradshaw, J.: Eine Synthese nationaler Familienpolitiken 1995. Europäische Beobachtungsstelle für Nationale Familienpolitiken. Kommission der Europäischen Gemeinschaft, Social Policy Research Unit, University of York. 1996

Dunbar, R.I.M./Spoors, M.: Social networks, support cliques, and kinship. Human Nature 6, 1995. P. 273-290

Eggebeen, D.J./Hogan, D.P.: Giving between Generations in American Families. Human Nature 1, 1990. P. 211-232

Engstler, H.: Die Familie im Spiegel der amtlichen Statistik. Erstellt im Auftrag des Bundesministeriums für Familie, Senioren, Frauen und Jugend in Zusammenarbeit mit dem Statistischen Bundesamt. Broschürenstelle des BMFSFJ, Bonn. 1997

Etzioni, A.: The Spirit of Community, New York 1993

Euler, H. A./Weitzel, B.: Discriminative Grandparental Solicitude as reproductive Strategy. Human Nature 7, 1996. P. 39-59

Fthenakis, W.: Kindliche Reaktion auf Trennung und Scheidung. In: Markefka, M./Nauck, B. (Hrsg.): Handbuch der Kindheitsforschung. Luchterhand-Verlag, Neuwied. 1993. S. 601-615.

Fthenakis, W.: Väter. Band 1: Zur Psychologie der Vater-Kind-Beziehung. Urban & Schwarzenberg, München. 1985

Furstenberg, F. F. Jr.: Fortsetzungsehen. Ein neues Lebensmuster und seine Folgen. Soziale Welt 38, 1987. S. 29-39

Furstenberg, F./Peterson, J./Nord, C./Zill, N.: The life course of children of divorce:.Marital disruption and parental contact. American Sociological Review 48, 1983. P. 656-668

Glick, P.: American Families. Wiley, New York. 1957

Goetting, A.: The development tasks of siblingship over the life cycle. Journal of Marriage and the Family 48, 1986. P. 703-714

Gokalp, C.: Le réseau familial. Population 6, 1978. P. 1077-1094

Goldring-Zukow, P. G. (Ed.): Sibling interaction across cultures. Springer, New York. 1989

Grusky, O./Bonacich, P./Webster, C.: the coalition structure of the four-person-family. Current Research in Social Psychology 1. 1995. P. 17-29

Gysi, J./Meyer, D./Winkler, G.: Familie. In: Sozialreport 1992. Daten und Fakten zur sozialen Lage in den neuen Bundesländern. Berlin, 1993

Gysi, J. (Hrsg.): Familienleben in der DDR. Zum Alltag von Familien mit Kindern. Akademie-Verlag, Berlin. 1989

Hamilton, W .D.: The genetical evolution of social behavior. I and II. Journal of Theoretical Biology 7, 1964. P. 1-32

Hetherington, E./Cox, M./Cox, R.: Long-term effects of divorce and remarriage on the adjustment of children. Journal of the American Academy of Child Psychiatry 24. 1985. P. 518-530

Hill, R.: Family Development in Three Generations. A Longitudinal Study of Changing Family Patterns of Planning and Achievement. Cambridge (Mass.). Schenkman Publishing, London. 1970

Hogan, D. P./Eggebeen, D. J./Clogg, C. C.: The structure of intergenerational exchanges in American families. American Journal of Sociology 98. 1993. P. 1428-1458

Höhn, C./ Dorbritz, J.: Zwischen Individualisierung und Institutionalisierung - Familiendemographische Trends im vereinten Deutschland. In: Nauck, B./Onnen-Isemann, C. (Hrsg.): Familie im Brennpunkt von Wissenschaft und Forschung. Luchterhand-Verlag, Neuwied. 1995. S. 149-174

Höpflinger, F.: Entwicklung der Elternschaft in den europäischen Staaten. Referat auf der Europäischen Fachtagung zur Familienforschung "Familienleitbilder und Familienrealität im Wandel", Bamberg. Oktober 1994

Huinink, J.: Vergleichende Familienforschung: Ehe und Familie in der ehemaligen DDR und der Bundesrepublik Deutschland. Referat auf der Europäischen Fachtagung zur Familienforschung: Familienleitbilder und Familienrealität im Wandel, Bamberg. Oktober 1994

Huinink, J.: Familienentwicklung und Haushaltsgründung in der DDR. Vom traditionalen Muster zur instrumentellen Lebensplanung. In: Nauck, B. /Schneider, N. F./ Tölke, A. (Hrsg.): Familie und Lebensverlauf im gesellschaftlichen Umbruch. Enke, Stuttgart. 1995. S. 39-55

Kasten, H.: Die Geschwisterbeziehung, Bd. 1. Hogrefe, Göttingen. 1993

Kasten, H.: Die Geschwisterbeziehung, Bd. 2: Spezielle Geschwisterbeziehungen. Hogrefe, Göttingen. 1994

Klein, Th.: Geschwisterlosigkeit in Ost- und Westdeutschland. In: Nauck,B./Bertram, H. (Hrsg.): Kinder in Deutschland, Leske+Budrich, Opladen, 1995. S. 121-136

Knijn, T.: Hat die Vaterschaft noch eine Zukunft? Eine theoretische Betrachtung zu veränderter Vaterschaft. In: Armbruster, L./Müller, U./Stein-Hilbers, M. (Hrsg.): Neue Horizonte? Sozialwissenschaftliche Forschung über Geschlechter und Geschlechterverhältnisse. Leske + Budrich, Opladen. 1995. S. 171-192

Kopp, J.: Soziobiologie und Familiensoziologie. Kölner Zeitschrift für Soziologie und Sozialpsychologie 44, 1992. S. 489-502

Lamb, M. E./Sutton-Smith, B.: Sibling relationships. Their nature and significance across the life span. Erlbaum, Hillsdale/New Jersey. 1982

Limbach, J.: Die Stellung des nichtehelichen Kindes in rechtssoziologischer Perspektive. In: Coester, M./Zubke, F. (Hrsg.): Das nichteheliche Kind und seine Eltern - rechtliche und sozialwissenschaftliche Aspekte. Luchterhand, Neuwied. 1991. S. 31-42.

Littlefield, C. H./Rushton J. P.: When a child dies. The sociobiology of bereavement. Journal of Personality and Social Psychology 51, 1986. P. 797-802

Lüschen, G.: Familial-verwandtschaftliche Netzwerke. In: Nave-Herz, R. (Hrsg.): Wandel und Kontinuität der Familie in der Bundesrepublik Deutschland. Band 8 der Reihe "Der Mensch als soziales und personales Wesen". Enke, Stuttgart.1988. S. 145-172

Marbach, J. H.: Einführung zum Kapitel "Familiale Lebensformen im Wandel". In: Bien, W. (1996). S. 23-28

Marbach, J .H./Bien, W./Bender, D.: Vergleich der Lebensformen in den alten und neuen Bundesländern zwischen 1988 und 1994. In: Bien, W. (1996). S. 28-37

Marbach, J. H.: Verwandtschaftsbeziehungen und Abstammung - Eine Prüfung soziobiologischer und ethnologischer Thesen mithilfe familiensoziologischer Daten. Zur Veröffentlichung in: Wagner, M./Schütze, Y. (Hrsg.): Verwandtschaft. Reihe "Der Mensch als soziales und personales Wesen". Enke, Stuttgart (im Druck)

Marbach, J. H.: Der Einfluß von Kindern und Wohnentfernung auf die Beziehungen zwischen Eltern und Großeltern: Eine Prüfung des quasi-experimentellen Designs der Mehrgenerationenstudie. In: Bien, W. (Hrsg.): Eigeninteresse oder Solidarität. Beziehungen in modernen Mehrgenerationenfamilien. Leske + Budrich, Opladen. 1994. S. 77-111

Marks, N.: Remarried and single parents in middle adulthood. Differences in psychological well-being and relationships with adult children. University of Wisconsin. 1991

Meyer, T.: Der Monopolverlust der Familie. Vom Teilsystem Familie zum Teilsystem privater Lebensformen. Kölner Zeitschrift für Soziologie und Sozialpsychologie 45, 1993. S. 23-40

Napp-Peters, A.: Ein-Elternteil-Familien. Soziale Randgruppe oder neues familiales Selbstverständnis? Juventa, Weinheim. 1987

Nauck, B.: Familien- und Betreuungssituationen im Lebenslauf von Kindern. In: Bertram, H. (Hrsg.): Die Familie in Westdeutschland. Stabilität und Wandel familialer Lebensformen. Leske + Budrich, Opladen. 1991. S. 389-428

Nauck, B.: Sozialstrukturelle Differenzierungen der Lebensbedingungen von Kindern in West- und Ostdeutschland. In: Markefka, M./Nauck, B. (Hrsg.): Handbuch der Kindheitsforschung. Luchterhand, Neuwied. 1993. S. 143-163

Nauck, B./Bertram, H. (Hrsg.) : Kinder in Deutschland. Leske+Budrich, Opladen. 1995

Nave-Herz, R.: Familiäre Veränderungen seit 1950 - eine empirische Studie. Abschlußbericht, Teil I. Universitätsverlag, Oldenburg. 1984

Nave-Herz, R.: Kontinuität und Wandel in der Bedeutung, in der Struktur und Stabilität von Ehe und Familie in der Bundesrepublik Deutschland. In: Nave-Herz, R. (Hrsg.): Wandel und Kontinuität der Familie in der Bundesrepublik Deutschland. Band 8 der Reihe "Der Mensch als soziales und personales Wesen". Enke, Stuttgart. 1988. S. 61-94

Nave-Herz, R.: Familie heute. Wandel der Familienstrukturen und Folgen für die Erziehung. Wiss. Buchges., Darmstadt. 1994

Nave-Herz, R./Krüger, D.: Ein-Eltern-Familien. Eine empirische Untersuchung zur Lebenssituation und Lebensplanung alleinerziehender Mütter und Väter. Juventa, Bielefeld. 1992

Neue Juristische Wochenschrift (NJW): Heft 45. Beck-Verlag, München. 1995

Niemeyer, F.: Nichteheliche Lebensgemeinschaften und Ehepaare. Formen der Partnerschaft gestern und heute In : Wirtschaft und Statistik 7/1994. S. 504 ff.

Peterson, J./Zill, N.: Marital disruption, parent-child relationships, and behavior problems in children. Journal of Marriage and the Family 48. 1986. P. 295-307

Pitrou, A.: Le soutien familial dans la societé urbaine. Revue francaise de sociologie XVIII. 1977. P. 80-83

Popenoe, D.: American family decline, 1960-1990. A review and appraisal. Journal of Marriage and the Family 55. 1993. P. 527-555

Pröbsting, H.: Die nichtehelichen Kinder. In: Zeitschrift für Bevölkerungswissenschaft 12. Jg., Heft 3/1996. S. 405-411

Reichwein, R./Cramer, A./Fuer, F.: Umbrüche in der Privatsphäre. Familie und Haushalt zwischen Politik, Ökonomie und sozialen Netzen. Kleine-Verlag, Bielefeld. 1993

Rogler, L .H./Procidano, M. E.: The effect of social networks on marital roles: A test of the Bott hypothesis in an intergenerational context. Journal of Marriage and the Family 48. 1986. P. 693-701

Rosser, C./Harris, C. : The Family and Social Change: A Study of Family and Kinship in a South Wales Town. Routledge and Kegan Paul, London. 1965

Rummel, C.: Die Freiheit, die Reform des Kindschaftsrechts und das "ganz normale Chaos der Liebe". Zentralblatt für Jugendrecht 84. 1997. S. 202-214

Salmon, C .A./Daly, M.: On the importance of kin relations to Canadian women and men. Ethology and Sociobiology 17, 1996. S. 289-297

Sander, E.: Kinder alleinerziehender Eltern. In: Markefka, M./Nauck, B. (Hrsg.): Handbuch der Kindheitsforschung. Luchterhand, Neuwied. 1993. S. 419-427

Santrock, J./Sitterle, K.: Parent-child relationships in stepmother families. In: Pasley, K./Ihinger-Tallman (Eds.): Remarriage and step parenting: Current research and theory. Guilford Press, New York. 1987. S. 273-299

Schneewind, K. A./Vaskovics, L. A./Backmund, V./Buba H.-P./Rost, H./Schneider N. F./Sierwald, W./Vierzigmann, G.: Optionen der Lebensgestaltung junger Ehen und Kinderwunsch. Schriftenreihe des BMFuS, Band 9. Kohlhammer, Stuttgart. 1992

Schneewind, K. A./ Vaskovics, L. A./Backmund, V. /Gotzler, P./ Rost, H./ Salih, A. / Sierwald, W./ Vierzigmann, G.: Optionen der Lebensgestaltung junger Ehen und Kinderwunsch. Schriftenreihe des Bundesministeriums für Familie und Senioren, Bd. 9.1: Kohlhammer, Stuttgart. 1994

Schneewind, K. A./Vaskovics, L .A./Gotzler, P./Hofmann, B./Rost, H./Schlehlein, B./Sierwald, W./Weiß, J.: Optionen der Lebensgestaltung junger Ehen und Kinderwunsch. Endbericht. Schriftenreihe des Bundesministeriums für Familie, Senioren, Frauen und Jugend. Band 128/1. Kohlhammer, Stuttgart. 1997

Schneider, A.: Expressive Verkehrskreise: Eine Untersuchung zu freundschaftlichen und verwandtschaftlichen Beziehungen. In: Lüschen, G./Lupri, E. (Hrsg.): Soziologie der Familie. Kölner Zeitschrift für Soziologie und Sozialpsychologie, Sonderheft 14. 1970. S. 443-472

Schneider, N. F.: Familie und private Lebensführung in West- und Ostdeutschland. Enke, Stuttgart.1994

Schneider, N. F./Rosenkranz, D./Limmer, R: Nichtkonventionelle Lebensformen. Entstehung, Entwicklung, Konsequenzen. Leske+Budrich, Opladen. 1997

Schubert, F.: Die Frau in der DDR. Ideologie und konzeptionelle Ausgestaltung ihrer Stellung in Beruf und Familie. Leske + Budrich, Opladen. 1980

Schütze, Y.: Geschwisterbeziehungen. In: Nave-Herz, R./Markefka, M. (Hrsg.): Handbuch der Familien- und Jugendforschung. Bd. 1: Familienforschung. Luchterhand, Neuwied/Frankfurt/M. 1989. S. 311-324

Schwarz, K.: Familienbildung gestern und heute. BiB-Mitteilungen. 1997. S. 18-20

Schwarz, K.: Familienbildung gestern und heute aus regionaler Sicht. Zeitschrift für Familienforschung 8. 1996. S. 117-131

Segalen, M.: Die Familie. Geschichte, Soziologie, Anthropologie. Campus, Frankfurt/New York. 1990

Seltzer, J./Bianchi, S. Children´s contact with nonresidential parents. Journal of Marriage and the Family 50. 1988. P. 663-677

Seltzer, J.: Relationships between fathers and children who live apart. The father´s role after separation. Journal of Marriage and the Family 53. 1991. P. 79-101

Sörensen, A.: Referat. 2. Europäischer Familienkongreß. In: Informationsdienst des Österreichischen Instituts für Familienforschung, 13, Wien. 1997. S. 1-2

Spitze, G./Logan, J .R./Glenn, D./Zerger, S.: Adult children´s divorce and intergenerational relationships. Journal of Marriage and the Family 56. 1994. P. 279-293

Statistisches Bundesamt: Im Blickpunkt - Familie heute. Wiesbaden. 1995

Statistisches Bundesamt: Bevölkerung und Erwerbstätigkeit. Fachserie 1, Reihe 3: Haushalte und Familien 1995. Metzler-Pöschl, Wiesbaden. 1997

Strempel, D.: Aktuelle Rechts-Tatsachenforschung des Bundesministeriums der Justiz auf dem Gebiet des Familienrechts. Ein Überblick. In: Gerhardt, U./Hradil, S./Lucke, D./Nauck, B. (Hrsg.): Familie der Zukunft. Leske + Budrich, Opladen. 1995. S. 67-80

Strohmeier, K.-P.: Pluralisierung und Polarisierung der Lebensformen in Deutschland. In: Aus Politik und Zeitgeschichte, B. 17/1993. S. 11-19

Strohmeier, K.-P./Schulze, H.-J.: Die Familienentwicklung der achtziger Jahre in Ost- und Westdeutschland im europäischen Kontext. In: Nauck, B./Schneider, N. F./Tölke, A. (Hrsg.), Familie und Lebenslauf im gesellschaftlichen Umbruch. Enke, Stuttgart. 1995. S. 26-38

Sutton-Smith, B./Rosenberg, B.G.: The sibling. Holt, Rinehart & Winston, New York. 1970

Sweetser, D. A.: The effect of industrialization on intergenerational solidarity. Rural Sociology 31. 1966. P. 156-170

Szydlik, M.: Die Enge der Beziehung zwischen erwachsenen Kindern und ihren Eltern - und umgekehrt. Forschungsbericht 45 der Forschungsgruppe Altern und Lebenslauf (FALL). Freie Universität, Berlin. 1994

Thomson, E./McLanahan, S./Curtin, R.: Family structure gender, and parental socialization. Journal of Marriage and the Family 54. 1992. P. 368-378

Trivers, R. L.: The evolution of reciprocal altruism. Quarterly Review of Biology 46. 1971. P. 35-57

Trost, J.: Sweden. In: Chester, R. (Ed.): Divorce in Europe. Martinus Nijhoff, Leiden. 1977. P. 35-52

Vaskovics, L. A./Rost, H.: Junge Ehepaare in den alten und neuen Bundesländern - Ein Vergleich. In: Nauck, B./Schneider, N. F./Tölke, A. (Hrsg.): Familie und Lebensverlauf im gesellschaftlichen Umbruch. Enke, Stuttgart. 1995. P. 137-153

Vaskovics, L. A./Rost, H. /Rupp, M.: Lebenslage nichtehelicher Kinder. Rechtstatsächliche Untersuchung zu Lebenslagen und Entwicklungsverläufen nichtehelicher Kinder. Bundesanzeiger Verlagsges., Köln. 1997

Vaskovics, L. A.: Wandel und Kontinuität der Familie im Spiegel der Familienforschung. Referat auf der europäischen Fachtagung zur Familienforschung: Familienleitbilder und Familienrealität im Wandel. Bamberg. Oktober 1994

Vaskovics, L. A./Buba, H./Rost, H./Rupp M.: Lebenslage nichtehelicher Kinder. Forschungsbericht der Sozialwissenschaftlichen Forschungsstelle, Bamberg. 1994

Vaskovics, L. A./Rupp, M.: Partnerschaftskarrieren. Entwicklungspfade nichtehelicher Lebensgemeinschaften. Westdeutscher Verlag, Opladen. 1995

Verband alleinstehender Mütter und Väter e.V.: Situationsanalyse Alleinerziehender in Baden-Württemberg. Stuttgart.1992

Vogel, C.: Helping, cooperation, and altruism in primate societies. In: Hölldobler, B./Lindauer, M. (Eds.): Experimental Behavioral Ecology. G. Fischer, Stuttgart/New York. 1985

Voland, E.: Grundriß der Soziobiologie. G. Fischer, Stutgart/Jena. 1993. S. 375-389

Vowinckel, G.: Verwandtschaft, Freundschaft und die Gesellschaft der Fremden - Grundlagen menschlichen Zusammenlebens. Wissenschaftliche Buchgesellschaft, Darmstadt. 1995

Vowinckel, G.: Homo sapiens sociologicus, oder: Der Egoismus der Gene und die List der Kultur. Kölner Zeitschrift für Soziologie und Sozialpsychologie 43. 1991. S. 520-541

Warshak, R./Santrock, J.: The impact of divorce in father-custody and mother-custody homes: the child´s perspective. In: Kurdek, L. (Ed.): Children and Divorce. Jossey-Bass, San Francisco. 1983. P. 29-46

Wickler, W./Seibt, U.: Das Prinzip Eigennutz - Zur Evolution sozialen Verhaltens. Piper, München/Zürich. 1991

Wilk, L. /Beham, M./u. M. v. Gitter, I./Traxler, A./Muhr-Arnold, S.: Familienkindheit heute: Vielfalt der Formen - Vielfalt der Chancen. In: Wilk, L./Bacher, J. (Hrsg.): Kindliche Lebenswelten. Leske + Budrich, Opladen. 1994. S. 89-160

Willekens, F.: Life Cycle Perspective on Household and Family Dynamics. An European View. Referat auf der Europäischen Fachtagung zur Familienforschung: Familienleitbilder und Familienrealität im Wandel. Bamberg. Oktober 1994

Willenbacher, B.: Paradigmen des Nichtehelichenrechts. In: Gerhardt, U./Hradil, S./Lucke, D./Nauck, B. (Hrsg.): Familie der Zukunft. Leske + Budrich, Opladen. 1995. S. 305-322.

Williams, G. C.: Adaptation and Natural Selection. Princeton University Press, Princeton. 1966

Young, M./Willmott, P.: Family and Class in a London Suburb. Routledge and Kegan Paul, London. 1960

Young, M./Willmott, P.: Family and Kinship in East London. Free Press, New York. 1957

Zill, N.: Behavior, achievement, and health problems among children in stepfamilies: Findings from a national survey of child health. In: Hetherington, E. M./Arasteh, J. (Eds.), Impact of divorce, single parenting, and stepparenting on children. Lawrence Erlbaum, Hillsdale. 1988. P. 325-368

Autorenverzeichnis

Christian Alt; wissenschaftlicher Referent
Deutsches Jugendinstitut e.V.
Nockherstraße 2
81541 München
alt@dji.de

Dr. Donald Bender; wissenschaftlicher Referent
Deutsches Jugendinstitut e.V.
Nockherstraße 2
81541 München
bender@dji.de

Dr. Walter Bien; Leiter der Abteilung Sozialberichterstattung
Deutsches Jugendinstitut e.V.
Nockherstraße 2
81541 München
bien@dji.de

Jan H. Marbach; wissenschaftlicher Referent
Deutsches Jugendinstitut e.V.
Nockherstraße 2
81541 München
marbach@dji.de

Harald Rost; wiss. Mitarbeiter am Staatsinstitut für Familienforschung an der Universität Bamberg ***ifb***
Coburger Str. 21a
96052 Bamberg
harald.rost@ifb.uni-bamberg.de

Marina Rupp; wiss. Mitarbeiterin am Lehrstuhl für Soziologie I der Universität Bamberg
Feldkirchenstr. 21
96052 Bamberg
marina.rupp@sowi.uni-bamberg.de

Prof. Dr. Norbert Schneider
Johannes Gutenberg-Universität
Institut für Soziologie
55099 Mainz
nos@mail.uni-mainz.de

MIX
Papier aus verantwortungsvollen Quellen
Paper from responsible sources
FSC® C105338

If you have any concerns about our products, you can contact us on
ProductSafety@springernature.com

In case Publisher is established outside the EU, the EU authorized representative is:
Springer Nature Customer Service Center GmbH
Europaplatz 3, 69115 Heidelberg, Germany

Printed by Libri Plureos GmbH
in Hamburg, Germany